THOMAS MERTON

KEINER IST EINE INSEL

THOMAS MERTON

KEINER IST EINE INSEL

BETRACHTUNGEN

BENZIGER VERLAG

Aus dem Englischen übersetzt von
Annemarie von Puttkamer
Titel der Originalausgabe: No Man is an Island
Curtis Brown, New York

2. Auflage 1984

Unveränderter Nachdruck der Ausgabe von 1956
Hergestellt im Graphischen Betrieb Benziger AG, Einsiedeln
ISBN 3 545 20061 2
Umschlaggestaltung: Hans J. Gerisch, Fällanden/Zürich

INHALT

EINLEITUNG

Der Mensch und seine Welt mögen noch so zerstört scheinen, die Verzweiflung des Menschen mag ein noch so furchtbares Ausmaß annehmen, solange er Mensch bleibt, läßt sein Menschentum selbst nicht ab, ihm zu sagen: das Leben hat einen Sinn! Ja, das ist einer der Gründe, warum der Mensch dazu neigt, sich gegen sich selber aufzulehnen. Könnte er mühelos die Bedeutung des Lebens erkennen, könnte er ohne Schwierigkeit seine höchste Bestimmung erfüllen, so würde er die Tatsache, daß das Leben lebenswert ist, nie in Frage stellen. Oder würde er andererseits einsehen, daß das Leben weder Ziel noch Sinn hat, so würde sich die Frage nie erheben. In beiden Fällen wäre der Mensch nicht fähig, irgend etwas Problematisches an sich zu finden.

Unser Leben, sowohl als Einzelpersonen wie als Glieder eines ratlosen und kämpfenden Geschlechts, macht uns in aufreizender Weise deutlich, daß es einen Sinn haben müsse. Ein Teil des Sinns entgeht uns noch. Und doch ist es unser Lebenszweck, diesen Sinn zu entdecken und ihm gemäß zu leben. Wir haben also etwas, wofür wir leben. Der Prozeß des Lebens, des Erwachsen-Werdens, des Person-Werdens ist eben die schrittweis wachsende Erfahrung, was dieses Etwas ist. Das ist eine schwierige Aufgabe, aus vielen Gründen.

Zunächst einmal: obwohl die Menschen eine gemeinsame Bestimmung haben, muß jeder Einzelne für sich sein persönliches Heil in Furcht und Zittern wirken. Zweifellos können wir einander helfen, den Sinn des Lebens zu finden. Aber im Letzten ist jeder Einzelmensch dafür verantwortlich, daß er sein eigenes Leben lebt und «sich selbst findet». Wenn er beharrlich die Verantwortung einem anderen zuschiebt, wird es ihm nie gelingen, den Sinn seines eigenen Daseins zu entdecken. Du kannst mir nicht sagen, wer ich bin, und ich kann dir nicht sagen, wer du bist. Wenn du deine eigene Identität nicht kennst, wer soll dich dann identifizieren? Andere können dir einen Namen geben oder eine Nummer, aber sie können dir nie sagen, wer du wirklich bist. Das kannst nur du allein von innen her entdecken.

Das führt uns zu einem zweiten Problem. Obwohl letzten Endes nur wir allein erfahren können, wer wir sind, haben wir eine angeborene Begabung dafür, zu beobachten, wie andere sich selbst erfahren. Wir lernen dadurch leben, daß wir mit anderen zusammen leben und daß wir leben wie sie – ein Vorgang, der zugleich Nachteile wie Vorteile bringt.

Der größte Nachteil ist, daß wir allzuleicht geneigt sind, jedermanns falsche Lösung der Lebensprobleme gutzuheißen. Natürliche Trägheit läßt uns die leichtesten Lösungen annehmen – jene, die unter unseren Freunden allgemein in Umlauf sind. Darum ist eine optimistische Lebenshaltung keineswegs immer gutzuheißen. In einer Zeit wie der unsrigen hat nur der Grobgeartete Widerstandskraft genug, um sich seine Schönwetter-Prinzipien unbeschattet von Sorge zu bewahren. Solcher Optimismus mag bequem sein; aber ist er ungefährlich? Ist nicht in einer Welt, in der jede Lüge ihren Kurswert hat, Besorgnis das echtere und menschlichere Verhalten?

Besorgnis ist nun aber das Zeichen geistiger Unsicherheit, die Frucht unbeantworteter Fragen. Fragen lassen sich aber nicht beantworten, wenn sie nicht zuvor gestellt worden sind. Und so gibt es eine viel größere Sorge, eine viel tiefere Unsicherheit, nämlich jene, die aus der Furcht stammt, die rechten Fragen zu stellen – denn vielleicht erweisen sie sich als unbeantwortbar. Eine der sittlichen Krankheiten, die wir in der Gesellschaft aufeinander übertragen, kommt von unserem Zusammenhocken im Dämmerlicht einer ungenügenden Antwort auf eine Frage, die wir nicht zu stellen wagen.

Aber es gibt noch andere Krankheiten: die Trägheit, die sich unter dem Mantel der Verzweiflung eine falsche Würde zuzulegen sucht und die uns verleitet, Frage wie Antwort zu übersehen. Und es gibt die Verzweiflung, die sich als Wissenschaft oder Philosophie herausputzt und sich mit gescheiten Antworten auf gescheite Fragen amüsiert – von denen keine irgend etwas mit den Lebensproblemen zu tun hat. Endlich gibt es die schlimmste und heimtückischste Verzweiflung, die sich als Mystik oder Prophetie maskiert und eine prophetisch klingende Antwort auf eine prophetische Frage anstimmt. Das ist, glaube ich, am ehesten die berufsmäßige Gefahr des Mönches. So verwahre ich mich gleich im Anfang dagegen wie Amos, der klagte: «Ich bin kein Prophet und bin kein Prophetensohn, sondern ein Hirt, der wilde Feigen pflückt» (Amos 7,14).

Der Prophetenwahn – in unserer Zeit etwas recht Häufiges – ist der äußerste Gegensatz zum Herdenwahn, der zu allen Zeiten noch häufiger ist. Der falsche Prophet wird jede Antwort annehmen, vorausgesetzt, daß es seine, daß es nicht die Herdenantwort ist. Die Herdenmentalität andererseits heißt jede Antwort gut, die in der eigenen Herde umläuft, vorausgesetzt, daß es nicht die Antwort eines Propheten ist, der nicht seit mindestens fünfhundert Jahren tot ist.

Wenn ich irgend etwas von geistiger Ehrlichkeit verstehe – und dessen bin ich nicht so sicher –, so scheint mir der richtige Standpunkt in der Mitte zu liegen. Darum wollen die Betrachtungen dieses Buches zugleich an das Herkommen gebunden, modern und meine eigenen sein. Ich habe nicht die Absicht, in irgendeinem Punkt von der katholischen Tradition abzuweichen. Aber ebensowenig beabsichtige ich, irgendwelche Punkte dieser Tradition blindlings anzunehmen, ohne sie zu verstehen und ohne sie mir persönlich anzueignen. Denn mir scheint, die erste Verantwortung eines Gläubigen ist es, seinen Glauben wirklich zu einem Bestandteil seines eigenen Lebens zu machen, nicht indem er darüber sich theoretisch ergeht, sondern indem er ihn praktisch lebt.

Endlich gehen diese Betrachtungen Fragen nach, die mir verhältnismäßig oder sogar absolut wichtig erscheinen. Sie maßen sich nicht immer an, endgültige Antworten auf endgültige Fragen zu sein, sie beanspruchen nicht einmal, diese Fragen in der grundlegendsten Form zu behandeln. Zum mindesten aber darf ich hoffen, daß es Gedanken sind, die ich ehrlich selbst durchdacht habe und die im Guten und Schlimmen mir und denen, die mit mir zusammenleben, etwas bedeuten. Sie weisen darum auf das, was mir als der Sinn des Lebens erscheint. Sie beanspruchen nicht, alles zu umfassen, was das Leben bedeuten kann, und sie nehmen auch keinen allseitigen, allgemeinen Standpunkt zu allem Wichtigen ein. Es sind einfach Bemerkungen zu ein paar Dingen, auf die es mir anzukommen scheint. Wenn ein roter Faden durch das Ganze läuft, so ist es meiner Meinung nach folgende Idee:

Was jeder Mensch im Leben erhofft, ist sein eigenes Heil und das Heil seiner Nächsten. Mit Heil meine ich zunächst einmal die volle Erkenntnis, wer er selbst ist. Ferner meine ich so etwas wie die volle Entwicklung seiner ihm von Gott verliehenen Anlagen in der Liebe zu anderen und zu Gott. Ich meine auch die Erkenntnis, daß er sich selbst in sich allein nicht finden kann, daß er sich in anderen und durch andere finden muß. Letzten Endes ist das alles in zwei Stellen des Evangeliums zusammengefaßt: «Wer sein Leben retten möchte, wird es verlieren», und: «Liebet einander, wie Ich euch geliebt habe.» Es ist auch in einem Paulus-Wort enthalten. «Wir sind alle untereinander Glieder.»

Das Heil, von dem ich spreche, ist nicht nur etwas Subjektives, Psychologisches – Selbstverwirklichung innerhalb der Naturordnung. Es ist eine objektive mystische Realität – ein Sich-Selbst-Finden in Christus, im Geiste oder, wenn man lieber will, in der Ordnung der Übernatur. Darin ist die natürliche Selbstverwirklichung mit eingeschlossen, sublimiert und erfüllt. Bis zu einem gewissen Grade wird sie vorausgegesetzt, meistens mitbewirkt, immer aber transzendiert. Dieses Sich-Selbst-Finden ist darum immer ein Sich-Selbst-Verlieren – ein Tod und eine Auferstehung «Euer Leben ist mit Christus verborgen in Gott.» Wenn wir uns so in Gott finden und Gott in uns, durch eine Liebe, die mit uns zugleich alle Mitmenschen in Gott findet, so ist das nicht ein Finden unserer selbst, sondern Christi. Zunächst ist es die Erkenntnis, daß «ich lebe, aber nicht ich, sondern Christus lebt in mir», und zweitens ist es ein Eindringen in jenes ungeheure Mysterium, das Paulus in seinen großen Briefen kühn und geheimnisvoll umreißt: das Mysterium der Zusammenfassung von allem in Christus. Es ist ein Schauen der Welt, ihres Anfangs und ihres Endes, in Christus, ein Schauen aller Dinge, wie sie aus Gott im *Logos* entstehen, im Logos, der Fleisch wird, in die untersten Tiefen Seiner eigenen Schöpfung hinabsteigt und alles an sich zieht, um es zuletzt, am Ende der Zeit, wieder zum Vater zurückzubringen. Solches «Sich-Selbst-Finden» ist also nicht nur ein Finden unserer armen, begrenzten, verwirrten Seele, sondern es ist ein Finden der Macht Gottes, die Christus vom Tode auferweckt und auch uns «miterbaut hat zu einer Wohnung Gottes im Geiste» (Eph 2,22).

Das Finden Christi ist niemals echt, wenn es nur eine Flucht vor uns selbst ist. Im Gegenteil, es kann keine Flucht sein. Es kann nur Erfüllung sein. Ich kann Gott nur in mir und mich in Ihm finden, wenn ich den Mut habe, mich genau so zu sehen, wie ich bin, mit allen meinen Grenzen, und andere so zu bejahen, wie sie sind, mit all *ihren* Grenzen. Die Antwort des Glaubens ist nicht gläubig, wenn sie nicht vollkommen wirklich ist. Flucht ist die Antwort des Aberglaubens.

Dieses ganze «Heil» ist, wenn wir es intuitiv betrachten, etwas sehr Einfaches. Wenn wir ihm aber verstandesmäßig auf den Grund gehen, verwandelt es sich in ein kompliziertes

Gewirr von Paradoxen. Wir werden wir selbst, indem wir uns selbst absterben. Wir gewinnen nur, was wir aufgeben, und wenn wir alles aufgeben, gewinnen wir alles. Wir können uns nicht in uns selbst finden, sondern nur in anderen, zugleich aber können wir uns anderen erst zuwenden, wenn wir uns selbst gefunden haben. Wir müssen uns selbst vergessen, um uns wahrhaft bewußt zu werden, wer wir sind. Die beste Art der Selbstliebe ist die Liebe zu den Mitmenschen. Dennoch können wir die Mitmenschen gar nicht lieben, wenn wir nicht uns selbst lieben, denn es steht geschrieben: «Liebe deinen Nächsten wie dich selbst.» Wenn wir uns selbst aber auf verkehrte Art lieben, werden wir unfähig, andere zu lieben. Denn wenn wir uns verkehrt lieben, hassen wir uns selbst. Und wenn wir uns selbst hassen, können wir nicht umhin, auch andere zu hassen. Und doch müssen wir in einem gewissen Sinn die anderen hassen und sie verlassen, um Gott zu finden. Jesus sagt: «Wenn jemand zu mir kommt, aber haßt nicht seinen Vater und seine Mutter... ja sogar sein eigenes Leben, so kann er nicht mein Jünger sein» (Luk. 14,26). Und was das «Finden» Gottes betrifft, so können wir Ihn nicht einmal suchen, wenn wir Ihn nicht schon gefunden haben, und wir können Ihn nicht finden, wenn Er uns nicht zuerst gefunden hat. Wir können nicht anfangen, Ihn zu suchen, ohne besondere Gnadengabe von Ihm; wenn wir aber auf die Anregung der Gnade warten, ehe wir anfangen, Ihn zu suchen, werden wir wahrscheinlich nie damit anfangen.

Die einzig taugliche Antwort auf die Frage nach dem Heil muß darum weit genug sein, um die beiden äußersten Enden des Gegensatzes zugleich zu umfassen. Daher kann die Antwort nur übernatürlich sein. Alle nicht übernatürlichen Antworten sind unzureichend. Denn sie erfassen nur den einen der gegensätzlichen Begriffe und können darum immer von dem anderen widerlegt werden.

Man nehme die Antithese zwischen Eigenliebe und Nächstenliebe. Solange es sich um materielle Güter handelt, widersprechen die beiden Liebesarten einander. Je mehr Güter ich zu meiner eigenen Befriedigung zurückhalte, um so weniger sind für die anderen da. Meine Freuden und Genüsse sind in gewissem Sinne einem anderen weggenommen, und wenn sie maßlos sind, so sind sie nicht nur anderen weggenommen, sondern sie sind gestohlen. Ich muß lernen, auf Güter zu verzichten, um sie anderen zu geben, die ihrer mehr bedürfen als ich. Und so muß ich gewissermaßen mich «hassen», um andere zu lieben.

Nun gibt es auch eine geistige Selbstsucht, die sogar das gute Werk des Schenkens vergiftet. Geistige Güter sind wertvoller als physische, und sogar in meinem Verzicht auf materielle Dinge zugunsten eines anderen kann geistige Selbstsucht stecken. Wenn meine Gabe darauf ausgeht, ihn an mich zu binden, ihn mir zu verpflichten, eine Art heimlicher moralischer Tyrannei über ihn auszuüben, dann liebe ich in der angeblichen Liebe für ihn nur mich selbst. Und das ist eine schlimmere und heimtückischere Selbstsucht, denn sie schachert nicht mit Fleisch und Blut, sondern mit fremden Seelen.

Natürliche Askese bietet verschiedene ungenügende Antworten auf dieses Problem. Jede Antwort enthält eine heimliche Versuchung. Zunächst die Versuchung zum erotischen Hedonismus. Wir versagen uns gerade so viel, um unsern gemeinsamen Lebensgenuß zu steigern. Wir gestehen eine gewisse Selbstsucht und fühlen uns dabei als Realisten. Unser Selbstverzicht reicht gerade aus, um uns einen angenehmen Zuwachs an gegenseitiger Befriedigung zu verschaffen. In einer bourgeoisen Welt versteht Eros, sich als christliche Nächstenliebe zu tarnen.

Dann kommt die Versuchung, uns aus Liebe zu anderen zu zerstören. Der einzige Maßstab ist die Liebe zum anderen. Selbstopfer wird zum höchsten Wert an sich. Und der Wunsch des andern ist gleichfalls in sich absolut. Was der Liebende auch wünschen mag, wir sind bereit, unser Leben und sogar unsere Seele herzugeben, um ihm zu gefallen. Das ist die Askese des Eros, für die es Ehrensache ist, dem Geliebten bis in die Hölle zu folgen. Denn welches größere Opfer könnte ein Mensch auf dem Altar der Liebe darbringen als das Opfer seiner eigenen unsterblichen Seele? Der Heroismus dieses Opfers wird geradezu am Wahnsinn gemessen: je alltäglicher das Motiv für das Opfer, um so größer ist es!

Wieder eine andere Versuchung geht ins andere Extrem. Mit Sartre sagt sie: «L'enfer, c'est les autres!» (Die Hölle – das sind die andern!) In diesem Fall wird die Liebe zu sich selbst zur großen Versuchung und zur großen Sünde. Weil es vermeidlich eine Sünde ist, ist es auch die Hölle. Aber auch das ist eine getarnte Form des Eros, der Eros der Einsamkeit. Es ist dic durch eigene Liebesunfähigkeit tödlich verletzte Liebe, die den Mitmenschen flieht, um sich nicht hingeben zu müssen. Selbst in seiner Einsamkeit wird dieser Eros am meisten von seinem unentrinnbaren Bedürfnis nach dem anderen Menschen gequält, nicht um des anderen willen, sondern zur eigenen Erfüllung.

Alle diese drei Antworten sind unbefriedigend. Die dritte sagt, wir sollten nur uns selbst lieben. Die zweite sagt,wir dürften nur einen anderen lieben. Die erste sagt, daß wir in der Liebe zum anderen nur die wirksamste Form der Eigenliebe suchten. Die rechte Antwort, nämlich die übernatürliche, sagt uns, wir müßten uns selbst lieben, um andere lieben zu können, wir müßten uns selbst finden durch Hingabe an andere. Christi Wort ist klar: «Liebe deinen Nächsten wie dich selbst!»

Das ist nicht einfach eine nützliche Anregung, es ist ein grundlegendes Gesetz des menschlichen Daseins. Es ist ein Teil des ersten und größten Gebotes und folgt aus der Verpflichtung, Gott mit unserem ganzen Herzen und Gemüt und mit all unseren Kräften zu lieben. Dieses doppelte Gebot, das uns zwei Aspekte der gleichen Liebe gibt, verpflichtet uns zu einer anderen Askese, nicht der Antwort des Eros, sondern der Antwort der Agape.

Alles, was auf den folgenden Seiten gesagt wird, ruht auf dieser Grundlage. Der Mensch ist mit sich selbst und mit Gott entzweit, durch seine Selbstsucht, die ihn mit seinem Bruder entzweit. Diese Entzweiung läßt sich durch keine Liebe heilen, die sich nur auf eine Seite des Risses stellt. Liebe muß beide Seiten ergreifen und sie zusammenfügen. Wir können uns selbst nicht lieben, wenn wir den Mitmenschen nicht lieben, und wir können den Mitmenschen nicht lieben, wenn wir nicht uns selber lieben. Selbstsüchtige Liebe zum eigenen Ich aber macht uns unfähig, andere zu lieben. Die Schwierigkeit des Gebotes liegt in dem Paradox, daß es selbstlose Liebe zu uns selbst verlangt, denn sogar diese Liebe ist etwas, was wir anderen schulden.

Diese Wahrheit wird uns nie klar werden, solange jeder einzelne von uns sich anmaßt, der Mittelpunkt der Welt zu sein. Wir sind nicht für uns allein da, und erst wenn wir hiervon völlig überzeugt sind, fangen wir an, uns selber richtig zu lieben und damit andere zu lieben. Was meine ich mit sich selbst richtig lieben? Vor allem meine ich den Wunsch zu leben, die Bejahung des Lebens als großes Geschenk und großes Gut, nicht wegen der Dinge, die es uns gibt, vielmehr wegen derer, die anderen zu geben es uns ermöglicht. Die heutige Welt beginnt immer mehr einzusehen, daß Wert und Vitalität eines Menschendaseins von seinem eigenen geheimen Lebenswillen abhängen. Es ist eine dunkle Zerstörerkraft in uns, die jemand den «Todesinstinkt» genannt hat. Sie hat furchtbare Macht, diese durch enttäuschte und mit sich selbst ringende Eigenliebe erzeugte Kraft. Es ist die Kraft einer Eigenliebe, die sich in Eigenhaß verwandelt hat und in Selbstanbetung das Ungeheuer anbetet, durch das es zerstört wird.

Darum ist es von höchster Wichtigkeit, daß wir bereit sind, nicht nur für uns selbst, sondern für andere zu leben. Dann nämlich vermögen wir unsere eigenen Grenzen zu erkennen und zu bejahen. Solange wir uns heimlich vergöttern, werden unsere Mängel uns ständig mit offenbarer Beschämung peinigen. Wenn wir aber für andere leben, werden wir allmählich entdecken, daß niemand von uns erwartet, «wie Gott zu sein». Wir sehen ein, daß wir menschlich sind wie alle anderen, voller Schwächen und Fehler und daß diese Grenzen eine höchst wichtige Rolle in unser aller Leben spielen. Gerade ihretwegen brauchen wir andere, und andere brauchen uns. Wir haben nicht alle die gleichen schwachen Stellen, und so ergänzen und vervollständigen wir einander, indem jeder für sich die Mängel eines anderen gutmacht.

Erst wenn wir uns in unserem wahren menschlichen Zusammenhang sehen, als Glieder eines Geschlechtes, das zu einem Organismus und «einem Leibe» bestimmt ist, werden wir anfangen, die positive Bedeutung nicht nur der Erfolge, sondern auch der Fehlschläge und Unglücksfälle unseres Lebens zu verstehen. Meine Erfolge gehören nicht mir. Der Weg zu ihnen ist von anderen gebahnt worden. Die Frucht meiner Mühen ist nicht mein eigen. Ich bereite den Weg für die Leistungen anderer. Auch meine Fehlschläge gehören mir nicht. Vielleicht entstammen sie dem Versagen eines anderen, aber sie werden durch den Erfolg eines anderen ausgeglichen. Darum darf man die Bedeutung meines Lebens nicht bloß in der Gesamtsumme meiner eigenen Leistungen suchen. Man kann sie nur in der völligen Eingliederung meiner Leistungen und Fehlschläge in die Leistungen und Fehlschläge meiner Generation, Gesellschaft und Zeit sehen. Vor allem muß man sie in meiner Eingliederung in das Mysterium Christi sehen. Das begriff der Dichter John Donne in einer schweren Krankheit, als er die Totenglocke für einen anderen läuten hörte. «Die Kirche ist katholisch, allgemein», sagte er, «und ebenso sind es alle ihre Handlungen. Alles, was sie tut, gehört allen... Wer neigt nicht sein Ohr jeder Glocke, die aus irgendeinem Anlaß läutet? Aber wer kann sein Ohr jener Glocke entziehen, die ein Stück von ihm selbst aus dieser Welt herausgeleitet?»

Jeder andere Mensch ist ein Stück von mir, denn ich bin Teil und Glied der Menschheit. Jeder Christ ist ein Teil meines eigenen Leibes, denn wir sind Glieder Christi. Was ich tue, wird auch für sie, mit ihnen und durch sie getan. Was jene tun, wird in mir, durch mich und für mich getan. Aber jeder von uns bleibt verantwortlich für seinen Anteil am Leben des gesamten Leibes. Liebe kann nicht sein, was sie sein soll, solange nicht alle erkennen, daß mein Leben meinen Teil am Leben eines ganzen übernatürlichen Organismus darstellt, zu dem ich gehöre. Nur wenn diese Wahrheit absolut zentral ist, fügen andere Lehren sich in ihren richtigen Zusammenhang. Einsamkeit, Demut, Selbstverleugnung, Aktion und Kontemplation, die Sakramente, Mönchsleben, Familie, Krieg und Frieden – das alles ist nur sinnvoll in Beziehung zur zentralen Wirklichkeit, das heißt zu der Liebe Gottes, die in allen denen lebt und wirkt, die Er Seinem Christus eingegliedert hat. Nichts hat Sinn, wenn wir nicht mit John Donne bekennen: «*Keiner ist eine Insel, in sich selbst vollständig. Jeder ist ein Stück des Kontinents, ein Teil des Ganzen.*»

I

LIEBE LÄSST SICH NUR BEWAHREN, INDEM MAN SIE VERSCHENKT

1. Ein Glück, das wir für uns allein suchen, ist nirgends zu finden; denn ein Glück, das sich verringert, wenn wir es mit anderen teilen, ist nicht groß genug, um uns glücklich zu machen.

In der Befriedigung unseres Ich liegt ein trügerisches Augenblicksglück, immer aber führt es zu Leiden, weil es unseren Geist einengt und abstumpft. Echtes Glück findet sich in selbstloser Liebe, einer Liebe, die in dem Maße wächst, in dem sie mitgeteilt wird. Der Mitteilbarkeit der Liebe ist kein Ende gesetzt, darum ist die Glücksmöglichkeit solcher Liebe unbegrenzt. Unendliche Selbstmitteilung ist das Gesetz von Gottes innerem Leben. Und die Mitteilung unseres Selbst hat Er zum Gesetz unseres Wesens gemacht, so daß wir uns selbst am tiefsten lieben, wenn wir andere lieben. In uneigennützigem Handeln erfüllen wir die Möglichkeiten unseres Seins und Tuns am besten.

Dennoch gibt es kein Glück unter Zwang. Für die Liebe ist bloßes Geben und Nehmen nicht genug; sie will in Freiheit geben und nehmen. Das heißt, sie will verschenken, nicht nur angenommen werden. Selbstlose Liebe, die an einen selbsüchtigen Empfänger verschwendet wird, schafft kein vollkommenes Glück. Nicht weil Liebe Erwiderung oder Lohn fordert, sondern weil sie im Glück des Geliebten beruht. Und wenn der Geliebte die Liebe selbstsüchtig empfängt, ist der Liebende nicht befriedigt. Er erkennt, daß es seiner Liebe nicht gelungen ist, den Geliebten glücklich zu machen. Er hat seine Fähigkeit zu selbstloser Liebe nicht wecken können.

So entsteht das Paradox, daß selbstlose Liebe nur in einer ebenso erwiderten Liebe ganz zur Ruhe kommen kann. Denn sie weiß, daß wahrer Friede nur in selbstloser Liebe zu finden ist. Um des Geliebten willen ist selbstlose Liebe bereit, sich selbstlos lieben zu lassen. Dadurch wird sie selber vollkommener.

Die Gabe der Liebe ist die Gabe, Liebe auszuströmen und aufzunehmen, darum kommt schenkende Liebe erst zu voller Wirksamkeit im Empfangen. So kann man Liebe nur bewahren, indem man sie verschenkt, und sie läßt sich nur vollkommen verschenken, wenn sie zugleich empfangen wird.

2. Liebe zieht nicht nur das Wohl des anderen dem eigenen vor, es vergleicht die beiden nicht einmal. Sie kennt nur ein Wohl: das des Geliebten, das zugleich das eigene ist. Liebe teilt das Wohl mit einem andern nicht, indem sie es zerteilt, sondern indem sie sich mit dem anderen identifiziert, so daß sein Wohl zum eigenen wird. Ein und dasselbe Wohl in seiner Ganzheit wird von zwei Menschen in einem Geiste genossen, nicht halbiert und auf zwei Seelen verteilt. Wo Liebe wahrhaft und uneigennützig ist, kommt der Liebende gar nicht darauf, sich zu fragen, ob er irgend etwas von dem, was er seinem Freund zugedacht hat, besser für sich selbst verwenden könnte. Liebe sucht ihr ganzes Wohl im Wohl des Geliebten, und solch Wohl zu zerteilen, hieße die Liebe verringern. Eine solche Teilung würde nicht nur das liebende Handeln schwächen, sondern dadurch auch die Freude daran mindern. Denn Liebe sucht nicht eine Freude, die aus der Wirkung folgt – ihre Freude liegt in der Wirkung selbst, nämlich dem Wohl des Geliebten. Wenn also meine Liebe lauter ist, so brauche ich nach keiner Befriedigung für sie zu trachten. Liebe trachtet nur nach einem: nach dem Wohl des geliebten Wesens. Sie läßt all die anderen zweitrangigen Wirkungen unbeachtet. Liebe ist darum ihr eigener Lohn.

3. Wer einen anderen liebt, wünscht das, was wahrhaft gut für ihn ist. Solche Liebe muß sich auf Wahrheit gründen. Eine Liebe, die zwischen wohl und übel nicht unterscheiden kann, sondern blind liebt um der bloßen Liebe willen, ist mehr Haß als Liebe. Blind lieben heißt selbstsüchtig lieben, denn das Ziel solcher Liebe ist nicht der wahre Nutzen des Geliebten, sondern die Liebesregung in unserer eigenen Seele. Solche Liebe erscheint auch gar nicht als Liebe, solange sie nicht vorgibt, das Wohl des Geliebten zu suchen. Da sie aber nichts nach der Wahrheit fragt und gar nicht die Möglichkeit in Betracht zieht, daß sie in die Irre gehen könnte, erweist sie sich als selbstsüchtig. Sie sucht nicht den wahren Nutzen des Geliebten, ja nicht einmal den eigenen. Es liegt ihr nichts an der Wahrheit, sondern nur an sich selbst. Sie erklärt sich mit einem Schein-Gut zufrieden: nämlich mit der Erregung der Liebe um ihrer selbst willen, ohne Rücksicht auf ihre gute oder schlechte Wirkung.

Wenn solche Liebe sich auf der Ebene körperlicher Leidenschaft bewegt, läßt sie sich leicht als das erkennen, was sie ist. Sie ist selbstsüchtig und darum nicht Liebe. Die Liebenden kommen über das Verlangen ihres Körpers nicht hinaus, ja im allgemeinen bemühen sie sich nicht einmal, sich selbst mit guten Gründen zu täuschen. Sie folgen einfach ihrer Leidenschaft. Da sie sich nichts vormachen, sind sie ehrlicher, aber auch unglücklicher als jene, die vorgeben, auf geistiger Ebene zu lieben, ohne sich darüber klar zu werden, daß ihre «Selbstlosigkeit» nur eine Täuschung ist.

4. Wahrhafte Liebe ist weder schwach noch blind. Sie ist vom Wesen her klug, gerecht, maßvoll und stark. Solange alle unsere anderen Tugenden sich nicht mit ihr verbinden, ist unsere Liebe nicht echt. Niemand, der einen anderen wahrhaft lieben möchte, wird willens sein, ihn im Irrtum zu lieben. Wenn wir andere Menschen überhaupt lieben wollen,

müssen wir entschlossen sein, sie richtig zu lieben. Sonst ist unsere Liebe Selbstbetrug.

Der erste Schritt zu selbstloser Liebe ist die Erkenntnis, daß unsere Liebe sich täuschen kann. Zuallererst müssen wir unsere Liebe läutern durch Verzicht auf den Genuß der Liebe um ihrer selbst willen. Solange Genuß unser Ziel ist, sind wir unehrlich gegen uns selbst und gegen jene, die wir lieben. Wir suchen nicht ihr Wohl, sondern unser eigenes Vergnügen.

5. Es ist also klar, daß wir, um andere richtig lieben zu können, zuerst die Wahrheit lieben müssen. Und da es in der Liebe um wirkliche und konkrete menschliche Beziehungen geht, so ist die Wahrheit, die wir lieben müssen, wenn wir unsere Brüder lieben wollen, keine abstrakte Theorie. Es ist die sittliche Wahrheit, die in unserem Schicksal und dem ihren sich verkörpern und ins Leben treten will. Diese Wahrheit ist mehr als der kalte Begriff einer Verpflichtung gemäß sittlichen Geboten. Die Wahrheit, die wir in der Liebe zu unseren Brüdern lieben müssen, ist die konkrete Bestimmung und Heiligung, die durch die Liebe Gottes ihnen zugedacht ist. Wer einen anderen wirklich liebt, ist nicht nur von dem Wunsch bewegt, ihn in dieser Welt zufrieden und gesund und erfolgreich zu sehen. Mit etwas so Unvollkommenem kann Liebe sich nicht begnügen. Wenn ich meinen Bruder lieben will, muß ich irgendwie tief in das Geheimnis von Gottes Liebe für ihn eindringen. Ich darf nicht nur von menschlicher Zuneigung getrieben sein, sondern von jener göttlichen Zuneigung, die sich uns in Jesus offenbart und die unser eigenes Leben durch die Ausgießung des Heiligen Geistes in unser Herz reich macht.

Die Wahrheit, die ich in der Liebe zu meinem Bruder liebe, kann nichts bloß Philosophisches und Abstraktes sein. Sie muß gleichzeitig übernatürlich und konkret, wirklich und lebendig sein. Und diese Worte meine ich nicht im metaphorischen Sinn. Die Wahrheit, die ich in meinem Bruder lieben muß, ist Gott selbst, der in ihm lebt. Ich muß das Leben des in ihm atmenden Geistes Gottes suchen. Und ich kann dieses geheimnisvolle Leben nur durch das Wirken des gleichen Heiligen Geistes wahrnehmen, der in den Tiefen meines eigenen Herzens lebt und handelt.

6. Diese heilige Liebe läßt mich nach weit mehr streben als nach der Befriedigung meiner eigenen Wünsche, selbst wenn diese auf das Wohl der anderen abzielen. Sie muß mich auch zum Werkzeug der Vorsehung in ihrem Leben machen. Ich muß von der Erkenntnis überzeugt und durchdrungen sein, daß sie vielleicht ohne meine Liebe nicht das erreichen könnten, was Gott ihnen zugedacht hat. Mein Wille muß zum Werkzeug von Gottes Willen werden, das ihnen hilft, ihre Bestimmung zu erfüllen. Meine Liebe muß ihnen zum «Sakrament», zum Gnadenvermittler der geheimnisvollen und unendlich selbstlosen Liebe Gottes für sie werden. Meine Liebe muß für sie das Werkzeug nicht meines Geistes, sondern des Heiligen Geistes sein. Die Worte, die ich zu ihnen rede, dürfen keine anderen als die Worte Christi sein, der sich herabläßt, sich ihnen in mir zu offenbaren.

Solche Auffassung heiliger Liebe gehört vor allem dem Priester zu. Sie hängt mit der Gnade der Weihe zusammen. Sie ist sozusagen vom Priestertum nicht zu trennen, und der Priester kann nicht im Frieden mit sich selbst und mit Gott sein, wenn er nicht versucht, die anderen mit einer Liebe zu lieben, die nicht bloß seine, sondern Gottes Liebe ist. Nur diese heilige Liebe, stark und sicher wie der Geist Gottes selbst, kann uns vor der jammervollen Verirrung bewahren, andere mit einer Liebe zu überschütten, die sie in die Irre führt und sie verleitet, das Glück dort zu suchen, wo es niemals zu finden ist.

7. Um andere mit ganz heiliger Liebe lieben zu können, muß ich wahr gegen sie, gegen mich selbst und gegen Gott sein.

Die wahren Interessen eines Menschen sind zugleich vollkommen seine eigenen und Gemeingut des ganzen Reiches Gottes. Denn sie laufen alle in Gottes Plänen für seine Seele zusammen. Das Schicksal eines jeden von uns ist vom Herrn dazu bestimmt, in das Schicksal Seines ganzen Reiches einzugehen. Und je vollkommener wir selbst sind, um so mehr sind wir befähigt, zum Wohl der gesamten Kirche Gottes beizutragen. Denn jeder Mensch vollendet sich durch die Tugenden der Gotteskindschaft, und diese Tugenden zeigen sich in jedem anders, da sie im Leben eines jeden der Heiligen unter einer anderen Kette providentieller Umstände zutage treten.

Wenn wir einander wahrhaft lieben, wird unsere Liebe von hellsichtiger Klugheit begnadet sein, die die Absichten Gottes mit jeder einzelnen Seele erkennt und achtet. Unsere Liebe füreinander muß in einer tiefen Hingabe an die göttliche Vorsehung wurzeln, in einer Hingabe, die unsere eigenen beschränkten Pläne in die Hände Gottes überantwortet und nur danach trachtet, an dem unsichtbaren Werk teilzunehmen, aus dem Sein Reich sich bildet. Nur eine Liebe, die die Absichten der Vorsehung spürt, kann sich völlig mit Gottes providentiellem Wirken in den Seelen vereinen. Gläubige Unterwerfung unter Gottes geheimes Wirken in der Welt erfüllt unsere Liebe mit kindlicher Frömmigkeit, das heißt mit übernatürlicher Ehrfurcht. Diese Ehrfurcht, diese kindliche Frömmigkeit verleiht unserer Liebe gottesdienstlichen Charakter, ohne den sie nie eine heilige Liebe sein kann. Denn Liebe darf die Wahrheit im Leben derer, die um uns sind, nicht nur *suchen*, sie muß sie dort *finden*. Wenn wir aber die Wahrheit gefunden haben, die unser Leben formt, haben wir mehr gefunden als eine Idee. Wir haben eine Person gefunden. Wir sind auf das Handeln des Einen gestoßen, der noch verborgen ist, dessen Werk Ihn aber als heilig und anbetungswürdig kundtut. Und in Ihm finden wir auch uns selber.

8. Selbstsüchtige Liebe achtet selten das Recht des Geliebten auf autonome Persönlichkeit. Sie ist weit davon entfernt, das wahre Wesen des anderen zu achten und ihm Raum zu Wachstum und Entwicklung in seiner eigenen Art zu gewähren. Vielmehr sucht sie ihn in Abhängigkeit von sich selbst zu halten. Sie beharrt darauf, daß er sich ihr anpassen soll, und versucht das auf jede mögliche Weise zu erreichen. Selbstsüchtige Liebe welkt und stirbt, wenn sie nicht durch Beachtung von seiten des Geliebten am Leben erhalten wird. Wenn wir so lieben, sind unsere Freunde nur dazu da, damit wir sie lieben können. In der Liebe versuchen wir Hätschelwesen aus ihnen zu machen, sie uns gefügig zu erhalten. Solche Liebe fürchtet nichts mehr als das Entkommen des Geliebten. Sie fordert seine Abhängigkeit, weil das notwendig ist, um unsere eigenen Gefühle zu nähren.

Selbstsüchtige Liebe erscheint oft selbstlos, weil sie bereit ist, dem Geliebten jedes denkbare Zugeständnis zu machen, um ihn gefangenzuhalten. Aber es ist die äußerste Selbstsucht, das Höchste in einem Menschen zu kaufen, seine Freiheit, seine Ganzheit, seine eigene autonome Würde als Person, um den Preis von weit geringeren Gütern. Solche Selbstsucht ist um so abscheulicher, wenn sie ihre Zugeständnisse selbstgefällig genießt, in der Illusion, es seien lauter Akte selbstloser, wahrer Liebe.

Eine Liebe, die wirklich selbstlos ist, die ehrlich die Wahrheit sucht, macht darum dem Geliebten keine uneingeschränkten Zugeständnisse.

Möge Gott mich vor der Liebe eines Freundes bewahren, der niemals wagt, mich zurechtzuweisen. Möge Er mich vor dem Freunde bewahren, der nach nichts anderem trachtet, als mich zu ändern und zu verbessern. Aber am allermeisten möge Er mich vor dem bewahren, dessen Liebe nur durch Zurechtweisung befriedigt wird.

Wenn ich meine Brüder in der Wahrheit liebe, wird meine Liebe nicht nur wahr gegen sie sein, sondern auch gegen mich selber.

Ich kann ihnen nicht treu sein, wenn ich nicht mir selber treu bin.

«Der Herr prüft den Gerechten und den Gottlosen, wer aber das Unrecht liebt, haßt seine Seele» (Ps. 10,6).

«Unrecht», das ist ungleiches Maß, Ungerechtigkeit, die mehr für sich verlangt, als ihr zusteht, und anderen weniger gibt, als sie empfangen sollten. Wenn ich mich selbst mehr liebe als andere, bin ich gegen mich ebenso unwahr wie gegen sie. Je mehr ich versuche, andere auszunutzen, um so weniger bin ich Mensch, denn die Gier, zu besitzen, was mir nicht zusteht, verengt und mindert meine eigene Seele.

Der Mensch, der sich selbst zu sehr liebt, ist darum unfähig, irgend jemand wirklich zu lieben, einschließlich seiner selbst. Wie kann er dann hoffen, einen anderen zu lieben?

«Ein ungerechter Mensch verlockt seinen Freund und führt ihn auf einen unguten Weg» (Spr. 16,29).

9. Wahre Liebe lehrt uns, daß Freundschaft etwas Heiliges ist und daß es weder liebevoll noch heilig ist, unsere Freundschaft auf Unwahrhaftigkeit zu gründen. In gewissem Sinne können wir allen Menschen Freund sein, weil es keinen Menschen auf der Welt gibt, mit dem wir nicht irgend etwas gemeinsam haben. Aber es wäre falsch, zu viele Menschen als vertraute Freunde zu behandeln. Man kann nur mit sehr wenigen vertraut sein, weil es nur sehr wenige auf der Welt gibt, mit denen wir nahezu alles gemeinsam haben.

Liebe muß also dem geliebten Wesen und sich selbst und

auch dem eigenen Gesetz treu sein. Ich bin mir selbst nicht treu, wenn ich vorgebe, mehr als es tatsächlich der Fall ist, mit jemand gemein zu haben, den ich vielleicht nur aus einem selbstsüchtigen und unwürdigen Grunde gern habe.

Dennoch gibt es einen allumfassenden Grund zur Freundschaft mit allen Menschen: wir alle sind von Gott geliebt, und mein Wunsch müßte es sein, daß alle Ihn mit ganzer Kraft lieben. Aber die Tatsache bleibt wahr, daß es mir auf dieser Welt nicht möglich ist, tief in das Geheimnis ihrer Liebe zu Ihm und Seiner Liebe zu ihnen einzudringen.

Große Priester, Heilige wie der Pfarrer von Ars, die in die verborgene Tiefe von Tausenden von Seelen geblickt haben, blieben dennoch Menschen mit nur wenigen vertrauten Freunden. Niemand ist einsamer als ein Priester mit einer großen Beichtgemeinde. Durch die Geheimnisse seiner Mitmenschen ist er isoliert in einer furchtbaren Einöde.

10. Nach allem Gesagten bleibt die Wahrheit übrig, daß es unsere Bestimmung ist, einander zu lieben, wie Christus uns geliebt hat. Jesus hatte auf Erden wenige nahe Freunde, dennoch liebte und liebt Er alle Menschen und ist für jeden, der in diese Welt kommt, der vertrauteste Freund. Das Leben aller Menschen, denen wir begegnen und die wir kennen, ist in unser eigenes Schicksal verwoben, zusammen mit dem Schicksal vieler, die wir auf dieser Welt nie kennen werden. Aber bestimmte von ihnen, sehr wenige, sind unsere nahen Freunde. Weil wir mit ihnen mehr gemeinsam haben, sind wir imstande, sie mit einer eigenen selbstlosen Vollkommenheit zu lieben, denn wir haben mehr miteinander zu teilen. Sie sind untrennbar von unserem eigenen Schicksal, darum ist unsere Liebe zu ihnen besonders geheiligt: eine Kundgebung Gottes in unserem eigenen Leben.

11. Vollkommene Liebe zollt Gottes Freiheit höchsten Lob-

preis. Sie preist Seine Macht, sich denen zu schenken, die Ihn rein lieben, ohne diese Liebe in ihrer Reinheit zu vergewaltigen. Ja noch mehr: selbstlose Liebe, die von Gott die Gabe Seiner Selbst empfängt, wird durch eben diese Gabe befähigt, in vollkommener Reinheit zu lieben. Denn Gott selber ist der Urheber der Reinheit und der Liebe derer, die Ihn und einander mit vollkommener Liebe lieben.

Man darf sich Gottes Liebe nicht als hungriges Verlangen vorstellen. Sie ist das Gastmahl des Himmelreichs, zu dem viele von dem großen König geladen waren. Viele konnten zu dem Gastmahl nicht kommen, weil sie etwas anderes begehrten, etwas eigenes – ein Landgut, ein Weib, ein Joch Ochsen. Sie wußten nicht, daß ihnen, hätten sie zuerst das Gastmahl und das Reich gesucht, alles andere dazu gegeben worden wäre.

Heilige Liebe hungert nicht. Sie ist das *juge convivium* – das ewige Gastmahl, bei dem es keine Übersättigung gibt, ein Fest, bei dem es mehr unsere Speise ist, anderen zu dienen als uns selbst zu nähren. Es ist auch ein Gastmahl der Klugheit, in dem wir untereinander nach rechtem Maß zuzuteilen wissen.

«Und der Herr sprach: Wer ist wohl der treue und kluge Verwalter, den der Herr über Sein Gesinde setzt, damit er ihnen zur rechten Zeit den angemessenen Unterhalt reiche? Selig der Knecht, den der Herr, wenn Er kommt, bei solchem Tun findet» (Luk. 12,42–43).

Wer aber andere mit heiliger Liebe speist, der speist sie mit dem Brot des Lebens, nämlich mit Christus, und er lehrt sie auch die Liebe, die keinen Hunger kennt.

«Ich bin das Brot des Lebens. Wer zu Mir kommt, wird nicht hungern, und wer an Mich glaubt, den wird nimmermehr dürsten» (Joh. 6,35).

II

BETRACHTUNGEN ÜBER DIE HOFFNUNG

1. Wir sind nicht eher frei, als bis wir in reiner Hoffnung leben. Wenn unsere Hoffnung rein ist, verläßt sie sich nicht mehr ausschließlich auf Menschliches und Sichtbares und klammert sich an kein sichtbares Ziel. Wer auf Gott hofft, vertraut darauf, daß der unsichtbare Gott uns Unvorstellbares geben wird.

Erst wenn wir die Dinge dieser Welt nicht um ihrer selbst willen begehren, sehen wir sie, wie sie wirklich sind. Wir erkennen auf einmal ihren Wert, ihren Sinn; wir können sie würdigen wie nie zuvor. Sobald wir von ihnen frei sind, erfreuen sie uns. Sobald wir aufhören, auf sie allein zu bauen, dienen sie uns. Da wir weder von der Freude noch von der Hilfe abhängig sind, die wir von ihnen empfangen, bieten sie uns Freude wie Hilfe, nach Gottes Geheiß. Jesus hat gesagt: «Suchet zuerst das Reich Gottes und Seine Gerechtigkeit, und dies alles (d. h. alles, was ihr zum Leben auf Erden bedürft) wird euch hinzugegeben werden» (Matth. 6,33).

Übernatürliche Hoffnung ist die Tugend, die uns alles nimmt, um uns alles zu geben. Aber was wir haben, erhoffen wir nicht mehr. In Hoffnung leben heißt in Armut leben und nichts besitzen. Und dennoch, wenn wir uns dem Plan der göttlichen Vorsehung überlassen, haben wir bereits alles, worauf wir hoffen. Durch den Glauben kennen wir Gott, ohne Ihn zu sehen. Durch die Hoffnung besitzen wir Gott, ohne Ihn zu fühlen. Wenn wir auf Gott hoffen, besitzen wir Ihn schon durch diese Hoffnung. Sie ist das Vertrauen, das Er in unserer Seele weckt als heimlichen Beweis, daß Er von uns Besitz ergriffen hat. Die Seele, die auf Gott hofft, gehört Ihm, und Ihm gehören ist das gleiche wie Ihn besitzen. Er schenkt sich denen vollständig, die sich Ihm schenken. Das Einzige, was Glaube und Hoffnung uns nicht geben, ist die klare Schau dessen, den wir besitzen. Wir sind im Dunkel mit Ihm vereint, denn wir sollen hoffen. «Denn der Hoffnung nach sind wir gerettet. Hoffnung aber, die man erfüllt sieht, ist keine Hoffnung mehr. Denn warum soll jemand auf das hoffen, was er schon sieht?» (Röm. 8, 24.)

Hoffnung löst uns von allem, was nicht Gott ist, damit alle Dinge ihrer wahren Bestimmung dienen, uns zu Gott zu führen.

Hoffnung entspricht der inneren Loslösung. Sie läßt unsere Seele sich vollkommen von allem lösen. Dadurch erneuert sie alle Werte, denn sie stellt die rechte Ordnung unter ihnen her. Hoffnung macht unsere Hände leer, damit wir mit ihnen wirken können. Sie zeigt uns, daß uns ein Werk aufgetragen ist, und lehrt uns, wie wir es tun sollen.

Ohne Hoffnung lehrt der Glaube uns Gott nur von fern kennen. Ohne Liebe und Hoffnung kennt der Glaube Ihn nur als Fremden. Hoffnung aber wirft uns Seiner Barmherzigkeit und Seiner Vorsehung in die Arme. Wenn wir auf Ihn hoffen, werden wir nicht nur erkennen, daß Er barmherzig ist, sondern wir werden Seine Barmherzigkeit im eigenen Leben erfahren.

2. Wenn ich mich nur auf meine Klugheit, meine Kraft, meine Vorsicht verlasse statt auf Gott, so wird alles versagen, was Gott mir gegeben hat, um Ihn zu finden. Nichts Erschaffenes hat Sinn ohne Hoffnung. Wer sich auf Sichtbares verläßt, lebt in Verzweiflung.

Und doch muß ich, wenn ich auf Gott hoffe, die natürlichen Hilfsmittel gebrauchen, die mich mit Seiner Gnade befähigen, zu Ihm zu kommen. Wenn Er gütig ist und wenn mein Verstand Sein Geschenk ist, so muß ich mein Vertrauen auf Seine Güte setzen und meinen Verstand brauchen. Ich muß durch den Glauben das Licht meines Geistes veredeln, heilen und verwandeln. Wenn Er barmherzig ist und meine Freiheit ein Geschenk Seiner Barmherzigkeit ist, so muß ich mein Vertrauen auf Seine Barmherzigkeit setzen, und von meinem freien Willen Gebrauch machen. Ich muß meine menschliche Freiheit durch Hoffnung und Liebe läutern und stärken und mich zur herrlichen Freiheit der Kinder Gottes emporführen lassen.

Manche meinen, auf Gott zu vertrauen; doch in Wirklichkeit sündigen sie gegen die Hoffnung, weil sie Willen und Urteilskraft nicht gebrauchen, die Er ihnen verliehen hat. Was nützt es, auf die Gnade zu hoffen, wenn ich nicht den Mut habe zu handeln, wie es der Gnade entspricht? Welchen Gewinn bringt es, sich passiv Seinem Willen zu überlassen, wenn die Willenskraft fehlt, Seinen Geboten zu gehorchen? Wenn ich mich auf Gottes Gnade verlasse, so muß ich auch Vertrauen in die natürlichen Kräfte zeigen, die Er mir gegeben hat. Nicht weil es meine Kräfte, sondern weil es Seine Gaben sind. Wenn ich an Gottes Gnade glaube, so muß ich auch meinen eigenen freien Willen betätigen, ohne den die Gnade sinnlos an meine Seele verschwendet würde. Wenn ich glaube, daß Er mich lieben kann, so muß ich auch glauben, daß ich Ihn zu lieben vermag. Wenn ich nicht glaube, daß ich Ihn lieben kann, so glaube ich Ihm nicht, der uns das erste Gebot gegeben hat: «Du sollst den Herrn deinen Gott lieben mit deinem ganzen Herzen, deinem ganzen Gemüt und allen deinen Kräften und deinen Nächsten wie dich selbst.»

3. Nun können wir Gott lieben, weil wir etwas von Ihm erhoffen, oder wir können auf Ihn hoffen, weil wir wissen, daß Er uns liebt. Manchmal beginnen wir mit der ersten Art Hoffnung und wachsen in die zweite hinein. So wirken Hoffnung und Liebe eng verbündet zusammen, und beide beziehen sich auf Gott. Dann kann jeder Akt der Hoffnung

die Tür zur Betrachtung öffnen. Eine solche Hoffnung ist ihre eigene Erfüllung.

Statt irgend etwas anderes vom Herrn zu erhoffen als Seine Liebe, tun wir besser daran, unsere ganze Hoffnung auf Seine Liebe zu setzen. Diese Hoffnung ist so gewiß wie Gott selbst. Sie kann nie zuschanden werden. Sie ist mehr als die Verheißung auf Erfüllung. Sie ist die Wirkung eben der Liebe, die sie erhofft. Sie sucht Barmherzigkeit, weil sie schon Barmherzigkeit gefunden hat. Sie sucht Gott und weiß sich schon von Ihm gefunden. Sie ist auf dem Wege zum Himmel und erkennt dunkel, daß sie schon angekommen ist.

4. Jedes Verlangen kann enttäuscht werden, außer einem. Das einzige, unenttäuschbare Verlangen ist das Verlangen, von Gott geliebt zu werden. Wir können das gar nicht wünschen, ohne zugleich Gott zu lieben. Und das ist das Verlangen, das nicht enttäuscht werden kann. Durch den bloßen Wunsch, Ihn zu lieben, fangen wir an, das zu tun, was wir wünschen. Unsere Freiheit ist vollkommen, wenn keine andere Liebe unser Verlangen aufhalten kann, Gott zu lieben.

Wenn wir aber Gott aus einem geringeren Grunde lieben als um Seiner selbst willen, nähren wir ein Verlangen, das enttäuscht werden kann. Wir laufen Gefahr, Ihn zu hassen, wenn wir das Erhoffte nicht bekommen.

Mit Recht dürfen wir alle Dinge lieben und erstreben, sobald sie uns Mittel zur Gottesliebe geworden sind. Es gibt nichts, was wir nicht von ihm erbitten dürften, wenn wir es zu dem Zweck begehren, damit Er von uns oder von anderen mehr geliebt werde.

5. Es wäre Sünde, unserer Hoffnung auf Gott irgendeine Grenze zu setzen. Wir müssen Ihn ohne Maß lieben. Alle Sünde wurzelt in einem Mangel an Liebe. Alle Sünde ist ein Mangel an Liebe Gott gegenüber, um etwas anderes mehr zu

lieben. Sünde setzt unserer Hoffnung Schranken und sperrt unsere Liebe in einen Kerker. Wenn wir unser letztes Ziel in etwas Begrenztem sehen, haben wir unser Herz dem Dienst Gottes entzogen. Auch wenn wir Ihn zwar als unser letztes Ziel lieben, unsere Hoffnung aber noch auf etwas anderes neben Ihm setzen, ist unsere Liebe, ist unsere Hoffnung nicht, wie sie sein sollten. Niemand kann zwei Herren dienen.

6. Hoffnung ist der Atem der Askese. Sie befähigt uns, uns selbst zu verleugnen und die Welt zu verlassen. Nicht weil wir oder die Welt etwa böse wären, nein, weil wir das Gute in uns und in der Welt nur nutzen können, wenn eine übernatürliche Hoffnung uns über die zeitlichen Dinge hinaushebt. Wir besitzen uns selbst und alles in dieser Hoffnung. In ihr haben wir alles Geschaffene nicht in dessen Eigen-Sein, sondern in dessen Sein in Christus, das heißt voll Verheißung. Alle Dinge sind gut, aber unvollkommen. Ihr Gutes bezeugt die Güte Gottes. Ihre Unvollkommenheit treibt uns, sie zu verlassen, um in der Hoffnung zu leben. Wir müssen über sie hinausgehen zu Ihm, in dem sie ihr wahres Sein haben.

Wir verlassen die Dinge dieser Welt nicht, weil sie nicht gut, sondern weil sie nur so weit für uns gut sind, als sie einen Teil der Verheißung bilden. Sie selbst sind zur Erfüllung ihrer eigenen Bestimmung auf unsere Hoffnung und unsere Loslösung angewiesen. Mißbrauchen wir sie, so verderben wir uns selbst und damit auch sie. Nützen wir sie aber als Kinder von Gottes Verheißung, so bringen wir sie zusammen mit uns selbst Gott dar.

«Denn das Harren der Schöpfung erwartet die Offenbarung der Kinder Gottes... auch die Schöpfung selbst wird von der Knechtschaft der Vergänglichkeit befreit werden zur herrlichen Freiheit der Kinder Gottes» (Röm. 8, 19–21).

An unserer Hoffnung hängt also die Freiheit des gesamten All. Unsere Hoffnung ist das Pfand eines neuen Himmels und einer neuen Erde, in denen alle Dinge das sein werden, wozu sie bestimmt sind. Sie werden mit uns mit Christus auferstehen. Die Bäume, die Tiere werden eines Tages mit uns an der neuen Schöpfung teilhaben, und wir werden sie sehen, wie Gott sie sieht.

Wenn wir sie aber um ihrer selbst willen genießen, enthüllen sie sich und uns als böse. Das ist die Frucht vom Baum der Erkenntnis von Gut und Böse – Widerwillen gegen die Dinge, die wir mißbraucht haben, und Haß gegen uns selber um dieses Mißbrauchs willen.

Aber das Gute der Schöpfung geht ein in das Gefüge ewiger Hoffnung. Alle geschaffenen Dinge verkünden Gottes Treue gegenüber Seinen Verheißungen und drängen uns, um unser- und um ihretwillen, uns selbst zu verleugnen, in Hoffnung zu leben und das Gericht und die allgemeine Auferstehung zu erwarten.

Wenn Askese nicht völlig in der Spannung dieser göttlichen Verheißung lebt, ist sie nicht christlich, sondern etwas viel Geringeres.

7. Der Teufel glaubt an Gott, aber er hat keinen Gott. Der Herr ist nicht *sein* Gott. Wer feindselig gegen das Leben eingestellt ist, hat nichts, wofür er lebt. Immer ohne Leben zu leben, ist ewiger Tod. Aber es ist ein lebendiger, wacher Tod, ohne den Trost des Vergessens. Und das Wesen dieses Todes ist das Fehlen der Hoffnung. Die Verdammten haben sich in den Glauben verrannt, daß sie von Gott nichts zu hoffen haben. Wir stellen uns die Verdammten manchmal als Menschen vor, die nur sich selbst für gut halten. Alle Sünde entspringt dem Stolz, der sich der Liebe verweigert. Aber der Stolz derer, die so leben, als hielten sie sich für besser als jeden anderen, wurzelt in einer geheimen Unfähigkeit, an die eigene Güte zu glauben. Wenn es mir ganz klar ist, daß ich gut bin, weil Gott mich gut gewollt hat, so werde ich zugleich

fähig sein, das Gute anderer Menschen und Gottes zu erkennen. Auch mein eigenes Versagen wird mir stärker bewußt werden. Wahre Demut ist unmöglich, wenn ich nicht zuvor erkenne, daß ich gut bin und weiß, daß das Gute in mir nicht mir gehört, sondern Gott, und wenn ich nicht sehe, wie leicht ich ein freiwillig gewähltes Übel an die Stelle des Guten setze, das Gott mir gegeben hat.

8. Wer alles aufgibt, um Gott zu suchen, weiß, daß Er der Gott der Armen ist. Es kommt auf das gleiche heraus, wenn wir sagen, daß Er der Gott der Armen ist, wie daß Er ein eifersüchtiger Gott ist. Auch daß Er ein eifersüchtiger Gott und zugleich ein Gott unendlicher Barmherzigkeit ist. Es gibt nicht zwei Götter, einen eifersüchtigen, den wir fürchten müssen, und einen barmherzigen, auf den wir unsere Hoffnung setzen dürfen. Unsere Hoffnung besteht nicht darin, den einen dieser Götter gegen den anderen auszuspielen, den einen zu bestechen, um den anderen zu besänftigen. Der Herr über alle Gerechtigkeit ist eifersüchtig auf Sein Vorrecht als Vater der Barmherzigkeit, und der höchste Ausdruck Seiner Gerechtigkeit ist es, denen zu vergeben, denen kein anderer je vergeben haben würde.

Darum ist Er vor allem der Gott derer, die gegen alle Hoffnung hoffen dürfen. Der reumütige Schächer, der mit Christus zusammen starb, vermochte Gott selbst dort zu erkennen, wo die Rechtsgelehrten den Anspruch auf Göttlichkeit als unmöglich zurückgewiesen hatten.

9. Nur wer die Verzweiflung kennengelernt hat, ist wirklich überzeugt, daß er der Gnade bedarf. Wem die Gnade nicht fehlt, der sucht sie auch nicht. Besser ist es, Gott auf der Schwelle der Verzweiflung zu finden, als sein Leben der Gefahr einer Selbstgefälligkeit auszusetzen, die nie das Bedürfnis nach Vergebung empfunden hat. Ein Leben ohne Er-

schütterung kann hoffnungsloser sein als eines, das ständig am Rande der Verzweiflung steht.

10. Eines der schwierigsten theologischen Probleme läßt sich durch ein christliches Leben, durch die Tugend der Hoffnung lösen. Das Geheimnis des freien Willens und der Gnade, der Vorherbestimmung und des Wirkens mit Gott klärt sich in der Hoffnung, die tatsächlich beides im rechten Verhältnis zueinander ordnet. Wer auf Gott hofft, *weiß* nicht, daß er für den Himmel bestimmt ist. Wenn er aber in seiner Hoffnung beharrt und ständig die von der Gnade eingegebenen Willensakte vollzieht, so wird er unter den Auserwählten sein. Denn das ist ja das Ziel seiner Hoffnung, und «Hoffnung läßt nicht zuschanden werden» (Röm. 5, 5). Jeder Akt der Hoffnung entspringt dem eigenen freien Willen und ist doch zugleich ein Geschenk Gottes. So ist es das Wesen der Hoffnung, alle zum Heil notwendigen Gnaden als freie Geschenke Gottes frei zu erwarten. Der freie Wille, der sich dafür entscheidet, auf Gottes Geschenke zu hoffen, erkennt schon durch diese Tatsache seinen eigenen Entschluß zur Hoffnung als Geschenk Gottes an. Und doch weiß er zugleich, daß er sich von Gott nicht bewegen lassen könnte, wenn er nicht den Willen zur Hoffnung hätte. Hoffnung ist die Vermählung zweier Freiheiten, der menschlichen und der göttlichen, in der Bejahung einer Liebe, die zugleich Verheißung und Anfang der Erfüllung ist.

11. Der Glaube, der mir sagt, daß Gott das Heil aller Menschen will, muß ergänzt werden durch die Hoffnung, daß Er *mein* Heil will, und durch die Liebe, die auf Seinen Wunsch antwortet und meiner Hoffnung den Stempel der Überzeugung aufdrückt. So vermittelt die Hoffnung der Einzelseele den Kern aller Theologie. Alle Wahrheiten, die der ganzen Welt auf abstrakte und unpersönliche Art dargeboten sind,

werden durch die Hoffnung für mich zu einer Sache persönlicher und inniger Überzeugung. Was ich im Glauben annehme, was ich durch die Theologie verstehe, das wird mir durch Hoffnung zu eigen. Hoffnung ist das Tor zur Betrachtung, denn Betrachtung ist Erfahrung des Göttlichen, und wir können nichts erfahren, was wir nicht besitzen. Durch die Hoffnung können wir den Kern unseres Glaubens mit Händen fassen, und durch Hoffnung besitzen wir den Kern dessen, was Gottes Liebe uns verheißt.

Jesus ist die uns geoffenbarte Theologie des Vaters. Der Glaube sagt mir, daß diese Theologie allen Menschen zugänglich ist. Die Hoffnung sagt mir, daß Er mich genug liebt, um sich mir zu schenken. Wenn ich nicht auf Seine Liebe hoffe, werde ich Christus niemals wirklich erkennen. Durch den Glauben höre ich von Ihm. Aber ich stelle nicht die persönliche Beziehung her, die Ihn kennt und dadurch den Vater in Ihm kennt, bevor mein Glaube nicht durch Hoffnung und Liebe ergänzt wird: Hoffnung, die sich Seiner Liebe zu mir bemächtigt, und Liebe, die Seine Liebe erwidert, wie ich es Ihm schulde.

12. Die Hoffnung sucht nicht nur Gott selbst, nicht nur die Mittel, um zu Ihm zu gelangen, sondern sie sucht vor allem Gottes Verherrlichung, die sich in uns offenbart. Das wird der letzte Beweis Seiner unendlichen Barmherzigkeit sein, und darum bitten wir, wenn wir sprechen: «Zu uns komme Dein Reich.»

III

GEWISSEN, FREIHEIT UND GEBET

1. Wenn ich Menschen, Ereignisse, Situationen nur in ihrer Wirkung auf mich betrachte, lebe ich auf der Schwelle zur Hölle. Selbstsucht ist zur Enttäuschung verdammt; sie beruht auf Lüge. Um nur mir selbst zu leben, müßte ich Gott gleich, alles unter meinen Willen beugen; ein Ding der Unmöglichkeit. Gibt es denn einen überzeugenderen Beweis meiner Geschöpflichkeit als die Schwäche meines Willens? Ich kann das All nicht zwingen, mir zu gehorchen. Ich kann von anderen Menschen nicht fordern, sich an meine Einfälle und Launen anzupassen. Selbst mein eigener Leib gehorcht mir nicht. Wenn ich ihm Lust bereite, enttäuscht er mich und läßt mich leiden. Wenn ich das tue, was ich für Freiheit halte, betrüge ich mich selbst und muß erkennen, daß ich in meiner eigenen Blindheit, Selbstsucht und Unzulänglichkeit gefangen bin.

Freilich, es ist wahr: meine Willensfreiheit ist etwas Großes. Aber diese Freiheit genügt sich nicht selbst. Bestünde die Freiheit einzig in der Freiheit der Wahl, so würde sich in der bloßen Tatsache des Wählens unsere Freiheit vollenden. Hier aber ergeben sich zwei Schwierigkeiten. Zunächst muß vor allem unsere Wahl wirkiich frei sein – das heißt in ihr muß sich unser eigenes Sein verwirklichen. In ihr muß sich unsere Beziehung zu anderen freien Wesen verwirklichen. Wir müssen das wählen, was uns in den Stand versetzt, die Fähigkeiten unseres wahren Ichs zu erfüllen. Daraus erwächst die zweite Schwierigkeit: wir setzen nur allzu leicht voraus, daß wir wissen, was unser wahres Selbst sei, und daß wir das wählen, was wir wirklich wählen wollen. In Wirklichkeit wird unsere freie Wahl (wenn auch moralisch zweifellos einwandfrei) nur zu oft von einem seelischen Zwang diktiert, von den übertriebenen Vorstellungen unserer eigenen Wichtigkeit. Unsere Wahl steht zu oft unter dem Befehl unseres falschen Selbst.

So ist es unmöglich, dadurch glücklich zu werden, indem ich einfach das tue, wozu ich Lust habe. Im Gegenteil, wenn ich ausschließlich das tue, was meiner Laune entspricht, werde ich mich fast immer unglücklich fühlen. Das würde nicht so sein, wäre nicht mein Wille erschaffen, um seine Freiheit in der Liebe zu anderen zu brauchen.

Mein Wille festigt und erreicht seine eigene Mündigkeit durch freies Mitwirken mit dem Willen eines anderen. Schon im Wesen meiner Freiheit ist etwas, das mich treibt, zu lieben, Gutes zu tun, mich anderen hinzugeben. Ein Instinkt sagt mir, daß ich weniger frei bin, wenn ich nur mir selbst lebe. Das liegt darin begründet, daß ich nie vollkommen unabhängig sein kann. Da ich mir nicht selbst genüge, bin ich für meine eigene Erfüllung auf einen anderen angewiesen. Meine Freiheit ist nicht völlig frei, wenn sie sich selbst überlassen bleibt. Sie wird es erst, wenn sie in die rechte Beziehung zu der Freiheit eines anderen tritt.

Trotzdem ist mein Trieb nach Unabhängigkeit keineswegs schlecht. Meine Freiheit vollendet sich nicht durch Unterwerfung unter einen Tyrannen. Unterwerfung ist nicht Selbstzweck. Es ist recht, daß meine Natur sich gegen Unterwerfung auflehnt. Wozu wäre mein Wille frei erschaffen, wenn ich meine Freiheit nicht brauchen sollte?

Wenn mein Wille dazu bestimmt ist, seine Freiheit im Dienst eines anderen zu vollenden, so heißt das nicht, daß er seine Vollendung im Dienst *jedes* anderen Willen findet. Tatsächlich gibt es nur einen Willen, in dessen Dienst ich Vollendung und Freiheit zu finden vermag. Wenn ich meine Freiheit blindlings einem mir selber gleichgestellten oder untergeordneten Wesen ausliefere, entwürdige ich mich und schmälere meine Freiheit. Nur wenn ich dem Willen Gottes diene, werde ich frei. Wenn ich auch anderen Menschen gehorche und diene, so tue ich das nicht um ihretwillen, sondern weil ihr Wille für den Willen Gottes steht. Gehorsam gegen Menschen ist bedeutungslos, wenn er im Grunde nicht Gehorsam gegen Gott ist. Daraus ergeben sich viele Konsequenzen. Ohne Glauben an Gott gibt es keine wahre Ordnung. Gehorsam ohne Glauben ist sinnlos. Wenn es keinen Gott gibt, ist die einzig logische Herrschaft die Tyrannei. Und tatsächlich neigen alle Staaten, die die Vorstellung von Gott verwerfen, entweder zu Tyrannei oder zu offener Unordnung. In beiden Fällen steht am Ende Unordnung, denn Tyrannei ist an sich Unordnung.

Wenn ich nicht an Gott glaubte, so meine ich, würde mein Gewissen mich verpflichten, Anarchist zu werden. Doch ich frage mich, ob ich, glaubte ich nicht an Gott, überhaupt die Tröstung eines verpflichtenden Gewissens haben würde.

2. Das Gewissen ist die Seele der Freiheit, ihr Auge, ihre Triebkraft, ihr Leben. Ohne Gewissen weiß die Freiheit nicht, was sie mit sich selbst anfangen soll. Ein vernünftiges Wesen, das mit sich selbst nichts anzufangen weiß, findet die Langeweile des Lebens unerträglich. Es langweilt sich zu Tode. Genau wie die Liebe in bloß blindem Lieben keine Erfüllung findet, so schwindet die Freiheit dahin, wenn sie einfach «frei» ohne Ziel handelt. Einer Handlung ohne Ziel fehlt etwas von der Vollkommenheit der Freiheit. Freiheit ist mehr als eine Angelegenheit zielloser Wahl. Es kann nicht genügen, meine Freiheit dadurch zu bezeugen, daß ich «etwas» wähle. Ich muß meine Freiheit nützen und entwickeln, indem ich etwas Gutes wähle.

Ich kann aber keine gute Wahl treffen, wenn ich nicht ein gereiftes Gewissen in mir erziehe, das mir Rechenschaft gibt über meine Motive, meine Absichten, mein sittliches Handeln. Der Nachdruck liegt hier auf dem Wort «reif». Ein Kind, das noch ohne Gewissen ist, läßt sich in seinen «Entscheidungen» vom Verhalten eines anderen leiten. Das unreife Gewissen gründet sein Urteil zum Teil oder ganz darauf, wie andere Menschen seine Entscheidungen aufnehmen. Gut ist das, was die Umwelt bewundert oder bejaht. Schlecht ist das, was sie reizt oder ihr mißfällt. Selbst wenn das unreife Gewissen nicht vollständig von der Umwelt beherrscht wird, so spiegelt es doch nur den Entscheid eines anderen Gewissens wieder. Das unreife Gewissen ist nicht sein eigener Meister. Es ist bloß der Bevollmächtigte des Gewissens eines anderen Menschen, oder einer Gruppe, einer Partei, einer gesellschaftlichen Klasse, einer Nation oder einer Rasse. Darum trifft es keine eigenen Entscheidungen, es äfft einfach die Entscheidungen anderer nach. Es bildet sich kein eigenes Urteil, es paßt sich nur der Parteilinie an. Es hat keine wirklich eigenen Motive und Absichten. Oder wenn es sie hat, zerstört es sie, indem es sie so biegt und wendet, daß sie zu den Absichten anderer passen. Das ist keine sittliche Freiheit und macht wahre Liebe unmöglich. Wenn ich wahrhaft und frei liebe, muß ich etwas geben, das wirklich mein Eigentum ist und nicht das eines anderen. Wenn mein Herz nicht zuerst mir gehört, wie kann ich es dann einem anderen schenken? Es ist ja nicht mein Eigen, über das ich verfüge!

3. Der freie Wille ist uns nicht bloß als Feuerwerk gegeben, um ihn in die Luft hinaus zu verpuffen. Manche Leute glauben, ihre Handlungen seien um so freier, je zielloser sie sind, als bedeutete ein vernünftiges Ziel irgendeine Beschränkung. Das ist, als behaupte man, jemand sei reicher, wenn er das Geld zum Fenster hinauswirft, als wenn er es ausgibt.

Da Geld nun einmal ist, was es ist, will ich nicht bestreiten, daß der vielleicht höchsten Lobes würdig ist, der sich damit eine Zigarette ansteckt. Das würde beweisen, daß er ein tiefes, sauberes Gefühl für den Wert des Dollars hat. Immerhin, wenn ihm nichts anderes einfällt, was sich mit Geld anfangen läßt, wird er die Vorteile, die man dem Geld trotz allem noch abgewinnen kann, nicht lange genießen.

Gewiß kann es sich ein Reicher eher leisten, Geld aus dem Fenster zu werfen als ein Armer, aber weder das Verschwenden noch das Ausgeben von Geld macht ihn zum Reichen. Ein Mensch ist reich kraft seines Besitzes. Sein Reichtum ist ihm so viel wert, wie er ihm nützen kann.

So wird die Freiheit, um bei diesem Vergleich zu bleiben, weder durch Verschwendung noch durch richtigen Gebrauch größer, sondern sie ist uns als Talent gegeben, mit dem wir bis zur Wiederkunft Christi wuchern sollen. Bei diesem Wuchergeschäft trennen wir uns von unserem Eigentum nur, um es mit Zinsen wieder hereinzubekommen. Wir vernichten es nicht, noch werfen wir es weg. Wir geben es für ein Ziel hin, und diese Hingabe macht uns freier, als wir es waren. Weil wir freier sind, sind wir auch glücklicher. Wir haben nicht nur mehr, sondern wir sind auch mehr als zuvor. Dieses Haben und Sein wird uns in einer vertieften Einigung mit dem Willen Gottes zu eigen. Unser Wille wird gestärkt im Gehorsam gegenüber den sachlichen Forderungen der Wirklichkeit. Unser Gewissen wird erleuchtet und überblickt einen ungeheuer erweiterten Horizont. Weil wir in der Liebe gewachsen sind, erkennen wir viel edlere Möglichkeiten für den Gebrauch unserer Freiheit, und weil wir an göttlicher Gnade reicher geworden sind, entdecken wir in uns die Fähigkeit, Ziele zu erreichen, die früher über unsere Kraft gingen.

Alle diese Früchte sind uns als Ernte unserer Freiheit zugedacht, wenn wir den Willen Gottes tun. Darum schätzen wir uns glücklich, wenn wir Seinen Willen erkennen und danach handeln; wenn wir verstehen, daß es das größte Unglück ist, nichts von Seinen Zielen oder Seinen Plänen zu verstehen, sowohl für uns selbst, wie auch für die übrige Welt. «Ich will wandeln auf freier Bahn», sagt der Psalmist, «denn Deine Gebote habe ich gewirkt» (Ps. 118,45). «Am Wandel nach Deinen Geboten habe ich Freude wie an reichen Schätzen... Hätte ich nicht Dein Gesetz betrachtet, so wäre ich längst untergegangen in meinem Elend» (Ps. 118,14,92). «Glückselig sind wir, o Israel, denn was Gott wohlgefällt, ist uns geoffenbart» (Baruch 4,4).

4. Unsere freien Handlungen müssen nicht nur ein Ziel haben, sie müssen das rechte Ziel haben. Wir bedürfen dazu eines Gewissens, das uns lehrt, die rechten Ziele zu wählen. Das Gewissen ist die Erleuchtung, durch die wir den Willen Gottes in unserem Leben deuten.

Die Erleuchtung ist zwiefach. Zunächst gibt es das geistige Gewissen, das wir besser Bewußtsein nennen. Es stellt die Handlungen fest, die wir begehen. Es ist ihrer bewußt, und durch sie wird es seiner selbst bewußt. Zweitens gibt es das sittliche Gewissen, das uns nicht nur sagt, *was* wir tun, sondern *wie* wir es tun und *wie gut* wir es tun. Es beurteilt den Wert unseres Tuns. Beide, das geistige und das sittliche Gewissen, sind Intelligenzfähigkeiten. Es sind zwei Arten von Bewußtsein, die uns sagen, was wir wirklich sind.

Der Mensch unterscheidet sich von der übrigen Schöpfung durch seine Intelligenz und seine Freiheit. Er reift als Mensch, indem er an Weisheit zunimmt und sein eigenes sittliches Handeln klüger und kraftvoller zu beherrschen lernt. Daher lassen sich Charakter und Reife an der Klarheit und Besonnenheit unseres sittlichen Gewissens messen. Das Gewissen ist der Inbegriff des ganzen Menschen, obwohl der Mensch viel mehr ist als ein beseeltes Gewissen. Das Gewissen ist Hinweis auf Verborgenes, auf unwahrnehmbare Handlungen und Neigungen, die viel mehr bedeuten als sie an sich sind. Es ist der Spiegel für die Tiefe eines Menschen.

Die Wirklichkeit eines Menschen ist etwas Tiefes und Verhülltes, begraben nicht nur in den unsichtbaren Winkeln seiner eigenen metaphysischen Verborgenheit, sondern in der Verborgenheit Gottes selbst.

Das Gewissen ist das Antlitz der Seele. Sein wechselnder Ausdruck kündet das Verhalten der Seele genauer als der Wechsel im menschlichen Mienenspiel Gemütsbewegungen kündet. Sogar das äußere Antlitz des Menschen ist nur Widerschein seines Gewissens. Freilich, nur sehr wenig von dem, was in einer menschlichen Seele lebt, tritt in seinem Antlitz zutage. Aber dieses wenige genügt, um beredt von dem Gewissen zu zeugen.

5. Eine der wichtigsten Funktionen des Gebetslebens ist es, das sittliche Gewissen zu vertiefen, zu stärken und zu entwickeln. Das Wachstum des geistigen Gewissens ist gleichfalls nicht ohne Bedeutung, wenn auch zweitrangig. Auch das geistige Gewissen gehört zum Beten, aber das Gebet ist nicht der Platz für seine eigentliche Entwicklung.

Wenn wir in uns blicken und unser geistiges Gewissen erforschen, endet unsere Einsicht bei uns selbst. Wir werden uns unserer Gefühle, unserer inneren Aktivität, unserer Gedanken, Urteile, Wünsche bewußt. Sich all dieser Dinge ständig bewußt zu sein, ist nicht gesund. Immerwährende Selbstbeobachtung macht überängstlich und lenkt die Aufmerksamkeit auf Regungen, die besser instinktiv und unbeachtet bleiben. Wenn wir uns allzu sehr um uns selbst kümmern, wird unser Tun verkrampft und gehemmt. Wir stehen uns selber so sehr im Wege, daß wir uns bald vollständig lähmen und unfähig werden, wie normale Menschen zu reagieren.

Es ist darum gut, beim Gebet das geistige Bewußtsein außer acht zu lassen. Je weniger wir daran herumpfuschen, um so besser. Viele religiöse Menschen halten sich deswegen der Meditation für unfähig, weil sie meinen, Meditation bestünde in religiösen Erregungen, Gedanken, Gefühlen, deren man sich selber deutlich bewußt ist. Sobald sie sich auf Meditation einlassen, fangen sie an, ihr geistiges Gewissen zu befragen, um festzustellen, ob sie irgend etwas erleben, was sich lohnt. Sie finden wenig oder nichts. Entweder strengen sie sich dann an, um irgendeine innere Erfahrung hervorzubringen, oder sie geben voller Widerwillen auf.

6. Das geistige Bewußtsein ist uns sehr von Nutzen, wenn wir es instinktiv und ohne zu viel absichtliches eigenes Grübeln reagieren lassen. Wir sollten fähig sein, durch unser Bewußtsein *hindurch* zu blicken, ohne es überhaupt wahrzunehmen. Wenn das Bewußtsein richtig reagiert, ist es beim Gebet durchaus wertvoll, denn es leiht den Regungen des sittlichen Gewissens, dem eigentlichen Zentralpunkt des Gebets, Ton und Gehalt.

Zuweilen wird das geistige Bewußtsein unter dem Druck unnützer Innenschau rasch lahmgelegt. Aber es gibt noch eine andere Geistestätigkeit, die verborgene Kräfte entwikkelt und freisetzt: die Wahrnehmung des Schönen. Damit meine ich nicht, daß wir von unserem Bewußtsein erwarten sollen, auf das Schöne als auf ein schwaches und esoterisches Etwas zu reagieren. Wir sollten für die Wirklichkeit empfänglich genug sein, um rings um uns Schönheit zu sehen. Schönheit ist einfach die Wirklichkeit selbst, auf eine besondere Art wahrgenommen, die ihr eine eigene Strahlkraft verleiht. Alles, was ist, ist schön, insofern als es wirklich ist – obwohl die Zusammenhänge, in welche die Dinge für den Menschen geraten sind, sie uns nicht immer schön erscheinen lassen. Schlangen sind schön, aber nicht für uns.

Eines der wichtigsten – und am meisten vernachlässigten – Elemente in den Anfängen inneren Lebens ist die Fähigkeit, auf die Wirklichkeit zu reagieren, den Wert und die Schönheit in alltäglichen Dingen zu sehen, empfänglich zu werden für all die Herrlichkeit rings um uns in Gottes Geschöpfen. Wir sehen alle diese Dinge nicht, weil wir uns ihnen entziehen. In gewisser Weise müssen wir das tun. Im modernen Leben werden unsere Sinne derart beständig von allen Seiten gereizt, daß wir ohne eine gewisse schützende Unempfindlichkeit verwirrt würden beim Versuch, auf alles gleichzeitig zu reagieren!

Der erste Schritt im inneren Leben ist heutzutage nicht, wie manche Leute sich vielleicht vorstellen, daß wir lernen, die Dinge *nicht* zu sehen, zu schmecken, zu hören, zu fühlen. Im Gegenteil, wir müssen damit anfangen, unsere falsche Art des Sehens, Schmeckens, Fühlens usw. zu verlernen und etwas von der richtigen Art zu lernen.

Denn bei Askese handelt es sich nicht einfach darum, auf Fernsehen, Zigaretten und Gin zu verzichten. Bevor wir anfangen können, Asketen zu werden, müssen wir zuerst einmal das Leben richtig sehen lernen.

Wie kann unser Gewissen uns sagen, ob wir auf etwas verzichten sollen oder nicht, wenn es uns nicht zuerst sagt, ob wir es richtig zu gebrauchen wissen? Denn Verzichten ist nicht Selbstzweck. Es hilft uns, die Dinge besser zu nützen, hilft uns, sie hinzugeben. Wenn die Wirklichkeit uns empört, wenn wir uns in Widerwillen von ihr abwenden, wem sollen wir sie dann opfern? Wie sollen wir sie heiligen? Wie sollen wir aus ihr eine Gabe für Gott und die Menschen machen?

Im ästhetischen Erlebnis, in der Schaffung oder Betrachtung eines Kunstwerkes erreicht das geistige Bewußtsein eine seiner höchsten und vollkommensten Erfüllungen. Die Kunst macht uns fähig, uns zugleich selber zu finden und zu verlieren. Das Gemüt, das auf die intellektuellen und geistigen Werte eines Gedichtes, eines Bildes, der Musik reagiert, entdeckt eine geistige Kraft, die es über sich selbst erhebt, es sich selbst entreißt, sich selbst auf einer Daseinsstufe vergegenwärtigt, von der es nie glaubte, sie je erreichen zu können.

7. Die Seele, die in der Isolierung abstumpfender Selbstanalyse sich ständig zergliedert und überwacht, wird sich schließlich in so quälender Weise ihrer selbst bewußt, daß sie alle natürliche Unbefangenheit verliert. Der Geist jedoch, der in der intensiven und reinen Reaktion auf ein Kunstwerk sich über sich selber emporgehoben fühlt, ist in einer zugleich schöpferischen und sublimen Art «selbstbewußt». Ein solcher Geist entdeckt in sich völlig neue Möglichkeiten des Denkens und Glaubens und sittlichen Handelns. Er hat in sich die Fähigkeit gefunden, auf einen Wert zu reagieren, der ihn über seine normale Ebene hinaushebt, und damit hat er, ohne eine Spur der Selbstanalyse, sich selber gefunden. Schon seine bloße Reaktion veredelt und verwandelt ihn. Er ist sich eines neuen Lebens und neuer Kräfte bewußt und wird versuchen, sie zu entwickeln.

Im Gebetsleben ist es wichtig, daß man fähig ist, auf solche blitzhafte ästhetische Intuition zu reagieren. Kunst und Gebet sind von der Kirche nie als Feinde angesehen worden, und wo die Kirche sich streng gezeigt hat, war es nur, um den Wesensunterschied zwischen Kunst und Unterhaltung zu betonen. Die Strenge, der Ernst, die Nüchternheit und Kraft des Gregorianischen Gesanges, der Zisterzienserarchitektur des 12. Jahrhunderts, der Karolingischen Minuskelschrift können uns viel über das Gebetsleben lehren, und sie haben in vergangenen Zeiten viel zur Gestaltung des Gebetes und des religiösen Bewußtseins der Heiligen beigetragen. Sie haben das in dem Maße vermocht, in dem sie die Seele von der Konzentration auf sich selbst wie auch vom bloßen Grübeln über den formalen Wert von Kunst und Askese befreit haben. Man kann wohl gleichzeitig ein kunstgerechter Gesangsexperte und ein Mann des Gebetes sein, aber die Momente von Gebet und formaler Kritik decken sich nur selten.

Wenn die Kirche die Rolle der Kunst in ihrem Gemeinschaftsgebet betont, so darum, weil sie weiß, daß eine echte und gültige ästhetische Gestaltung für die Ganzheit des christlichen Lebens und Gottesdienstes notwendig ist. Liturgie, Gesang und kirchliche Kunst sollen das Bewußtsein des Menschen formen und vergeistigen; sie sollen ihm einen Grundton und eine Reife geben, ohne die sein Gebet normalerweise weder sehr tief, sehr weit, noch sehr rein sein kann.

Nur aus einem einzigen Grunde ist das alles vollkommen wahr: weil Kunst nicht Selbstzweck ist. Die Kunst führt die Seele in eine höhere geistige Ordnung ein, die sie ausdrückt und in gewissem Sinne erklärt. Musik, Kunst und Dichtung stimmen die Seele auf Gott ein, weil sie eine Art Kontakt mit dem Schöpfer und Beherrscher des All herstellen. Durch die natürliche Anziehung schöpferischen Mit-Empfindens oder Mit-Schwingens findet der Genius des Künstlers Zugang zu dem lebendigen Gesetz, welches das All beherrscht. Dieses Gesetz ist nichts anderes als die geheime Schwerkraft, die alle Dinge zu Gott zieht als zu ihrem Mittelpunkt. Da jede echte Kunst das Wirken dieses Gesetzes in der Tiefe unserer eigenen Natur bloßlegt, macht sie uns empfänglich für das überwältigende Geheimnis des Daseins, in dem wir selbst, gemeinsam mit allem anderen Lebendigen und Seienden, aus dem Urgrund Gottes hervorgehen und wieder zu ihm zurückkehren. Eine Kunst, die nichts von dieser Wirkung auslöst, verdient ihren Namen nicht.

8. Bevor wir vom geistigen zum sittlichen Gewissen übergehen, wollen wir einen Blick auf das Unterbewußtsein werfen. Viele religiöse Menschen lassen das Unterbewußte überhaupt außer acht. Entweder nehmen sie fröhlich an, daß es in ihrem Leben keine Rolle spielt, oder sie betrachten es einfach als eine alte Rumpelkammer, nicht wert, daß man sich darin umschaut, voll von dem Kehricht, aus dem sich unsere Träume zusammensetzen.

Es wäre ein großer Fehler, aus dem Innenleben ein psychologisches Experiment zu machen und unser Gebet zum Objekt der Psychoanalyse werden zu lassen. Wenn es echtes und gültiges Gebet ist, bedarf es keiner Psychoanalyse. Aber wohlgemerkt: ich habe gesagt «wenn». Denn wenn das Gebet nicht echt ist, kann Analyse ihm durchaus heilsam sein. Das entmutigende Überwuchern falscher Mystik, die mörderische Gewalt, die falsche Askese zuweilen über fromme Seelen erlangt, und die weitverbreitete Verwechslung von Sentimentalität mit echtem religiösem Empfinden – das alles rechtfertigt doch wohl eine kleine Untersuchung des unterbewußten Nährbodens dessen, was allgemein als «Religion» gilt. Jedoch ist das keineswegs die Aufgabe des vorliegenden Buches.

Nur ein paar Tatsachen sollen hier festgestellt werden.

Das Unterbewußte spielt eine wichtige Rolle im Innenleben, obwohl es hinter den Kulissen bleibt. So wie ein gutes Stück vom Bühnenbild, der Beleuchtung und all dem übrigen mitbedingt ist, so verdankt auch unser Innenleben einen guten Teil seines Wesens der Umrahmung und Beleuchtung, dem Hintergrund und der Atmosphäre, die, von uns ganz unbeabsichtigt, vom Unterbewußtsein beigesteuert werden.

Tatsächlich kommt es zuweilen vor, daß die ganze Grundstimmung und Atmosphäre des Gebetslebens eines Menschen – eine gewisse Betonung der Einsamkeit oder des Opfers oder der Askese oder apostolischer Ausstrahlung – von Elementen des Unterbewußten bestimmt werden. Denn das Unterbewußtsein ist eine Fundgrube von Bildern und Symbolen, ich möchte fast sagen von «Erfahrungen», die uns mehr als die Hälfte des Materials dessen liefert, was wir tatsächlich als «Leben» erfahren. Ohne es zu wissen, sehen wir die Wirklichkeit durch Gläser, die von der unterbewußten Erinnerung gefärbt sind.

Darum ist es wichtig, daß unser Unterbewußtsein uns befähigt, als unser wahres Ich zu leben. In der Tat geschieht es oft, daß das wahre Ich eines Menschen buchstäblich im Unterbewußten begraben ist und nie eine Möglichkeit findet, sich selber auszudrücken, es sei denn im symbolischen Protest gegen die Tyrannei eines mißbildeten Gewissens, das in Unreife verharren will.

Ich sage nicht, daß wir versuchen sollten, ohne Schulung oder Erfahrung unsere unterbewußte Tiefe zu erforschen. Aber wir sollten zum mindesten eingestehen, daß es sie gibt und daß sie wichtig ist, und wir sollten bescheiden genug sein, um zuzugeben, daß wir nicht alles über uns selber wissen, daß wir keine sachverständigen Beurteiler unserer eigenen Lebensführung sind. Wir sollten aufhören, unsere bewußten Pläne und Entscheidungen so ungeheuer ernst zu nehmen. Es ist sehr wohl möglich, daß wir keineswegs die Märtyrer oder Mystiker oder Apostel oder Führer oder Gottesfreunde sind, als die wir in unserer eigenen Vorstellung leben. Unser Unterbewußtsein versucht vielleicht, uns das auf vielfache Weise zu sagen – wir haben uns mit ungeheuerlichster Selbstgerechtigkeit angewöhnt, nicht darauf zu hören.

9. Das geistige Gewissen ist im Seelenleben von zweitrangiger Bedeutung. Es kann wohl einen gelegentlichen Abglanz der höchsten Wirklichkeit erfassen, aber es kann nicht lange in einem Bereich verweilen, der über unser Bewußtsein hinausgeht. Das sittliche Gewissen vermag das.

Das sittliche Gewissen überträgt die allgemeinen Daseinsgesetze auf das weniger allgemeine Sittengesetz, und was das Wichtigste ist, es deutet nicht nur das Sittengesetz in bezug auf unsere jeweiligen Lebensumstände, sondern es begreift in jedem Augenblick konkret jenes Eine, das viel mehr ist als irgendeine abstrakte Verhaltensnorm. Das sittliche Gewissen weist uns den Weg des Gehorsams gegenüber den Eingebungen der helfenden Gnade, und dadurch erfaßt und verwirklicht es jederzeit das lebendige Gesetz, das heißt den Willen Gottes und Seine Liebe zu uns.

Die Unterscheidung zwischen der allgemeinen Formulierung des Sittengesetzes und der lebendigen, persönlichen Bekundung von Gottes Willen in unserem Leben ist eine der grundlegenden Wahrheiten des Christentums. Es ist die Unterscheidung zwischen dem Buchstaben, der tötet, und dem Geist, der lebendig macht. Jesus, der nicht gekommen ist, um das Gesetz aufzulösen, sondern damit jedes Jota davon erfüllt werde (Matth. 5, 17–18), hat auch gelehrt, daß das Gesetz zur Beschämung der Gesetzeslehrer erfüllt werden müsse.

Die Gerechtigkeit der Schriftgelehrten, die den Buchstaben des Gesetzes vollkommen kannten, genügte nicht, um einen von ihnen ins Himmelreich zu bringen. Das Gesetz mußte im Geist und in der Wahrheit erfüllt werden, nicht durch äußere Beobachtung der Vorschriften, sondern durch Umwandlung ihres ganzen Daseins in Gotteskindschaft. Dann erst werden sie Kinder ihres Vaters im Himmel sein, vollkommen, wie Er vollkommen ist (Matth. 5,45,48). Dann werden sie das Gesetz nicht mehr mit einer formalistischen Vollendung erfüllen, die seinen Sinn aufhebt, sondern begreifen, daß der Sabbat für den Menschen da ist, nicht der Mensch für den Sabbat. Sie werden aufhören, das Gesetz Gottes unwirksam zu machen um der Überlieferungen der Ritualisten und Gesetzeslehrer willen, die Jesus nicht verstanden, wenn Er lehrte, daß der Mensch aus dem Heiligen Geist wiedergeboren werden müsse, um in das Reich Gottes einzugehen[1].

In Christus sterben wir für den Buchstaben des Gesetzes. Unser Gewissen sieht die Dinge nicht mehr im toten Licht

1 «Wenn jemand nicht wiedergeboren wird aus Wasser und dem Heiligen Geist, so kann er in das Reich Gottes nicht eingehen. Was aus Fleisch geboren ist, das ist Fleisch, und was aus dem Geist geboren ist, das ist Geist. . » Nikodemus erwiderte und sagte: «Wie kann das geschehen?» Jesus antwortete und sprach: «Du bist ein Lehrer in Israel und verstehst das nicht?» (Joh. 3, 5, 6, 9 – 10.)

von Formalismus und äußerlicher Erfüllung. Unser Herz lehnt die trockenen Schalen der Buchstabentreue ab und hungert nach dem Brot des Lebens und dem Wasser des Geistes, das ins ewige Leben strömt.

«So seid auch ihr, meine Brüder, durch Christi Leib dem Gesetz abgestorben... Wir sind vom Gesetz des Todes, in dem wir gefesselt waren, befreit, so daß wir nun im neuen Geist und nicht im alten Buchstaben dienen» (Röm. 7,4,6). Das Gesetz des Lebens im Neuen Testament von Christi Gnade ist nicht nur ein schriftliches Dokument. Es ist die Erfüllung von Gottes Absichten durch Liebe im Gewissen derer, die dem Antrieb Seiner Gnade gehorchen. Das neue Gesetz ist nicht nur eine äußerliche Richtschnur des Verhaltens, sondern inneres Leben, das Leben Jesu selbst, durch Seinen Geist in denen lebendig, die durch Liebe mit Ihm vereint sind. Das neue Gesetz drückt sich nicht nur in den Ansprüchen aus, die göttliche und kirchliche Vorschriften an uns stellen, sondern vor allem in den Forderungen des Heiligen Geistes selbst, lebendig und wirksam in der Tiefe unserer Seele, ein ständiger Ansporn für uns, unseren Willen dem Schwerkraftfeld der Liebe auszuliefern, und ein Antrieb, durch Selbstaufopferung Gottes Willen in unserem Leben zu erfüllen.

Der hl. Paulus wußte, daß seine eigenen inspirierten Schriften so gut wie nichts seien im Vergleich mit der «Schrift» Christi in den Herzen derer, die Ihn hören. «Ihr seid ein Brief Christi», sagt er den Korinthern, «ausgefertigt durch uns und geschrieben nicht mit Tinte, sondern mit dem Geist des lebendigen Gottes... Der uns auch zu Dienern des Neuen Bundes befähigt hat, nicht im Buchstaben, sondern im Geist. Denn der Buchstabe tötet, der Geist aber macht lebendig» (2. Kor. 3,3,6).

10. Die Aufgabe des Gebetslebens ist es also, unser Gewissen zu erleuchten und zu stärken, so daß es nicht nur die

äußerlichen, schriftlich festgelegten sittlichen und göttlichen Gebote kennt, sondern vor allem Gottes Gesetz durch vollkommene und ständige Vereinigung mit Seinem Willen verwirklicht. Das Gewissen, das sich durch Glaube, Hoffnung und selbstlose Liebe mit dem Heiligen Geist verbindet, ist ein Spiegel für das innere Gesetz Gottes, das Seine Liebe ist. Es wird vollkommen frei. Es wird sich selbst Gesetz, denn es ist völlig dem Willen Gottes und Seinem Geiste untertan. In der Vollkommenheit dieses Gehorsams kann es «sehen und schmecken, daß der Herr süß ist», und es versteht den Sinn des Pauluswortes, daß «das Gesetz nicht für den Gerechten da ist» (1. Tim. 1,9).

11. Wir brauchen uns selber kein Gewissen zu schaffen. Wir sind damit geboren. Wir mögen es mißachten, aber wir können seine beharrliche Forderung, Gutes zu tun und Böses zu meiden, nicht zum Schweigen bringen. Wir mögen unsere Freiheit und sittliche Verantwortung verleugnen, aber unsere Geist-Seele schreit nach sittlichem Verhalten und geistiger Freiheit, denn sie weiß, daß sie ohne diese nicht glücklich sein kann. Es ist die erste Pflicht jedes Menschen, die Belehrung und Schulung zu suchen, ohne die sein Gewissen die Lebensprobleme nicht zu lösen vermag. Die Gesellschaft schuldet den Menschen, aus denen sie sich zusammensetzt, vor allem geistige Formung, deren jeder bedarf, um unter der Einsicht eines verständigen und reifen Gewissens zu leben. Ich sage «geistig» und nicht einfach «religiös», denn religiöse Formung ist manchmal nicht mehr als eine äußere Formsache und darum weder wirklich religiös noch eine echte «Formung» der Seele.

12. Wie ein Mensch ist, so betet er. Wir entwickeln uns zu dem, was wir sind, durch die Art, wie wir zu Gott sprechen. Einer, der nie betet, ist ein Mensch, der versucht, vor sich

selber davonzulaufen, weil er Gott davongelaufen ist. Aber so unecht er auch sein mag, er ist immer noch echter als jener, der mit einem falschen und lügenhaften Herzen zu Gott betet.

Der Sünder, der sich scheut, zu Gott zu beten, der versucht, in seinem Herzen Gott zu verleugnen, ist vielleicht näher daran, Ihn zu bekennen als der Sünder, der vor Gott steht, stolz auf seine Sünde, weil er sie für Tugend hält. Jener ist ehrlicher als er denkt, denn er gesteht sich die Wahrheit seines eigenen Zustandes ein, er bekennt, daß er nicht im Frieden mit Gott lebt. Dieser aber belügt nicht nur sich selbst, er versucht auch, Gott zum Lügner zu machen, indem er Ihn auffordert, seine Lüge anzunehmen. Das ist der Fall des Pharisäers im Gleichnis, jenes frommen Mannes, der viele Tugenden übte, der aber Gott belog, weil er meinte, seine Tugend erhöbe ihn über andere Menschen. Er verachtete die Sünder und betete einen falschen Gott an, der sie gleichfalls verachtete.

13. Das Gebet wird im Abgrund unserer eigenen Nichtigkeit von Gott erweckt. Es ist die Regung des Vertrauens, der Dankbarkeit, der Anbetung oder des Kummers, die uns zu Gott führt, wenn wir Ihn wie uns im Lichte Seiner ewigen Wahrheit sehen, und die uns treibt, Ihn um die Gnade, die geistige Kraft, die materielle Hilfe zu bitten, deren wir alle bedürfen. Der Mensch, dessen Gebet so rein ist, daß er Gott nie um irgend etwas bittet, weiß nicht, wer Gott ist und wer er selber ist – denn er weiß nicht, wie sehr er Gottes bedarf.

Alles echte Gebet bekennt irgendwie unsere vollständige Abhängigkeit von dem Herrn über Leben und Tod. Darum ist es eine tiefe und lebendige Berührung mit Ihm, den wir nicht nur als Herrn, sondern auch als Vater kennen. Wenn wir wirklich beten, dann *sind* wir wirklich. Unser Sein erreicht eine hohe Vollkommenheit im Gebet, einer der vollkommensten Tätigkeiten. Wenn wir aufhören zu beten, sind wir in Gefahr, ins Nichts zurückzusinken. Freilich, wir leben weiter. Da aber der Hauptgrund unseres Lebens die Erkenntnis Gottes und die Liebe zu Ihm ist, so schlafen oder sterben wir, wenn unsere bewußte Beziehung zu Ihm abreißt. Gewiß können wir uns Seiner nicht ständig klar bewußt sein, ja nicht einmal oft. Geistiges Wachsein verlangt nur jenes gewohnheitsmäßige Innewerden Gottes, das all unser Tun in eine geistige Atmosphäre taucht, ohne unsere Aufmerksamkeit unmittelbar zu beanspruchen, abgesehen von gewissen Augenblicken eindringlicher Erkenntnis. Wenn aber Gott uns völlig verläßt, daß wir nicht mehr in Liebe an Ihn denken mögen, dann sind wir geistig tot.

Der größere Teil der Welt schläft oder ist tot. Die frommen Menschen schlafen zumeist. Die Ungläubigen sind tot. Die Schlafenden lassen sich wie die Jungfrauen im Gleichnis in zwei Gruppen einteilen, die auf das Kommen des Bräutigams warten. Die Weisen haben Öl in ihren Lampen. Das heißt, sie sind von sich und von den Sorgen der Welt losgelöst, und sie sind voller Liebe. Sie warten tatsächlich auf den Bräutigam und ersehnen nichts als Sein Kommen, obgleich sie während des Wartens vielleicht einschlafen. Die anderen aber schlafen nicht nur – sie sind erfüllt von anderen Träumen und anderen Begierden. Ihre Lampen sind leer, weil sie in fleischlicher Weisheit und ihrer eigenen Eitelkeit ausgebrannt sind. Wenn Er kommt, ist es für sie zu spät, um Öl zu kaufen. Sie entzünden ihre Lampen erst, nachdem Er vorüber ist. So schlafen sie wieder ein, mit nutzlosen Lampen, und wenn sie erwachen, putzen sie sie, um aufs neue das Treiben einer toten Welt in Augenschein zu nehmen.

14. Es gibt viele Stufen der Aufmerksamkeit beim Gebet.

Zunächst gibt es die rein äußerliche Aufmerksamkeit. Wir «sprechen Gebete» mit den Lippen, unser Herz aber folgt den Worten nicht, obwohl wir nach unserer Meinung das Gesagte gern ernst nehmen möchten. Wenn wir nichts Besseres erstreben, werden wir selten wirklich beten. Wenn wir es zufrieden sind, zu beten, ohne unserem Gebet oder Gott Aufmerksamkeit zu schenken, beweist das nur, daß wir keine rechte Vorstellung davon haben, wer Gott ist und daß wir die Gnade und das Vorrecht, zu Ihm im Gebet sprechen zu dürfen, nicht richtig würdigen. Denn das Gebet ist ein Geschenk Gottes, ein Geschenk, das keineswegs allen Menschen zuteil wird. Vielleicht wird es nur wenigen geschenkt, weil nur wenige es begehren, und von den damit Beschenkten empfangen es nur wenige mit Dankbarkeit.

Zu anderen Zeiten denken wir im Gebet zwar an Gott, aber unsere Gedanken haben nichts mit Gebet zu tun. Es sind Gedanken über Ihn, die keinen Kontakt mit Ihm herstellen. So grübeln wir während des Betens über Gott und das geistliche Leben, oder wir verfassen eine Predigt oder stellen theologische Argumente auf. Solche Gedanken sind an ihrem Platz ganz recht, aber wenn wir das Gebet ernst nehmen, werden wir sie nicht Beten nennen. Denn sie können die Seele nicht befriedigen, die danach verlangt, Gott im Gebet zu finden. Im Gegenteil, sie lassen in ihr ein Gefühl von Leere und Unbefriedigtsein zurück. Wenn aber jemand wirklich ein Mann des Gebetes ist, so können spekulative Gedanken über Gott während des Studiums oder der geistigen Arbeit oft zum Gebet hinüberleiten und ihm Platz machen. Aber nur wenn das Gebet einem mehr bedeutet als theoretisches Grübeln.

Oder aber wir lassen uns beim Gebet von unseren praktischen Schwierigkeiten ablenken, den Problemen unserer Lebenslage, den Aufgaben, denen wir uns gegenübersehen. Solche Ablenkungen lassen sich gar nicht immer vermeiden, aber wenn wir wissen, was Beten heißt, und wissen, wer Gott ist, so wird es uns gelingen, aus diesen Gedanken selbst Gebetsmotive zu machen. Doch wird ein solches Gebet uns nicht befriedigen. Gewiß, es ist gut, Ablenkungen in Stoff für Bittgebete zu verwandeln, aber besser ist es, sich nicht ablenken zu lassen oder zum mindesten sich durch Ablenkungen nicht von Gott zu entfernen.

Dann gibt es das gut angewandte Gebet: Worte und Gedanken dienen ihrem Zweck und führen Herz und Sinn zu Gott, und im Gebet wird uns die Einsicht zuteil, diese Gedanken auf unsere Probleme und Schwierigkeiten anzuwenden, oder auf die unserer Freunde oder der Kirche. Aber zuweilen läßt dieses gewiß gültige Gebet das Herz doch unbefriedigt, weil es sich mehr mit unseren Problemen, unseren Freunden oder uns selbst beschäftigt als mit Gott. Wenn wir jedoch demütige Menschen sind, werden wir auch für die geringste Erleuchtung in unserem Gebet dankbar sein und uns nicht zu sehr beklagen, denn es ist etwas Großes, auch nur ein wenig Erleuchtung von einem so großen Gott zu empfangen.

Es gibt eine bessere Art des Gebetes, ein größeres Geschenk von Gott, in dem wir durch unser Gebet hindurch zu Ihm vordringen und Ihn lieben. Wir kosten die Güte Seiner unendlichen Barmherzigkeit. Wir wissen, daß wir wirklich Seine Kinder sind, obwohl wir unsere Unwürdigkeit kennen, Kinder Gottes zu heißen. Wir erfahren Seine unendliche Barmherzigkeit in Jesus, und wir erkennen die Bedeutung der Tatsache, daß wir, die Sünder, wirklich einen Erlöser haben. Wir lernen, was es heißt, den Vater in diesem Erlöser zu erkennen, in Jesus, Seinem Sohn. So eröffnet sich uns ein großes Geheimnis, das man nicht erklären, sondern nur erfahren kann. Aber in diesem Gebet bleiben wir immer noch unserer selbst bewußt, wir können über uns nachdenken und begreifen, daß wir sowohl Subjekt dieser großen Liebeserfahrung sind wie auch Objekt von Gottes Liebe.

Anfangs stört uns diese betrachtende Natur unseres Gebetes nicht. Mit zunehmender Reife des geistlichen Lebens aber fängt es an, eine Quelle von Unruhe und Unbefriedigung zu werden. Wir schämen uns, beim Gebet so viel an uns selbst zu denken. Wir wünschten, wir stünden uns selber nicht so sehr im Wege. Wir wünschten, unsere Liebe zu Gott wäre nicht mehr durch Rückbesinnung auf uns selbst beeinträchtigt und verdunkelt. Wir wünschten, wir erfreuten uns Seiner Liebe weniger bewußt, denn wir fürchten, unsere Freude könnte in Selbstsucht und Selbstgefälligkeit enden. Obwohl wir für den Trost und das Licht Seiner Liebe dankbar sind, wünschten wir doch, wir könnten ganz zu nichts werden und nur noch Jesus sehen. Diese zwei Stufen des Gebetes sind wie die beiden Phasen in der Erscheinung des verklärten Christus, die den Aposteln auf dem Berge Tabor beschieden war. Zuerst waren Petrus, Johannes und Jakobus hingerissen von der Erscheinung Jesu, Moses' und Elias'. Sie meinten, es müsse herrlich sein, dort Hütten zu bauen und für immer auf dem Berge zu bleiben. Aber eine Wolke überschattete sie, und aus der Wolke drang eine Stimme, die ihnen Furcht einflößte. Als sie ihre Sehkraft wiedergewannen, erblickten sie niemand als Jesus allein.

Es gibt also ein weiteres Gebetsstadium, in dem die Tröstung der Furcht weicht. Es ist der Ort der Dunkelheit und der Seelenangst und der Umkehr. Denn hier geht eine große geistige Verwandlung vor sich. Unsere ganze bisherige Liebe zu Gott scheint uns voller Mängel, wie sie es tatsächlich ist. Wir fangen an zu zweifeln, ob wir Ihn überhaupt je geliebt haben. Beschämt und schmerzlich stellen wir fest, daß unsere Liebe voller Selbstgefälligkeit ist, daß wir uns zwar für bescheiden hielten, aber in Wirklichkeit vor Eitelkeit überquollen. Wir waren unserer selbst allzu sicher, hatten keine Angst vor Illusionen oder davor, von anderen als Männer des Gebets bewundert zu werden. Jetzt sehen wir alles in einem anderen Licht, denn wir sind in der Wolke, und die Stimme des Vaters erfüllt unser Herz mit Unruhe und Furcht, denn sie sagt uns, daß wir nicht länger uns selber sehen sollen. Zu unserem Entsetzen aber zeigt sich Jesus uns nicht, und wir sehen nur eines – uns selbst. Und dann wird der Blick in die eigene Seele schrecklich für uns. Statt der Selbstgefälligkeit, mit der wir uns Sünder nannten (und uns heimlich für Gerechte hielten), fangen wir an zu begreifen, daß die Sünden unseres früheren Lebens wirklich Sünden waren, und zwar unsere Sünden – unbereute Sünden! Seit der Zeit unserer groben Sünden haben wir immer weiter gesündigt, ohne es zu merken, denn wir waren unserer Gottesfreundschaft gar zu sicher, wir haben Seine Gnade leichthin entgegengenommen oder sie uns selber zugeschrieben und Vorteil daraus gewonnen und sie unserer Eitelkeit dienen lassen, ja sie sogar mißbraucht, um uns über andere zu erheben. So haben wir vielfach Gottesliebe in Selbstsucht verkehrt und in Gottes Gaben geschwelgt, ohne Ihm dafür zu danken oder sie zu Seiner Ehre zu nutzen.

Dann fangen wir an einzusehen, daß wir mit Fug und Recht von Gott verlassen und vielen und großen Versuchungen ausgesetzt sind. Wir beklagen uns auch nicht über diese Versuchungen, denn wir müssen eingestehen, daß sie nur Ausdruck der Kräfte sind, die sich schon immer hinter der Fassade unserer angeblichen Tugend versteckt hielten. Dunkle Mächte steigen aus dem Abgrund unserer Seele auf, und wir müssen ihnen ins Auge schauen und sie als unser Eigenstes erkennen. Dann aber müssen wir sie von uns weisen, damit wir nicht für die Ewigkeit mit ihnen behaftet bleiben. Doch sie kehren wieder, wir entkommen ihnen nicht. Sie quälen uns beim Gebet. Während wir mit ihnen kämpfen und sie nicht abschütteln können, begreifen wir deutlicher denn je, wie sehr wir Gottes bedürfen und wie unermeßlich viel wir Seiner Ehre schulden. Wir versuchen zu beten, und es scheint, wir können es nicht. Dann beginnt eine Umwertung unseres ganzen Innern. Wir fangen an zu fragen, was an unseren Idealen echt ist und was nicht.

Das ist die Zeit, in der wir wirklich anfangen, ernsthaft beten zu lernen. Denn jetzt sind wir nicht mehr so stolz, hohe Erleuchtungen und Tröstungen beim Gebet zu erwarten. Wir sind mit der trockensten Rinde des übernatürlichen Brotes zufrieden, froh, überhaupt etwas zu bekommen, überrascht, daß Gott uns die geringste Aufmerksamkeit schenkt. Wenn wir nicht beten können (was eine Quelle der Unruhe ist), so wissen wir doch besser als je zuvor, wie sehr es uns nach dem Gebet verlangt. Könnten wir uns überhaupt trösten lassen, so wäre dies unser einziger Trost.

Wer solche Trockenheit und Verlassenheit lange und mit großer Geduld aushalten kann und nicht mehr von Gott erbittet, als Seinen heiligen Willen zu tun und Ihn niemals mehr zu beleidigen, dem wird endlich reines Gebet zuteil. Hier wendet die Seele sich betend an Gott, ohne noch länger an sich selbst oder an ihrem Gebet zu kleben. Sie spricht zu Ihm, ohne zu wissen, was sie sagt, denn Gott selbst hat sie von Worten und Gedanken abgelenkt. Sie erreicht Ihn ohne Gedanken, denn noch ehe sie an Ihn denken kann, ist Er schon gegenwärtig in der Tiefe des Geistes und erweckt eine Liebe, die sich weder erklären noch verstehen läßt. Die Zeit ist wesenlos bei solchem Gebet, das in seiner eigenen Dauer dahinströmt, eine Sekunde oder eine Stunde währen kann, ohne daß eines vom anderen zu unterscheiden ist. Denn solch Gebet gehört weniger der Zeit als der Ewigkeit.

Dieses tiefe innerliche Gebet überkommt uns auf eigenen Antrieb, durch die geheime Regung des Geistes Gottes, jederzeit und überall, ob wir gerade beten oder nicht. Es kann bei der Arbeit kommen, mitten in unseren täglichen Pflichten, bei der Mahlzeit, auf einer stillen Straße oder in einer geschäftigen Verkehrsader, und ebenso gut auch bei der Messe, in der Kirche, beim Psalmodieren im Chor. Aber wie es auch sei, solch Gebet treibt uns in innere und sogar äußere Einsamkeit. Es hängt nicht von äußeren Bedingungen ab, aber es bewirkt in unserer Seele eine solche innere Isolierung und Absonderung, daß wir unwillkürlich körperliche Einsamkeit und Stille ebensosehr suchen wie seelische. Und der Seele tut es gut, einen großen Teil der Zeit für sich allein zu sein. Sollte sie aber die Einsamkeit zu ihrem eigenen Wohlbefinden und Trost suchen, so wird sie nur mehr Dunkelheit und Qual und Prüfung zu ertragen haben. Das reine Gebet nimmt nur dann für immer Besitz von unserem Herzen, wenn wir nicht mehr irgendeine besondere Erleuchtung oder Gnade oder Tröstung für uns selbst begehren, sondern wenn wir beten, ohne jeden Gedanken an eigene Befriedigung.

Das reinste Gebet endlich ist etwas, über das man unmöglich nachdenken kann, ehe es nicht vorüber ist. Wenn die Gnade uns verlassen hat, versuchen wir nicht, über sie nachzudenken, weil wir verstehen, daß sie einer anderen Ordnung angehört und durch Nachdenken darüber in gewissem Sinne verfälscht werden würde. Solches Gebet will keine Zeugen, nicht einmal den Zeugen unserer eigenen Seele. Es versucht, sich völlig verborgen zu halten in Gott. Die Erfahrung bleibt im Geist zurück wie eine Wunde, wie eine Narbe, die nicht heilen will. Aber wir grübeln nicht darüber. Diese lebendige Wunde kann vielleicht zu einer Quelle des Wissens werden, wenn wir andere in den Arten des Gebets zu unterweisen haben. Es kann aber auch zu einer Schranke und zu einem Hindernis für das Wissen werden, zu einem der Seele aufgedrückten Siegel des Schweigens, das Worten und Gedanken den Weg versperrt, so daß wir anderen nichts davon mitteilen können. Denn der Weg steht Gott allein offen. Es ist wie das Tor, von dem Ezechiel spricht, das geschlossen bleiben muß, weil drinnen der König thront.

IV

REINE GESINNUNG

1. Wäre Gott auch bloß ein abhängiges Wesen wie ich selbst, dann schiene es genau so sinnlos, Seinen Willen zu tun wie meinen eigenen. Unser Glück besteht darin, den Willen Gottes zu tun. Aber das Wesentliche dieses Glückes liegt nicht einfach in einer willensmäßigen Übereinkunft. Es besteht in einem Einswerden mit Gott. Das Einswerden der beiden Willen, das uns in Gott glücklich sein läßt, muß schließlich etwas anderes sein als eine bloße Übereinkunft.

2. Vor allen Dingen wollen wir in unseren Behauptungen über den Willen Gottes nicht zu voreilig sein. Gottes Wille ist ein tiefes und heiliges Geheimnis, und die Tatsache, daß unser Alltagsleben in dieses Geheimnis eingebettet ist, sollte uns nicht verleiten, seine Heiligkeit geringzuachten. Wir wohnen im Willen Gottes wie in einem Heiligtum. Sein Wille ist die dunkle Wolke, die Seine unmittelbare Gegenwart verhüllt. Es ist das Geheimnis, in dem Sein göttliches Leben und unser erschaffenes Leben zu «einem Geist» werden, denn, wie Paulus sagt: «Wer dem Herrn anhängt, wird *ein* Geist mit Ihm» (1. Kor. 6, 17).

Es gibt fromme Menschen, denen der Begriff von Gottes Willen so geläufig geworden ist, daß diese Geläufigkeit zu einer Geringschätzung geführt hat. Sie haben vergessen, daß Gottes Wille mehr ist als ein Begriff. Es ist eine schreckliche, übernatürliche Wirklichkeit, eine geheime Kraft, die uns von einem Augenblick zum anderen geschenkt wird, um das Leben unseres Lebens und die Seele unserer lebendigen Seele zu sein. Es ist die Flamme vom Geiste Gottes, in der die Flamme unserer Seele, wenn sie dazu willens ist, spielen kann wie ein geheimnisvoller Engel. Gottes Wille ist keine Abstraktion, nichts Mechanisches, kein esoterisches System. Er ist lebendige Wirklichkeit im Leben des Menschen, und unsere Seelen sind geschaffen, um als Flamme in Seiner Flamme zu brennen. Der Wille des Herrn ist kein ruhender Pol, der unsere Seelen blindlings an sich zieht. Er ist eine schöpferische Kraft, überall am Werk, er gibt allen Dingen Leben und Sein und Richtung. Vor allem schafft und gestaltet er mitten in der alten Schöpfung eine neue Welt, das Reich Gottes. Was wir den «Willen Gottes» nennen, ist die Regung Seiner Liebe und Weisheit, die alle freien und notwendigen Triebkräfte ordnet und regiert, Bewegendes bewegt, Ursächliches verursacht, Treibendes treibt und Herrschende beherrscht, so daß selbst jene, die Ihm widerstehen, Seinem Willen dienen, ohne dessen gewahr zu werden. In all Seinem Tun ordnet Gott alles, Gutes und Böses, zum Besten derer, die Ihn kennen und suchen und danach streben, ihre Freiheit Seinem göttlichen Plan gehorsam zu machen. Alles, was im geheimen durch den Willen Gottes geschieht, das geschieht zu Seiner Ehre und zum Besten von denen, die Er erwählt hat, um an Seiner Herrlichkeit teilzuhaben.

3. Soll ich mich damit zufrieden geben, den Willen Gottes zu meinem eigenen Vorteil zu tun?

Ist es nicht besser, wenn ich mit schwachem, aber willigem Herzen mit Ihm zusammenwirke, als mich Ihm unbewußt, freudlos und gegen meinen Willen zu fügen? Anderseits soll man seine Vorstellung von Vollkommenheit nicht auf den selbstsüchtigen Gehorsam beschränken, der Gottes Willen lediglich um des eigenen Vorteils willen tut. Wahres Glück ist in keinem anderen Lohn zu finden als in der Vereinigung mit Gott. Wenn ich irgendeinen anderen Lohn suche als Gott selbst, so empfange ich vielleicht diesen Lohn, aber er macht mich nicht glücklich.

Das Geheimnis reiner Gesinnung darf man nicht im Verzicht auf allen eigenen Vorteil suchen. Unsere Gesinnung ist rein, wenn wir unseren eigenen Nutzen mit Gottes Ehre gleichsetzen und erkennen, daß unser Glück darin besteht, Seinen Willen zu tun, weil Sein Wille gut und richtig ist. Um unseren Willen zu läutern, müßen wir nicht etwa aufhören, unser eigenes Bestes zu suchen, sondern wir suchen es einfach da, wo es wirklich zu finden ist: in einem Gut außer und über uns. Reine Gesinnung setzt das eigene Glück dem gemeinsamen Besten all derer gleich, die von Gott geliebt werden. Sie sucht ihre Freude im Willen Gottes, allen Menschen Gutes zu erweisen, damit Er in allen verherrlicht werde.

Darum ist reine Gesinnung tatsächlich der wirksamste Weg, um den eigenen Vorteil und das eigene Glück zu suchen.

4. Unlauter ist meine Gesinnung, wenn ich dem Willen Gottes zwar nachgebe, dabei aber meinen eigenen Willen höher stelle. Das trennt mich von Seinem Willen. Es stellt mich vor die Wahl zwischen zwei Vorteilen: entweder Seinen Willen zu tun oder meinen. Unlautere Gesinnung ist unklug, denn sie wägt Wahrheit gegen Lüge ab. Sie wählt zwischen einem echten und einem scheinbaren Gut, als wären sie gleichwertig.

Reine Gesinnung erkennt, daß Gottes Wille immer gut ist. Unlautere Gesinnung zweifelt zwar nicht daran, daß Gott das Beste will, bezweifelt aber, daß das von Gott gewollte Beste für alle auch immer gerade das Beste für mich ist. So ist der Mensch, dessen Gesinnung unrein ist, durch seine eigene Schwäche und Unklugheit genötigt, sich über Gottes Willen ein Urteil zu bilden, ehe er ihm gehorcht. Ihm fehlt die Freiheit, dem Willen Gottes mit vorbehaltlosem Vertrauen zu folgen. Er verkleinert seine Liebe und seinen Gehorsam, indem er zwischen Gottes Willen und seinem eigenen einen

Ausgleich schafft. So wird er Gottes Willen auch verschieden einschätzen: er ist ihm mehr wert, wenn er ihm paßt, weniger, wenn er ihn nicht unmittelbar befriedigt, und wertlos, wenn er ein Opfer seiner selbstsüchtigen Interessen fordert.

5. Nur reine Gesinnung ist scharfsichtig und klug. Ein Mensch von unlauterer Gesinnung ist schwankend und unbedacht. Da er sich ständig zwischen zwei einander widerstreitenden Willensrichtungen verfängt, vermag er keine einfachen, klaren Entscheidungen zu treffen. Er hat doppelt so viel zu bedenken als jener, der nur den Willen Gottes sucht, denn er muß gleichzeitig Gottes Willen und seinen eigenen in Betracht ziehen. Er kann nicht wirklich glücklich sein, denn es gibt kein Glück ohne innere Freiheit. Wir haben aber nicht die innere Freiheit, unbesorgt nur zu tun, was uns freut, solange unsere einzige Freude nicht im Willen Gottes liegt.

6. Vielleicht weiß der Mensch der unlauteren Gesinnung nicht, daß er sich selbst betrügt. Von seiner Selbstsucht geblendet, sieht er nicht einmal, daß er blind ist. Das Schwanken, das ihn zwischen Gottes Willen und seinem eigenen hin und her reißt, ist ja keineswegs etwas Klares. Es fordert keine Wahl zwischen zwei klar gesehenen Möglichkeiten. Es stürzt den Menschen in eine Wirrnis zweifelhafter Entscheidungen, in einen Strudel von Möglichkeiten. Hätte er so viel inneren Frieden, um auf sein eigenes Gewissen zu hören, so würde er eine Stimme vernehmen, die ihm sagt, er wisse nicht, was er tue. Dunkel ahnt er, daß er sich weniger leicht täuschen würde, wenn er sich selbst besser kennte. Er weiß wohl, daß er blindlings seinen eigenen selbstsüchtigen Ideen folgt, unter Vorwänden, die zu prüfen er sich nicht die Zeit nimmt. Aber in Wirklichkeit will er sie auch gar nicht prüfen, denn täte er es, so würde er vielleicht entdecken, daß sein Wille und der Wille Gottes einander widersprechen. Er

würde vielleicht erkennen, daß ihm gar nichts anderes übrig bleibt, als den Willen Gottes zu tun; aber das will er im Grunde nicht.

7. Heiligkeit besteht nicht einfach darin, den Willen Gottes zu *tun*. Sie besteht darin, den Willen Gottes zu *wollen*. Denn Heiligkeit ist Einssein mit Gott, und nicht alle, die Seinen Willen ausführen, sind mit diesem Willen eins. Auch der Sünder trägt durch die Wirkung seiner Sünde zur Erfüllung von Gottes Willen bei. Aber weil er sündigt, will er das, was Gott nicht will. Ebenso kann der Mensch dadurch sündigen, daß er das nicht will, was Gott von ihm will. In beiden Fällen handelt er vielleicht nach Gottes Willen, während er selbst aber das Gegenteil will.

Um Gottes Willen zu tun, braucht man ihn nicht immer deutlich zu erkennen. Ein Mensch kann leben wie ein Baum oder wie ein Tier und sein ganzes Leben lang den göttlichen Willen vollziehen, ohne je darum zu wissen. Da wir aber fähig sind, bewußt das zu wollen, was Er will, so müssen wir es zuvor erkennen. Zum mindesten müssen wir danach streben, das zu erfahren, was Er will.

Wenn der Herr mir Vernunft gegeben hat, so darum, weil Er eben will, daß ich etwas von Seinen Absichten erkenne, damit ich frei und einsichtig an Seinen Plänen teilhaben kann. Ich darf also nicht einfach die Augen schließen und alles wollen, «was Er immer nur wollen mag», ohne je auf Seine Absicht zu achten.

Freilich wissen wir nicht immer, was Gott wirklich mit uns vorhat. Vielleicht wissen wir es sogar weniger oft, als wir annehmen. Das bedeutet aber nicht, daß wir nicht versuchen sollen, es zu erkennen. Er will, daß wir dann gehorchen, wenn wir erkennen, daß Er etwas befiehlt. Er will, daß wir das nicht tun, was Er verbietet, daß wir alles wollen, was Er uns zu tun, und alles verwerfen, was Er uns zu verwerfen heißt. In diesem Geiste müssen wir alle unsere Zweifel lösen. Wir müssen sie an Seinem uns bekannten Willen prüfen und uns bei Unsicherheit nur vom Licht des von Ihm sicher Gewollten leiten lassen.

8. Wie kann ich mir darüber klar werden, was Gott von mir will?

Bevor der Herr irgend etwas von mir verlangt, will Er, daß ich *sei*. Mein Tun muß sich nach meinem wirklichen Sein richten. So enthält schon meine menschliche Natur in ihrer Besonderheit einen ganzen Kodex von Gesetzen und Verhaltungsweisen, die Gott für mich bestimmt hat, als Er mich ins Dasein rief.

Meine vernünftige Natur als freies und mit Verstand begabtes Wesen fordert, daß ich mein Tun nicht durch blinden Instinkt leiten lasse, sondern durch Einsicht und freie Entscheidung. Wenn aber Gott mich als Mensch gewollt hat und wenn die Antwort meines Menschseins auf Sein göttliches Gebot ein Willensakt ist, so kann meine erste Huldigung für den Schöpferwillen Gottes nur darin bestehen, der Mensch zu sein, als den Er mich haben will.

Der Mensch ist nur dann ganz Mensch, wenn er bereit ist, als Kind Gottes zu leben. Die Bereitschaft, als Sein Kind zu leben, verlangt das Bewußtsein eines göttlichen Erbes: «Wenn wir Kinder sind, so sind wir auch Erben und Miterben Christi» (Röm. 8, 17).

Gott will, daß wir nicht nur als vernünftige Wesen leben, sondern als «neue Menschen», wiedergeboren durch den Heiligen Geist in Christus. Er will, daß wir uns um unser Erbe bemühen, daß wir Seinem Geheiß entsprechen, Seine Kinder zu sein. Als Menschen sind wir ohne eigene Einwilligung geboren, aber die Einwilligung, Kinder Gottes zu sein, muß aus unserem eigenen freien Willen hervorgehen. Wir müssen lernen, worin diese Einwilligung besteht, und wir erkennen, daß sie ein Akt des Glaubens an Christus ist, durch den wir den Geist Gottes in unser Herz empfangen. Der Heilige Geist macht uns zu Kindern Gottes, Er rechtfertigt unsere Seele durch Seine Gegenwart und Seine Liebe und verleiht uns die Kraft, als Kinder Gottes zu leben und zu handeln. «Denn der Geist selbst bezeugt unserem Geist, daß wir Kinder Gottes sind» (Röm. 8, 16).

Das göttliche Erbe aber, das Gott der Vater uns im Geist Seiner Liebe verleiht, ist einfach das Leben des fleischgewordenen Wortes in uns. Wenn wir wie Kinder Gottes leben wollten, müßten wir in unserem eigenen Leben das Leben und die Liebe Seines eingeborenen Sohnes wieder erstehen lassen. Darum müssen wir nach dem Gebot, dem Rat und dem Geiste Christi leben. Um das zu können, müssen wir in der Schrift forschen und das Evangelium verstehen, damit wir erkennen, wie Christus gesinnt ist und welches Seine Gebote sind.

Auch müssen wir Ihn dort suchen, wo Er unter uns lebend auf Erden zu finden ist: in dem Reich, zu dessen Gründung Er gekommen ist, nämlich in Seiner Kirche. Wir müssen auf Seine Stimme nicht nur in der Schrift hören, sondern auch in der Autorität, die Er, wie wir es in der Schrift lesen, über uns eingesetzt hat, um uns zu regieren, zu heiligen und zu belehren, kraft Seiner eigenen Erleuchtung, Seiner eigenen Heiligkeit, Seiner eigenen Macht. Zu den Aposteln und ihren Nachfolgern hat Christus gesagt: «Der Beistand aber, der Heilige Geist, den der Vater in Meinem Namen senden wird, der wird euch alles lehren und euch an alles erinnern, was Ich euch gesagt habe» (Joh. 14, 26).

Wir empfangen den Heiligen Geist durch die Kirche und ihre Sakramente. Die Kirche, selber durch den Geist Christi geleitet, belebt und geformt, gestaltet Christus in uns und schenkt uns Sein Leben, indem sie uns Seinen Heiligen Geist schenkt, damit wir Ihn erkennen, wie sie Ihn kennt, und mit

Ihm eins werden, wie sie es ist, in der Bindung vollkommener Liebe und in der Weisheit der Betrachtung.

Wenn wir Seinen Geist im Herzen haben, wird die Liebe Christi uns treiben, in Liebe und Selbstaufopferung zu leben wie Jesus, der gesagt hat: «Wer sein Kreuz nicht trägt und Mir nicht nachfolgt, kann nicht Mein Jünger sein» (Luk. 14, 27).

9. Der Geist Gottes tut sich in unseren Herzen kund, er lehrt uns, Gottes Liebe zu uns in Seinem Sohne Jesus Christus zu erkennen, und zeigt uns, wie wir Seine Gebote halten sollen. «Dadurch hat sich Gottes Liebe an uns offenbart, daß Gott Seinen eingeborenen Sohn in die Welt gesandt hat, damit wir durch Ihn leben... Daran läßt sich der Geist Gottes erkennen: jeder, der bekennt, daß Jesus Christus im Fleisch gekommen ist, ist aus Gott... Daran erkennen wir den Geist der Wahrheit und den Geist des Irrtums... Jeder, der liebt, ist aus Gott geboren. Wer nicht liebt, kennt Gott nicht. Denn Gott ist die Liebe» (1. Joh. 4).

Vor allem lehrt der Heilige Geist uns, wie wir leben sollen, nicht dem Fleisch nach, sondern nach der göttlichen Liebe. «Wenn ihr dem Fleische nach lebt, werdet ihr sterben; wenn ihr aber durch den Geist die Werke des Fleisches abtötet, werdet ihr leben» (Röm. 8, 13). «Die Werke des Fleisches sind offenkundig, nämlich Unzucht, Unlauterkeit, Schamlosigkeit, Wollust, Götzendienst, Zauberei, Feindschaft, Streit, Eifersucht, Zorn, Hader, Uneinigkeit, Spaltungen, Neid, Mord, Trunksucht, Schwelgerei und dergleichen. Davon sage ich euch voraus, wie ich es schon zuvor gesagt habe, daß jene, die solches treiben, das Reich Gottes nicht erlangen werden» (Gal. 5, 19–21).

Wenn wir den Geist Gottes im Herzen tragen, werden wir nach Seinem Gesetz der Liebe leben, stets mehr zu Frieden geneigt als zu Zwist, mehr zu Demut als zu Dünkel, mehr zu

Gehorsam als zu Auflehnung, zu Reinheit und Mäßigkeit, zu Einfachheit, Ruhe und Stille, zu Kraft, Großmut und Weisheit, zu Klugheit und allumfassender Gerechtigkeit, und wir werden andere mehr lieben als uns selbst, denn das ist das Gebot Jesu, daß wir einander lieben sollen, wie Er uns geliebt hat (Joh. 15,12).

Nichts von alledem läßt sich ohne Gebet vollbringen, darum müssen wir zu allererst beim Gebet Hilfe suchen, nicht nur um Gottes Willen zu erkennen, sondern vor allem, um die Gnade zu empfangen, ihn mit der ganzen Kraft unseres Verlangens zu vollziehen.

10. Der Wille Gottes, den der Geist uns in der Verschwiegenheit unseres innersten Seins lehrt, muß Geheimnis bleiben wie Gott selbst. Unser Verlangen, Seinen Willen zu erfahren, ist mehr das Verlangen, gewisse Zeichen Seines geheimnisvollen Willens zu erkennen als in das Geheimnis selbst einzudringen. Wenn wir diese Unterscheidung nicht festhalten, lassen wir es an Ehrfurcht vor der Heiligkeit und dem Geheimnis von Gottes Willen fehlen. Wir beurteilen die unsichtbare Wirklichkeit Seines Willens nach den sichtbaren und manchmal unbedeutenden Zeichen, die uns die Richtung Seines Willens weisen.

Wenn wir von Gottes Willen sprechen, meinen wir meistens nur irgendein erkennbares Zeichen Seines Willens. Der Wegweiser, der uns auf eine ferne Stadt hinweist, ist nicht die Stadt selbst, und oft sind die Wegweiser nach einem großen Ort an sich unbedeutend und geringfügig. Aber wir müssen ihrer Richtung folgen, wenn wir ans Ziel gelangen wollen.

Alles, was ist, und alles, was geschieht, gibt vom Willen Gottes Zeugnis. Doch etwas sehen und es richtig deuten, ist zweierlei. Gleichwohl ist es unsere erste Aufgabe, die Zeichen als das zu erkennen, was sie sind. Wenn wir sie nicht einmal als Hinweise auf etwas ansehen, werden wir auch nicht versuchen, sie zu deuten.

Von allen Dingen und Geschehnissen, die der Welt Gottes Willen künden, lassen sich nur sehr wenige von Menschen deuten. Von diesen wenigen finden noch weniger den rechten Deuter. So wird das Geheimnis von Gottes Willen doppelt geheimnisvoll durch die Zeichen, die ihn vor unseren Blicken verschleiern. Um überhaupt etwas von Gottes Willen zu erkennen, müssen wir in gewissem Sinne an der Schau der Propheten teilhaben – jener Männer, die für das göttliche Licht empfänglich waren, das sich in der Undurchsichtigkeit der Dinge und Ereignisse verbirgt, und die zuweilen einen Schimmer jenes Lichtes dort erblickten, wo andere nur gewöhnliche Geschehnisse sahen.

Wenn wir jedoch gar zu begierig das uns umgebende Geheimnis durchforschen, werden wir die Ehrfurcht des Propheten verlieren und sie gegen die Zudringlichkeit des Wahrsagers eintauschen. In der Gegenwart von Zeichen, deren Bedeutung uns verschlossen bleibt, müssen wir schweigen. Sonst fangen wir bald an, alles abergläubisch zu deuten: die Zahl der Stufen zu einer Tür, eine bestimmte, aus einem Kartenspiel gezogene Karte, den Schatten einer Leiter, den Flug der Vögel. Gottes Wille ist kein billiges Geheimnis, das mit dergleichen Schlüsseln aufgeschlossen werden kann.

Immerhin gibt es gewisse Zeichen, die jeder erkennen muß. Man muß sie leicht lesen, und tatsächlich sind sie sehr einfach. Aber sie tauchen nur selten auf. Sie zeigen uns deutlich den Weg, aber nicht mehr als ein paar Schritt weit. Was wird geschehen, wenn wir diese Schritte getan haben? Wir müssen lernen, im Vertrauen auf diese Zeichen arm zu sein, sie zu nehmen, wie sie kommen, nicht mehr von ihnen zu verlangen als wir brauchen, nicht mehr aus ihnen zu machen als sie wirklich sind.

Wenn ich den Willen Gottes erkennen soll, so muß ich die

rechte Haltung dem Leben gegenüber haben. Ich muß vor allen Dingen wissen, was das Leben ist und meinen Daseinszweck erkennen.

Es ist schön und recht, wenn man sagt, ich sei auf der Welt, um mein Seelenheil zu gewinnen und dadurch Gott zu verherrlichen. Es ist auch schön und recht, wenn man sagt, ich müsse zu diesem Zweck bestimmte Gebote halten und bestimmte Räte befolgen. Aber wenn ich das alles weiß und tatsächlich die ganze Moraltheologie und Ethik und das ganze kanonische Recht kenne, kann ich doch durchs Leben gehen und mich zwar nach gewissen Anzeichen von Gottes Willen richten, ohne mich Gott ganz hinzugeben. Das ist aber letzten Endes die wahre Bedeutung Seines Willens. Er braucht unsere Opfer nicht, Er verlangt uns *selbst*. Wenn Er Gehorsam vorschreibt, so nicht deshalb, weil Gehorsam der Anfang und das Ende von allem wäre. Es ist nur der Anfang. Liebe, göttliches Einswerden, Umgestaltung in Christus – das steht am Ende.

So muß ich mir also darüber klar werden, daß Gott mich selber will. Das bedeutet, daß Sein Wille mich auf eines hinweist: Verwirklichung, Entdeckung, Erfüllung meiner selbst, meines wahren Ich, in Christus. Darum gibt sich der Wille Gottes so oft in der Forderung kund, ich solle mich selbst aufopfern. Warum? Weil ich, um mein wahres Ich in Christus zu finden, die Grenzen meiner engen Selbstsucht überschreiten muß. Um mein Leben zu gewinnen, muß ich es verlieren. Denn mein Leben in Gott ist und kann nur ein Leben selbstloser Liebe sein.

Als Christus sagte: «Wer sein Leben retten will, wird es verlieren, und wer sein Leben verliert um meinetwillen, wird es gewinnen», da lehrte Er uns die große Wahrheit, daß Gottes Wille für uns vor allem anderen darin besteht, daß wir uns selber, unser wahres Leben, unsere *Seele* finden. Gott will nicht nur, daß wir der Mensch sind, zu dem Er uns bestimmt hat, sondern daß wir an Seinem Schöpferwerk teilnehmen und *Ihm helfen, uns zu dem zu machen*, als den Er uns haben will. Stets und in allem ist es Gottes Wille für mich, daß ich mein eigenes Schicksal gestalte, mein eigenes Heil wirke, meine eigene ewige Glückseligkeit erwerbe, so, wie Er es für mich geplant hat. Da kein Mensch eine Insel ist, da wir alle aufeinander angewiesen sind, kann ich Gottes Willen in meinem eigenen Leben nicht verwirklichen, wenn ich nicht auch bewußt anderen helfe, Seinen Willen in dem ihren zu verwirklichen. Sein Wille ist also unsere Heiligung, unsere Umgestaltung in Christus, unsere tiefere und vollere Verschmelzung mit anderen Menschen. Diese Verschmelzung endet nicht in der Preisgabe unserer Persönlichkeit, sondern in ihrer Bestätigung und Vollendung.

Alles, was Gott von meinem Leben will, ist auf dieses doppelte Ziel ausgerichtet: meine Vollendung als Teil des Ganzen und meine Vollendung in mir als Einzelperson, zu Gottes Ebenbild erschaffen. Der wichtigste Teil menschlicher Erziehung ist die Bildung eines Gewissens, das fähig ist, Gottes Willen im rechten Licht zu sehen und die Folgerungen des eigenen Willens daraus in starke, kluge, liebevolle Entscheidungen zusammenzufassen. So zu leben ist Weisheit.

Diese Betrachtung des Lebens als ein Wachsen in Gott, als Umgestaltung in Christus und als übernatürliche Selbstverwirklichung im Mystischen Leibe Christi ist die einzige Art, die uns hilft, den Willen Gottes zu erkennen und zu deuten. Ohne diese Lebensauffassung werden wir nicht einmal fähig sein, die deutlichsten Fingerzeige des göttlichen Willens zu erkennen – Fingerzeige, die uns in den gewöhnlichen Umständen des Alltagslebens entgegentreten. Denn unsere Standespflichten, die Forderungen unserer Umgebung, die Ansprüche an unsere Kraft, unsere Geduld, unsere Zeit lehren uns täglich, den Willen Gottes zu erkennen, und zeigen, wie wir uns in Ihm erfüllen, indem wir uns in Liebe verlieren.

Der Pharisäer aber, der Haare spaltet und mit Vernunftgründen einen Ausweg aus diesen Gelegenheiten zur Selbsthingabe sucht, vollzieht niemals wirklich den Willen Gottes, mag er auch Theorien und Dogmen über ihn aufstellen, denn er überläßt sich niemals dem Einfluß göttlicher Liebe.

Von solchen Menschen hat Gott durch den Propheten Isaias gesprochen: «Denn Tag für Tag fragen sie mich und wollen meine Wege wissen, wie ein Volk, das Gerechtigkeit geübt und die Entscheidungen seines Gottes nicht preisgegeben hat; sie fordern von uns gerechtes Urteil; sie wollen Gott nahen. Warum haben wir gefastet und Du hast es nicht beachtet, warum haben wir unsere Seelen gedemütigt und Du hast nichts davon wissen wollen? Seht, am Tage eures Fastens wird euer Eigenwille kund, und ihr bedrängt alle eure Schuldner» (Is. 58, 2–3).

11. Wenn wir nur irgendein Zeichen von Gottes Willen haben, müssen wir uns nach dem richten, was das Zeichen uns sagt. Das sollten wir mit reiner Gesinnung tun und Gottes Willen gehorchen, weil er an sich gut ist wie auch gut für uns. Um zu reiner Gesinnung zu gelangen, bedarf es mehr als eines gelegentlichen Glaubensaktes. Es bedarf eines ganzen Lebens im Glauben, einer völligen Hingabe an verborgene Werte. Es bedarf ausdauernden sittlichen Mutes und heroischen Vertrauens in die Hilfe der göttlichen Gnade. Vor allem aber bedarf es der Demut und geistlichen Armut, um in Dunkel und Ungewißheit zu wandern, wo wir so oft überhaupt kein Licht und kein Zeichen haben.

12. Wenn Heiligkeit darin besteht, den Willen Gottes zu wollen wie ihn zu tun, dann besteht vollkommene Heiligkeit darin, ihn vollkommen zu wollen. Absolute Vollkommenheit aber ist von keinem Menschen auf Erden erreichbar. Um vollkommen zu wollen, was Gott will, müßten wir Seinen

Willen ebenso vollkommen kennen wie Er selbst. Unsere Vollkommenheit kann nur darin bestehen, ausdrücklich das zu wollen, was uns von Gottes Willen sicher bekannt ist, und in unsere Willensbereitschaft das einzuschließen, was wir nicht wissen.

Es genügt nicht, den Willen Gottes zu tun, weil er unabwendbar ist. Ebensowenig genügt es, zu wollen, was Er will, weil wir es müssen. Wir müssen Seinen Willen wollen, weil wir ihn lieben. Dennoch wäre es eine falsche Vorstellung von Vollkommenheit, wenn ein unvollkommener Mensch plötzlich versuchen wollte, mit einer Vollkommenheit zu handeln, die er gar nicht besitzt. Gott will keinen Gehorsam, bei dem wir Ihm etwas über unsere innere Verfassung vorlügen. Wenn wir schlechte Anlagen haben, wollen wir Ihn bitten, sie besser zu machen, nicht aber Ihm erzählen, sie wären in Wirklichkeit sehr gut. Noch weniger genügt es, zu sagen «Dein Wille geschehe» und dann das Gegenteil zu tun. Es ist besser, es zu machen wie der Sohn im Gleichnis, der sagte «Ich will nicht» (Matth. 21,29), nachher aber zur Arbeit in den Weinberg ging, als dem anderen zu gleichen, der sagte, «Ja, Herr, ich gehe», dann aber nicht gehorchte.

13. Wenn wir im Bemühen, Gottes Willen zu tun, immer das möglichst höchste Maß von Vollkommenheit anstreben, beweisen wir, daß wir noch viel über den Willen Gottes zu lernen haben. Denn Gott verlangt nicht, daß jeder Mensch das theoretisch Höchste und Beste erreicht. Lieber ein guter Straßenkehrer sein als ein schlechter Schriftsteller, lieber ein guter Kellner als ein schlechter Doktor. Der reuige Schächer, der mit Jesus auf Golgatha starb, war weit vollkommener als die Frommen, die Ihn ans Kreuz geschlagen hatten. Und doch gibt es, theoretisch gesprochen, etwas Heiligeres als das Priestertum und etwas Unheiligeres als einen Verbrecher? Der sterbende Räuber war vielleicht in vielen Dingen Gott unge-

horsam gewesen; beim wichtigsten Ereignis seines Lebens aber hörte er auf Ihn und gehorchte. Die Pharisäer hatten das Gesetz buchstäblich erfüllt und ihr ganzes Leben lang nach peinlich genauer Vollkommenheit gestrebt. Aber sie waren so erpicht auf theoretische Vollkommenheit, daß ihnen, als Gott Seinen Willen und Seine Vollkommenheit auf bestimmte Weise offenbarte, gar nichts anderes übrigblieb, als sie zu verwerfen.

14. Tue also Gottes Willen, weil es Sein Wille ist! Versuche nicht, ihn mit irgendeinem abstrakten äußeren Vollkommenheitsmaßstab zu messen. Der Maßstab für seinen Willen ist die unendliche Wirklichkeit Seiner Liebe und Weisheit, mit der er übereinstimmt. Ich brauche nicht zu fragen, ob Sein Wille weise ist, wenn ich nur weiß, daß es Gottes Wille ist.

Wenn ich Seinem Willen folge in freier Huldigung und Anbetung einer unsichtbaren Weisheit, so wird Sein Wille Leben und Inhalt und Wirklichkeit meiner Verehrung. Passe ich mich aber Seinem Willen nur gewohnheitsmäßig an, wie an etwas Unvermeidliches, so ist meine Verehrung hohl und seelenlos.

15. Die Liebe zum Willen Gottes eint mich so tief mit Ihm, daß Gott selbst Seinen Willen im Grund meiner Seele im gleichen Atemzug ausspricht und erfüllt. In diesem höchsten Sinne ist reine Gesinnung ein geheimes Geist-Wort Gottes, das nicht nur meine Bereitschaft zum Handeln bestimmt oder meine Mitwirkung fordert, sondern schon erfüllt, was Er in mir spricht. Die Handlung gehört mir selbst an und zugleich Ihm. Der Inhalt aber stammt ganz von Ihm. Ich kann ihn bloß empfangen – und nur, um ihn wiederum Ihm zurückzugeben, in schweigender Huldigung vor Seiner Liebe. Ein solches Wort, eine solche «Gesinnung», die zugleich sucht und findet und es Gott zurückgibt, erfüllt mit ihrem Klang

machtvoll und gebieterisch mein Wesen. Mein ganzes Sein wird umgestaltet als Ausdruck und Erfüllung des Gesprochenen. Das meinte Christus, wenn Er sagte, es sei Seine «Speise», den Willen des Vaters zu tun, der Ihn gesandt hatte. Der Wille Gottes, der im Aussprechen schon erfüllt ist und der uns zugleich mit dem Sprechenden und dem in unserem Herzen Gesprochenen identifiziert, macht unser ganzes Wesen zum Spiegel dessen, der Seinen Willen in unserer Seele erfüllt sehen will. Es kommt nicht auf das an, was gewollt wird, sondern auf Ihn, der es will. Er kann ja nichts wollen, was gegen Seinen Willen wäre, das heißt gegen Seine Weisheit und Vollkommenheit.

Wenn wir einmal die Stimme des Allmächtigen vernommen haben, der Sein eigenes Gebot erfüllt, indem Er es in unserem Herzen ausspricht, dann wissen wir, daß unsere Kontemplation nie mehr im bloßen Schauen oder bloßen Suchen bestehen kann – sie muß zugleich Tun und Erfüllung sein. Wir hungern nach dem umgestaltenden Wort Gottes, dem heimlich zu unserer Seele gesprochenen Wort, das unser ganzes Schicksal enthält. Wir lernen, nur noch durch dieses Wort zu leben. Unsere Betrachtung wurzelt im Geheimnis göttlicher Vorsehung und in ihrem Vollzug. Vorsehung ist für uns kein philosophischer Gedanke mehr, keine übernatürliche Vermittlung, um uns zu rechter Zeit zu speisen und zu kleiden. Die Vorsehung selbst wird uns Speise und Kleidung. Gottes geheimnisvolle Entscheidungen sind unser Leben.

16. Das löst auch den Widerspruch zwischen aktivem und kontemplativem Leben. Bei «Aktion» handelt es sich nun nicht mehr darum, sich mit Arbeit abzufinden, die unserem Leben in Gott nicht angemessen scheint; denn der Herr selber hat uns genau dorthin gestellt, wo Er uns haben will, und Er selber wirkt in uns. «Betrachtung» ist nicht mehr die kur-

ze, befriedigende Belohnungspause, in der die Arbeit von Sammlung und Ruhe abgelöst wird. Aktion und Kontemplation wachsen zu einer Einheit zusammen. Sie werden zu zwei Seiten derselben Sache. Aktion ist Liebe, die sich nach außen wendet, an andere Menschen. Kontemplation ist Liebe, die es nach innen zieht, zu ihrem göttlichen Ursprung. Aktion ist der Strom, Kontemplation die Quelle. Die Quelle bleibt wichtiger als der Strom, denn für die Liebe ist es das einzig Notwendige, unerschöpflich dem Urgrund Christi und Gottes zu entquellen.

An uns ist es, daß diese lebendigen Wasser in unserem Herzen aufbrechen. Wenn wir in Gott leben, wird Er selber unser Tun leiten, Er wird den Strom in jenes Bett lenken, das Er will. «Das Herz des Königs ist in der Hand des Herrn wie Wasserläufe. Wohin Er es haben will, dahin lenkt Er es» Spr. 21, 1).

17. Wenn Aktion und Kontemplation beieinander wohnen und unser Leben erfüllen, weil wir in allem vom Geist Gottes getrieben werden, dann sind wir geistlich gesehen reif. Unsere Gesinnung ist gewohnheitsmäßig lauter. Johannes Tauler unterscheidet irgendwo zwei verschiedene Stufen reiner Gesinnung oder Absicht, die eine nennt er *rechte*, die andere *einfältige* Gesinnung. Sie mögen dazu dienen, die Einheit von Aktion und Kontemplation als ein harmonisches Ganzes zu erklären.

Wenn wir die *rechte* Gesinnung haben, so ist unsere Gesinnung lauter. Wir bemühen uns aus übernatürlichem Antrieb, Gottes Willen zu tun. Wir möchten Ihm wohlgefällig sein. Aber dabei stellen wir uns das Werk und uns selbst als etwas von Gott Abgesondertes, als etwas außerhalb von Ihm vor. Unsere Absicht richtet sich hauptsächlich auf das Werk. Wenn es getan ist, ruhen wir auf dem Vollbrachten aus und erhoffen eine Belohnung von Gott.

Haben wir aber *einfältige* Gesinnung, dann sind wir weniger mit unserem Vorhaben beschäftigt. Alles, was wir tun, tun wir nicht nur für Gott, sondern sozusagen *in* Ihm. Wir spüren mehr Ihn, der in uns wirkt, als uns selbst und unser Werk. Das soll nicht heißen, daß wir unseres Tuns nicht voll bewußt wären oder daß die Wirklichkeiten in einer Art köstlichen übernatürlichen Nebels verschwämmen. Es kann geschehen, daß einer, der in dieser «einfältigen» Absicht arbeitet, sich der Forderungen seines Werkes stärker bewußt ist und sie weit besser erfüllt als jener mit der «rechten» Absicht, dem diese Perspektive fehlt. Der Mensch der rechten Gesinnung macht aus seinem Werk eine gültige Opfergabe für Gott, stürzt sich in die Arbeit und erhofft das Beste. Trotz seiner rechten Absicht kann er sich in einem Labyrinth praktischer Einzelheiten verwirren.

Die rechte Absicht verlangt, daß wir mit so viel innerer Freiheit arbeiten, um *über* dem Werk zu stehen, das vor uns liegt. Aber sie kann uns nicht davor bewahren, nach und nach doch bis über die Ohren darin zu versinken. Wenn das geschieht, so müssen wir uns herausreißen, die Arbeit beiseite schieben und versuchen, unser inneres Gleichgewicht und unsere rechte Absicht in einer Gebetspause wiederzugewinnen.

Der Mensch einfältiger Gesinnung, von Natur aus betrachtend veranlagt, arbeitet ständig in einer Atmosphäre des Gebets. Ich sage nicht nur, daß er in einer Atmosphäre des Friedens arbeitet. Das kann jeder, der vernünftig mit einer Aufgabe beschäftigt ist, die er gern tut. Der Mann der einfältigen Gesinnung arbeitet in einer Atmosphäre von Gebet – das heißt, er ist gesammelt. Seine geistige Kraft verströmt sich nicht in sein Werk, sondern ist dort gespeichert, wohin sie gehört, auf dem Grunde seines Wesens, bei seinem Gott. Er ist von seiner Arbeit und ihren Ergebnissen innerlich frei. Nur jemand, der gänzlich für Gott arbeitet, kann zugleich sehr Gutes leisten und die Früchte der Arbeit Gott allein überlassen. Fehlt es unserer Gesinnung an Einfalt, können wir vielleicht eine sehr gute Leistung vollbringen, dabei aber werden wir auf Ergebnisse hoffen, die uns befriedigen sollen. Fehlt es bei uns an der rechten Gesinnung, so wird uns weder an der Aufgabe noch an den Ergebnissen viel liegen, denn wir haben uns nicht die Mühe genommen, uns für eines von ihnen persönlich zu interessieren.

Die einfältige Gesinnung ruht in Gott, während sie all das Ihrige vollbringt. Sie faßt bestimmte Ziele ins Auge, um sie für Gott zu erreichen, aber dort ist nicht ihre Ruhe. Da die einfältige Gesinnung ihre Ruhe in keinem bestimmten Ziel zu finden braucht, hat sie das Ziel schon erreicht, auch wenn das Werk nur begonnen ist. Denn das Ziel der einfältigen Gesinnung ist es, in Gott und mit Ihm zu wirken – tiefe Wurzeln in das Erdreich zu senken und in jedwedem Wetter zu wachsen, das Er beschert.

Rechte Absicht können wir auch «Übergangs»-Absicht nennen. Sie gehört zum aktiven Leben, das sich immer unterwegs zu etwas anderem befindet. Unsere rechte Absicht geht von einem Ziel zum anderen über, von Werk zu Werk, von Tag zu Tag, von Möglichkeit zu Möglichkeit. Sie befaßt sich im voraus mit vielen Plänen. Die geplanten Werke werden getan, und alle zur Verherrlichung Gottes. Aber sie stehen vor uns wie Meilensteine am Wege zu einem unsichtbaren Ziel. Und Gott ist immer dort, an jenem Ziel. Er ist immer «Zukunft», auch wenn Er gegenwärtig ist. Das geistliche Leben eines Menschen mit rechter Absicht ist stets mehr oder weniger vorläufig. Es liegt mehr im Möglichen als im Wirklichen, denn er lebt so, als müßte er nur eben noch eine Aufgabe beenden, bevor er sich entspannen und sich ein wenig Kontemplation gönnen dürfte.

Dennoch ist selbst in kontemplativen Klöstern die «rechte» Gesinnung häufiger als die wahrhaft einfältige Gesinnung.

Auch Kontemplative können in einer Welt leben, wo die zu bewältigenden Aufgaben den Blick auf Den verdunkeln, für Den sie getan werden. Es macht keinen Unterschied, ob diese zu bewältigenden Aufgaben in uns selbst liegen. Vielleicht wird die Verwirrung nur noch ärger durch die Tatsache, daß unsere rechte Absicht sich an nichts Greifbares halten kann und sich den lieben langen Tag um Verdienste, Opfer, höhere Stufen von Tugend und Gebet müht. Tatsächlich neigt ein Gebetsleben ohne einfältige Absicht dazu, nicht nur schwierig, sondern geradezu unsinnig zu werden. Denn das kontemplative Leben will nicht nur den Menschen fähig machen, in rechter Absicht Gebete zu sprechen und Opfer zu bringen – es soll ihn lehren, in Gott zu leben.

18. Einfältige Gesinnung ist ein seltenes Geschenk Gottes. Selten, weil es arm ist. Armut ist ein Geschenk, das wenige religiöse Menschen wirklich zu schätzen wissen. Sie erhoffen sich von ihrem Glauben, sie mindestens geistlich reich zu machen. Wenn sie schon auf alle Güter dieser Welt verzichten, so wollen sie dafür nicht nur des ewigen Lebens teilhaftig werden, sondern vor allem auch des «Hundertfachen», das uns sogar schon vor dem Tode verheißen ist.

Tatsächlich ist jenes Hundertfache in den Seligpreisungen zu finden, deren erste die Armut ist.

Unsere Gesinnung kann nicht ganz einfältig sein, wenn sie nicht ganz arm ist. Sie sucht und ersehnt nur die äußerste Armut, die nichts anderes mehr besitzt als Gott. Gewiß ist jedem Menschen mit nur einer Spur von Glauben klar, daß jener, welcher Gott besitzt und nichts außer Ihm, in Ihm alles hat. Aber zwischen der Vorstellung solcher Armut und ihrer Verwirklichung im eigenen Leben liegt die Wüste der Leere, die wir durchwandern müssen, um Ihn zu finden.

Mit der rechten Gesinnung schaust du ruhig der Gefahr ins Auge, die Früchte deiner Arbeit zu verlieren. Mit einfältiger Gesinnung verzichtest du schon von vornherein auf alle Früchte. Du erwartest sie nicht einmal mehr. Nur um diesen Preis kann deine Arbeit zugleich zum Gebet werden.

19. Einfältige Gesinnung ist ein immerwährendes Sterben in Christus. Sie läßt unser Leben mit Christus in Gott verborgen sein. Sie sucht ihren Schatz einzig im Himmel. Sie bevorzugt das, was man nicht greifen, zählen, wägen, schmecken oder sehen kann. Aber sie läßt unser inneres Sein jederzeit dem Urgrund göttlichen Friedens offenstehen, in dem unser Leben und Tun ihre Wurzeln haben.

Rechte Absicht richtet sich nur auf rechtes Tun.

Aber selbst mitten im Tun verzichtet einfältige Absicht auf alles außer Gott und sucht Ihn allein. Es ist das Geheimnis der einfältigen Absicht, daß sie es zufrieden ist, Gott zu suchen, und nicht darauf besteht, Ihn sogleich zu finden, denn sie weiß wohl, daß sie Ihn im Suchen schon gefunden hat. Die rechte Absicht weiß das zwar auch, aber nicht aus Erfahrung, und darum fühlt sie dunkel, daß es immer noch nicht genügt, Gott zu suchen.

Einfältige Absicht ist göttliche Arznei, ein Balsam, der unsere durch hemmungslose Selbstverwirklichung verletzten Seelenkräfte besänftigt. Sie heilt unser Tun in seiner geheimen Schwäche. Sie zieht unsere Kraft empor, zum verborgenen Gipfel unseres Wesens und badet unseren Geist in der unendlichen Barmherzigkeit Gottes. Sie verwundet unsere Seele, um sie in Christus zu heilen, denn sie offenbart die Gegenwart und das Handeln Christi in unseren Herzen. Sie macht uns zu Seinem vollkommenen Werkzeug, gestaltet uns zur Ähnlichkeit mit Ihm um und erfüllt unser ganzes Leben mit Seiner Milde, Seiner Kraft, Seiner Lauterkeit, Seinem Gebet und Seinem Schweigen.

Alles, was Gott in rechter Absicht dargebracht wird, ist Ihm angenehm.

Was aber Gott in einfältiger Absicht dargebracht wird, das wird nicht nur unseres guten Willens wegen vom Ihm angenommen, sondern es ist Ihm an sich wohlgefällig. Es ist ein gutes und vollkommenes Werk, ganz durch Seine Liebe vollbracht. Es gewinnt seine Vollkommenheit nicht nur aus unseren armseligen Anstrengungen, sondern aus Seiner Barmherzigkeit, die sie reich macht. Wenn ich dem Herrn die Werke der rechten Absicht darbringe, darf ich gewiß sein, daß ich Ihm nichts Schlechtes gebe. Bringe ich Ihm aber die Werke der einfältigen Absicht dar, so gebe ich Ihm das Beste. Und abgesehen von allem, was ich Ihm geben oder für Ihn tun kann, darf ich ruhen und meine Freude an Seiner Verherrlichung haben.

V

DAS WORT VOM KREUZ

1. «Das Wort vom Kreuz ist Torheit», sagt Paulus, «für jene, die verlorengehen» (1. Kor. 1, 18). Dennoch waren unter denen, für die das Kreuz Torheit und Ärgernis bedeutete, Asketen und Fromme, die eine Philosophie des Leidens entwikkelt hatten und Selbstverleugnung übten.

Im Wort vom Kreuz nämlich liegt weit mehr als Bejahung des Leidens und Übung der Selbstverleugnung. Das Kreuz ist etwas Positives. Es ist mehr als ein Sterben. «Das Wort vom Kreuz ist Torheit für die, die verlorengehen, für die Erlösten aber ist es Macht von Gott» (1. Kor. 1, 18).

2. Der Christ muß das Leiden nicht nur auf sich nehmen – er muß es heiligen. Nichts wird so leicht unheilig wie Leiden.

Bei bloßer Hinnahme wirkt das Kreuz nichts an unserer Seele, es macht sie höchstens hart. Erdulden allein ist keine Heiligung. Wahre Askese ist kein bloßer Tapferkeitskult. Wir können uns auch aus einem falschen Grunde unerbittlich selbst verleugnen und zuletzt auf unsere Selbstverleugnung mächtig stolz sein.

Durch den Glauben wird das Leiden Gott geweiht – nicht durch Glauben an das Leiden, sondern durch Glauben an Gott. Leiden stoisch auf sich zu nehmen, die Last schicksalhaften, unabwendbaren, unbegreiflichen Zwanges hinzunehmen und mit Starkmut zu ertragen, ist keine Heiligung.

Manche Menschen glauben an die Macht und den Wert des Leidens. Ihr Glaube ist Täuschung. Leiden an sich hat weder Macht noch Wert.

Wert hat es nur als Glaubensprobe. Wenn unser Glaube die Probe nicht besteht? Ist Leiden dann gut? Wie, wenn wir mit festem Glauben an das Leiden anfangen zu leiden und dann entdecken müssen, daß es uns zerstört?

An das Leiden zu glauben, bedeutet Stolz. Doch an Gott zu glauben und dabei zu leiden, bedeutet Demut. Der Stolz sagt uns vielleicht, wir seien stark genug, um zu leiden, Leiden tue uns gut, weil wir gut sind. Die Demut sagt uns, daß Leiden ein Übel ist, auf das wir im Leben immer gefaßt sein müssen des Übels wegen, das in uns selber steckt. Aber der Glaube weiß auch, daß Gottes Barmherzigkeit denen zuteil wird, die Ihn im Leiden suchen und daß wir durch Seine Gnade Übel mit Gutem überwinden können. So wird Leiden beiläufig gut durch das Gute, das wir um seinetwillen von der Barmherzigkeit Gottes empfangen. Es macht uns an sich nicht gut, gibt uns aber die Möglichkeit, besser zu werden, als wir vorher waren. Was wir also Gott im Leiden weihen, ist nicht unser Leiden, sondern unser Ich.

3. Nur das Leiden Christi hat Wert in den Augen Gottes, der das Böse haßt, und für Ihn hat es hauptsächlich als Zeichen Wert. Der Tod Jesu am Kreuz hat unendlich hohen Sinn und Wert, nicht weil es ein Tod ist, sondern weil es der Tod des Gottessohnes ist. Dieser kündet nicht die Macht des Leidens oder des Todes. Er spricht nur von der Macht dessen, der Leiden wie Tod überwand, indem Er vom Grabe auferstand.

Die Wunden, die das Böse dem Leibe Christi eingebrannt hat, sind anbetungswürdig heilig, nicht weil sie Wunden, sondern weil sie *Seine* Wunden sind. Wir würden sie auch nicht verehren, wenn Er nur an ihnen gestorben wäre, ohne aufzuerstehen. Denn Christus ist nicht bloß irgend jemand, der einst die Menschen genug liebte, um für sie zu sterben. Er ist ein Mensch, dessen menschliche Natur ihr Dasein in Gott hat, so daß Er göttliche Person ist. Seine Liebe zu uns ist die Gottesliebe, die stärker ist als das Böse und darum vom Tode unberührt.

Das Leiden kann nur von jemand Gott geweiht werden, der glaubt, daß Christus nicht tot ist. Es gehört zum Wesen des Christentums, Leiden und Tod ins Antlitz zu sehen, nicht weil sie gut, nicht weil sie sinnvoll sind, sondern weil die Auferstehung Christi ihnen ihren Stachel geraubt hat.

4. Der Heilige ist nicht ein Mensch, der das Leiden bejaht, weil er es gern hat, und diese Vorliebe vor Gott und Menschen bekennt, um großen Lohn zu gewinnen. Vielleicht verabscheut er das Leiden genau so wie jeder andere Mensch; aber er liebt Christus so sehr, daß er bereit ist, seine Liebe durch jedes Leiden erproben zu lassen. Das tut er nicht, weil er es für eine Heldentat hält, sondern weil die Liebe zu Christus ihn danach verlangen läßt.

Der Heilige ist so sehr auf Herz und Geist Christi abgestimmt, daß er gezwungen ist, auf die Forderung der Liebe mit einer Liebe zu antworten, die der Liebe Christi entspricht. Das ist für ihn ein so tiefes, so persönliches und so dringendes Bedürfnis, daß es ihm zum Schicksal wird. Je stärker er auf das Wirken Christi in seinem Herzen reagiert, um so mehr lernt er die unerbittlichen Forderungen dieser Liebe verstehen.

Doch das Leben der christlichen Seele kann nur etwas Ganzes, Schlichtes, in sich Abgeschlossenes, nicht Mitteilbares sein. Vielleicht scheinen die Heiligen allgemein nach Leiden zu verlangen. Die einzigen Leiden aber, die jemand mit Fug und Recht ersehnen kann, sind die bestimmten, persönlichen Prüfungen, die nach dem Plan der göttlichen Vorsehung im eigenen Leben von uns gefordert werden.

Gewisse Menschen sind dazu auserwählt worden, um in überwältigender Leidensfülle für Christus zu zeugen. Diese Menschen haben erklärt, Leiden sei ihre Berufung. Das sollte uns aber nicht zu der Meinung verleiten, um ein Heiliger zu sein, müsse man auf das Leiden losgehen wie ein Sportbegeisterter aufs Fußballspiel. Kein Mensch hat genau die gleichen Prüfungen auf genau die gleiche Weise zu erdulden wie ein anderer. Keiner ist dazu berufen, um des Leidens willen zu leiden.

Was gäbe es schließlich Persönlicheres als das Leiden? Die schreckliche Vergeblichkeit unserer Bemühungen, anderen Leuten die Wirklichkeit unseres Leidens zu vermitteln, und die tragische Unzulänglichkeit menschlichen Mitgefühls beweisen, wie wenig sich das Leiden wirklich mitteilen läßt.

Wer leidet, ist meistens allein. Darum werden wir als Person am tiefsten im Leiden erprobt. Wie sollen wir den quälenden inneren Fragen entgehen? Was sollen wir antworten, wenn wir vom Schmerz geprüft werden? Ohne Gott sind wir keine Person mehr. Wir verlieren Menschentum und Würde. Unterm Schmerz werden wir zu stummen Tieren, zufrieden, wenn wir uns wenigstens wie ruhige Tiere benehmen und ohne zu viel Aufruhr sterben können.

5. Wenn das Leiden kommt und fragt: «Wer bist du?» müssen wir deutlich antworten und unseren Namen nennen. Damit meine ich, daß wir das Innerste dessen zum Ausdruck bringen müssen, was wir sind, was wir sein wollten und was aus uns geworden ist. Das alles wird durch den Schmerz aus uns herausgefiltert, und nur zu oft zeigt sich, daß eins in Widerspruch zum anderen steht. Wenn wir aber christlich gelebt haben, so wird unser Name, unsere Leistung und unsere Persönlichkeit dem Muster entsprechen, das unserer Seele durch das sakramentale Siegel, das wir tragen, aufgeprägt wurde. In der Taufe empfangen wir einen Namen. Das geschieht, weil unsere innerste Seele durch dieses heilige Sakrament ein übernatürliches Kennzeichen empfängt, das uns für ewig sagt, wer wir sein sollten. Unsere Taufe, die uns in Christi Tod begräbt, ruft alle Leiden unseres Lebens auf uns herab. Sie sind uns zur Hilfe gesandt, um die Form des ein-

maligen Kennzeichens herauszuarbeiten, das wir im Sakrament empfangen haben.

Wenn wir darum das sein wollen, wozu wir bestimmt sind, und wenn wir das werden, was wir werden sollen, so wird das Verhör des Leidens unseren eigenen Namen und den Namen Jesu aus uns herausholen. Und wir werden erkennen, daß wir angefangen haben, unsere Bestimmung zu erfüllen, die darin besteht, zugleich wir selbst und Christus zu sein.

6. Leiden und die Heiligung, die unser Leben verlangt, ist außerhalb des Taufzusammenhangs nicht völlig zu verstehen. Denn indem die Taufe uns unsere Identität verleiht, beruft sie uns zu der göttlichen Aufgabe, uns in Christus zu finden. Sie gibt uns unsere Identität in Christus. Aber Gnade wie Wesen der Taufe schenken der Seele eine geistliche Gleichförmigkeit mit Christus *in Seinem Leiden*. Denn Taufe ist die Anwendung der Passion Christi auf unsere Seele.

Die Taufe pfropft uns dem Mystischen Weinstock ein, dem Leibe Christi. Sie läßt uns leben in Seinem Leben und wie Trauben am Spalier des Kreuzes reifen. Sie versetzt uns in die Gemeinschaft der Heiligen, deren Leben aus der Passion Jesu strömt. Aber jedes Sakrament der Vereinigung ist auch ein Sakrament der Trennung. Wenn die Taufe uns untereinander zu Gliedern macht, so scheidet sie uns auch deutlicher, nicht nur von den anderen, die nicht in Christus leben, sondern auch und ganz besonders voneinander. Denn sie schenkt uns die persönliche, nicht mitteilbare Berufung, in unserem Leben das Leben, das Leiden und die Liebe Christi in einer Weise darzustellen, die kein anderer kennt, der je unter der Sonne gelebt hat.

7. Das Leiden kann nur dann Gott geweiht werden, wenn man es als eine Frucht der Taufe ansieht. Es ergibt nur Sinn, wenn es ins Wasser des Sakramentes getaucht wird. Nur die-

ses Wasser gibt ihm Kraft zu waschen und zu reinigen. Die Taufe allein stellt klar, *wer* der Mensch ist, der durch die Prüfung geformt wird und zur Vollkommenheit gelangen soll.

Leiden darf nicht den Sinn eines unbestimmten Zwanges haben, sondern muß etwas sein, was unsere persönliche Bestimmung verlangt. Wenn ich meine Prüfungen nicht als Zusammenstoß meines Lebens mit einem blinden Mechanismus, dem Schicksal, betrachte, sondern als das sakramentale Geschenk von Christi Liebe, das mir von Gott Vater zugleich mit meiner Identität und meinem Namen gegeben wird, dann vermag ich sie Gott zu weihen und mit ihnen auch mich selbst. Dann erst erkenne ich, daß mein Leiden nicht mir gehört. Es ist die Passion Christi, die mit ihren Ranken in mein Leben greift, um volle Trauben zu tragen, meine Seele mit dem Wein der Liebe Christi zu berauschen und diesen Wein mit Feuerkraft über die ganze Welt auszugießen.

8. Das Leiden, an sich sinnlos und hassenswert, wird ohne Glauben zum Fluch.

Eine Gesellschaft, deren ganzes Ziel darin besteht, das Leiden auszumerzen und allen ihren Gliedern das Höchstmaß an Wohlbefinden und Genuß zu vermitteln, ist dem Untergang geweiht. Sie versteht nicht, daß nicht alles Schmerzhafte zu meiden ist. Auch ist Leiden nicht das einzige Schlimme, wie die heutige Welt annimmt.

Wenn wir den Schmerz für das größte Übel und Lust für das größte Gut halten, werden wir in dem großen Übel versinken, das wir meiden sollten – in der Sünde. Zuweilen ist es notwendig, dem Schmerz als dem kleineren Übel standzuhalten, um das größte Übel, die Sünde, zu überwinden.

Worin besteht der Unterschied zwischen physischem Übel – dem Schmerz – und sittlichem Übel – der Sünde? Das physische Übel besitzt nicht die Kraft, in unser Wesen einzudringen. Es berührt unseren Leib, unser Gemüt, unsere Sensibilität. Es schadet dem Geist nicht ohne Mitwirkung jenes anderen Übels, der Sünde. Wenn wir es still, selbstlos und ruhig erdulden, dann müssen die Dinge, die unser äußeres Sein zerstören, uns vollkommener machen, weil sie es uns ermöglichen, unsere Bestimmung in Christus zu erfüllen. Zu diesem Zweck sind sie uns geschickt, und wenn sie kommen, sollten wir sie dankbar und freudig empfangen.

Sünde trifft das Innerste der Persönlichkeit. Sie zerstört die einzige Wirklichkeit, von der unser wahres Wesen, unser Einssein, unser Glück abhängt: unsere Haltung zu Gott. Wir sind geschaffen, um das zu wollen, was Gott will, das zu erkennen, was Er kennt, das zu lieben, was Er liebt. Sünde ist der Wille, zu tun, was Gott nicht will, zu erkennen, was Er nicht kennt, zu lieben, was Er nicht liebt. Darum ist jede Sünde eine Sünde gegen die Wahrheit, gegen den Gehorsam, gegen die Liebe. Auf diese dreifache Weise aber erweist Sünde sich als höchstes Unrecht nicht nur gegen Gott, sondern vor allem gegen uns selbst.

Wozu soll es dienen, zu erkennen, was Gott nicht kennt? Wer erkennt, was Er nicht kennt, erkennt Nicht-Seiendes. Wozu lieben, was Er nicht liebt? Hat es irgendeinen Sinn, das Nichts zu lieben? Denn Er liebt alles, was ist. Unsere Bestimmung ist es, alle Dinge zu lieben, die Er liebt, genau wie Er sie liebt. Der Wille, das Nicht-Seiende zu lieben, ist zugleich Weigerung, das zu lieben, was ist. Warum sollten wir uns dadurch zerstören, daß wir das wollen, was Gott nicht will? Wollen gegen Seinen Willen, heißt den eigenen Willen gegen sich selbst kehren. Unser tiefstes, geistiges Bedürfnis ist auf das gerichtet, was Gott uns zugedacht hat. Wer etwas anderes will, beraubt sich des Lebens selbst. Wenn wir sündigen, gehen wir geistig zugrunde.

Physischen Schmerz braucht man nur insofern als wirklichen Schmerz zu betrachten, wenn er dazu führt, in unserer Seele die Sünde zu schüren. Darum muß der Christ danach streben, auf jede mögliche Weise die Schmerzen anderer zu lindern und sogar alles zu tun, um die eigenen Leiden zu erleichtern – wenn sie Gelegenheiten zur Sünde sind. Gewiß können wir auch Mitleid mit anderen haben, bloß weil Leiden an sich etwas Schlimmes ist. Auch solches Mitleid ist gut. Aber es wird nicht zur Liebe, wenn es in dem Leidenden nicht Christus sieht und sich seiner erbarmt mit dem Erbarmen Christi. Christus hatte Mitleid mit der Menge, weil sie Schafe ohne Hirten waren, und weil sie kein Brot hatten. Dennoch speiste er sie nicht mit wunderbaren Broten und Fischen, ohne ihres Platzes im Reich Seines Vaters zu gedenken. Leibliche Werke der Barmherzigkeit denken über das Fleischliche hinweg an das Geistige. Wenn sie wesenhaft christlich sind, lindern sie nicht nur das Leiden, sondern sie vermitteln Gnade – das heißt sie treffen die Sünde.

9. Das Leiden ist verschwendet, wenn wir ganz allein leiden. Wer Christus nicht kennt, leidet allein. Sein Leiden findet keine Gemeinschaft. Der schrecklichen Einsamkeit des Leidens ist es zwar nicht bestimmt, vergeblich nach Gemeinschaft zu suchen. Doch alle Gemeinschaft wird ihr verweigert außer jener einen, die den Geist in der Passion Jesu Christi mit Gott eint.

Was kann menschliches Mitgefühl uns in der Einsamkeit des Todes bieten? Bei einem Tod ohne Gott wirken Blumen als etwas Ungehöriges. Sie dienen nur dazu, den Leichnam zu verdecken. Das tote Ding ist zu etwas geworden, was man schmückt und dann vergräbt. Man hofft, seine hoffnungslose Einsamkeit werde vergessen und uns nicht an unsere eigene erinnern.

Wie traurig ist Menschenliebe, die mit dem Tode endet. Noch trauriger, wenn sie irgendwelche jämmerlichen Versuche macht, mit dem Toten eine nichtige Beziehung herzustellen. Die armseligen kleinen Reiskuchen auf einem Heidengrab! Traurig ist auch eine Liebe, die keine Gemeinschaft zu ihren Lieben findet, wenn sie leiden. Wie schrecklich ist es, in stummem Kummer dabeistehen zu müssen und den geliebten Menschen in ihrem großen Schmerz nichts zu sagen zu haben. Darum wehren wir uns so verzweifelt gegen das Leiden, solange wir können, damit es sich uns nicht in den Weg stellt und unsere Liebe für immer aussperrt.

Eine Liebe aber, die mit Leiden oder Tod endet, lohnt die Mühe nicht, die sie uns macht. Wenn sie den Tod und alles Leiden fürchten muß, wird sie uns unvermeidlich wenig Freude und sehr viel Kummer bereiten.

Der Name, das Kreuz und das Blut Christi haben alles verwandelt. Passion, Sakrament wandelt die Hilflosigkeit menschlicher Liebe in eine göttliche Kraft, die uns über alles Böse erhebt. Sie besiegt alles. Solche Liebe kennt keine Trennung. Sie fürchtet das Leiden nicht mehr als junge Saat den Frühlingsregen.

Aber die Kraft solcher Liebe und Gemeinschaft ist in keiner menschlichen Lehre zu finden. Der Christ besitzt mehr als eine Leidensphilosophie. Manchmal hat er vielleicht überhaupt keine Philosophie. Sein Glaube kann ungegliedert sein bis zum Absurden. Dennoch kennt er den Frieden wie einer, der alles überwunden hat. Wie kommt das? Weil Christentum der in uns lebende Christus ist, und Christus hat alles überwunden. Außerdem hat Er uns untereinander verbunden durch sich. Wir alle leben gemeinsam in der Kraft Seines Todes, die den Tod überwunden hat. Wir leiden nicht allein, noch überwinden wir allein, noch gehen wir allein zur Ewigkeit ein. In Ihm sind wir untrennbar. Darum steht es uns frei, uns in fruchtbare Einsamkeit zurückzuziehen, sooft wir wollen, denn wohin wir auch gehen, was wir auch leiden mögen, was uns auch geschieht, wir bleiben mit denen verbunden, die wir in Ihm lieben, weil wir Ihm verbunden sind.

Seine Liebe ist stärker als der Tod. So wird der Tod des

Christen zu einer Art Triumph. Obwohl wir mit Recht um die fühlbare Trennung von unseren Lieben trauern (denn wir sind ja auch dazu bestimmt, ihre menschliche Gegenwart zu lieben), so freuen wir uns doch als Christen über ihren Tod, weil er uns die Kraft unserer gegenseitigen Liebe beweist. Die Überzeugung in unseren Herzen, die unerschütterliche Hoffnung auf Vereinigung mit unseren Toten in Christus sagt uns, daß sie leben, daß Er lebt, daß wir leben. Dieser starke Griff, mit dem das göttliche Leben unsere Seele umklammert, dieser Griff lauterer Liebe, der uns so fest hält, daß er uns für ewig frei macht – das ist unser großes Erbe, das durch freudig angenommenes Leiden nur noch wachsen kann. Diese Liebe, dieses Leben, diese Gegenwart zeugen dafür, daß der Geist Christi in uns lebt, daß wir Ihm gehören, daß der Vater uns Ihm gegeben hat und niemand uns Seiner Hand entreißen soll.

10. Heroismus allein ist unnütz, wenn er nicht aus Gott geboren ist. Die Seelenstärke, die uns in der Liebe Christi geschenkt wird, ist durch keinen Stolz beeinträchtigt. Denn die göttliche Kraft wird uns meistens nicht eher zuteil, bis wir unserer eigenen Schwäche ganz inne geworden sind und wissen, daß die Kraft, die uns zuströmt, von außen kommt – daß sie ein Geschenk ist. Auch ist die Seelenstärke, die uns von Gott zuteil wird, Seine eigene Kraft und also über jeden Vergleich erhaben. Und Stolz entstammt dem Vergleich.

11. Wer das Kreuz kennt, kennt nicht nur sein eigenes Leiden. Denn das Kreuz ist das Zeichen der Erlösung, und niemand wird durch sein eigenes Leiden erlöst. Wenn wir das Kreuz kennen, wissen wir, daß wir durch Christi Leiden erlöst sind – nein, mehr, wir erkennen die Liebe Christi, der Leiden und Tod auf sich nahm, um uns zu erlösen. Im Kreuz also erkennen wir Christus. Seine Liebe zu erkennen, bedeutet

nicht nur, von dieser Liebe gehört zu haben, sondern innerlich zu erfahren, daß wir von Ihm geliebt werden und daß in Seiner Liebe der Vater selbst Seine Liebe uns kundtut, durch den Geist, der sich in unsere Herzen ergießt. Wer das erkennt, hat etwas vom Kreuz verstanden, das heißt, er erkennt Christus. Das erklärt den Zusammenhang zwischen Leiden und Betrachtung. In der Betrachtung tun wir nichts anderes als mit Hilfe göttlicher Weisheit in das Geheimnis von Gottes Liebe einzudringen, in die Passion und Auferstehung Jesu Christi.

12. Die Heiligen waren nicht deshalb heilig, weil sie von den Menschen abgelehnt wurden, sondern weil sie vor Gott gefällig waren. Heilige werden nicht durch das Leiden zu Heiligen.

Der Herr hat das Leiden nicht geschaffen. Schmerz und Tod sind durch den Sündenfall in die Welt gekommen. Nachdem der Mensch das Leid gewählt hatte statt der Freude des Einsseins mit Gott, verwandelte der Herr das Leiden selbst in eine Möglichkeit der Gotteserkenntnis.

13. Die Wirkung des Leidens hängt für uns davon ab, was wir lieben.

Wenn wir selbstsüchtig uns selbst lieben, ist Leiden hassenswert. Es lockt alles Böse aus uns heraus, so daß der Mensch, der nur sich liebt, jede Sünde begeht und anderen alles Schlimme zufügt, nur um selber dem Leid zu entgehen.

Ja, noch schlimmer, wenn ein Mensch sich selber liebt und erfährt, daß Leiden unabwendbar ist, kann er sogar dahin gelangen, am Schmerz ein Vergnügen zu finden. Dadurch zeigt er zugleich Eigenliebe und Eigenhaß.

Auf jeden Fall bringt das Leiden unerbittlich die in uns vorhandene Selbstsucht an den Tag. Nachdem es unser wahres Selbst enthüllt hat, treibt es uns dazu, uns sogar noch schlimmer zu machen, als wir sind.

Wenn wir dagegen andere lieben und für sie leiden, kann uns das Leiden adeln und gütig machen, sogar ohne daß wir die anderen mit übernatürlicher Liebe in Gott lieben. Es zieht etwas Edles in der menschlichen Natur ans Licht und verherrlicht Gott, der den Menschen größer geschaffen hat als das Leiden. Zuletzt freilich kann natürliche Selbstlosigkeit das Leiden nicht daran hindern, uns gemeinsam mit allen unseren Lieben zu zerstören.

Wenn wir Gott lieben und andere Menschen in Ihm, lassen wir freudig das Leiden alles in uns zerstören, was Gott zerstört haben will, weil wir wissen, daß nur Unwesentliches zerstört wird. Wir wollen gern die Belanglosigkeiten des Lebens vom Leben aufzehren lassen, damit in all unserem Tun Gottes Ehre klar hervortritt.

Wenn wir Gott lieben, zählt das Leiden nicht. Christus in uns, Seine Liebe, Seine Passion in uns, darauf kommt es an. Schmerz hört nicht auf, Schmerz zu sein; aber wir können uns darüber freuen, weil der Schmerz es Christus ermöglicht, in uns zu leiden und den Vater dadurch zu verherrlichen, daß Er in uns größer ist als das Leiden je sein kann.

14. Wir sagten, Leiden hätte in unserem Leben nur Wert, wenn es Gott geweiht würde. Weihe ist aber eine priesterliche Handlung. Unser Leiden muß also Gott durch Seine Kirche geweiht werden. Sie allein hat Macht, unsere Qual im Blute Christi zu ertränken, denn sie allein besitzt den unendlichen Reichtum Seiner Erlösung und stattet Menschen mit Seiner priesterlichen Vollmacht aus. Sie allein ist im Besitz der Sakramente, welche Schwachheit und Armut des gefallenen Menschen in den Tod und die Auferstehung Jesu umgestalten.

Es würde der Kirche nicht genügen, uns im Leiden zu trösten, und ihre heiligen Riten sind keineswegs dazu bestimmt, uns nur Trost zu spenden.

Freilich reicht die Weisheit der Kirche in die entlegensten Winkel der menschlichen Seele, denn die Kirche ist von Grund auf menschlich. Aber sie ist zugleich auch göttlich. Sie salbt die Seele des Menschen mit dem Heiligen Geist und drückt ihm ihr sakramentales Siegel auf, das ihn mit dem gekreuzigten Christus vereint, so daß er mit Seiner Kraft leiden wie auch mit Seinem Erbarmen mit den Leiden anderer mitfühlen kann.

Die Taufe gibt jedem Menschen teil am Priestertum Christi, denn sie versiegelt ihn mit dem Zeichen Seines Todes, der unser Leben ist. Sie gibt ihm Macht, sein Leiden, seine guten Werke, seine Tugendakte, seinen tapferen Glauben, sein liebevolles Erbarmen, ja sein Leben selbst Gott aufzuopfern, nicht als seine eigene Gabe, sondern als Leiden, Tugenden, Verdienste Christi.

Die Taufe aber muß durch die Eucharistie vollendet werden. Die Kirche hat dieses vollkommenste Opfer ihrem geweihten Priester in die Hand gegeben, in dem Christus die Leiden und Sorgen, die guten Werke und Freuden der Menschheit an Sein Herz nimmt und sie alle dem Vater darbringt im erneuerten Opfer Seines eigenen Fleisches und Blutes.

15. Wann ist Leiden unnütz? Wenn es uns bloß auf uns selbst hinwendet, wenn es nur unser Selbstmitleid weckt, wenn es Liebe in Haß verwandelt, wenn es alle Dinge zur Furcht herabmindert. Unnützes Leiden kann man Gott nicht weihen, weil seine Unfruchtbarkeit in Sünde wurzelt. Sünde und unnützes Leiden wachsen gemeinsam. Sie steigern sich gegenseitig. Je mehr das Leiden zur Sünde verführt, umso mehr beraubt die Sünde das Leiden der Möglichkeit zu fruchtbarer Heiligung.

Die Gnade Christi jedoch wirkt ständig Wunder, um unnützes Leiden schließlich doch in etwas Fruchtbares zu verwandeln. Wie das? Indem sie das Blut aus dem Wundmal der Sünde plötzlich zum Stehen bringt. Sobald unser Lebensblut sich nicht mehr in Sünde verströmt, entfaltet das Leiden seine schöpferischen Möglichkeiten. Aber ehe unser Wille sich nicht an Gott wendet, führt Leiden nirgends hin, höchstens zur Selbstvernichtung.

16. Die große Aufgabe der gläubigen Seele ist es, schweigend zu leiden. Zu viele Menschen meinen, sie könnten heilig werden, wenn sie über ihre Prüfungen reden. Das schreckliche Getue, das wir oft um die kleinen unvermeidlichen Drangsale des Lebens machen, bringt sie um ihre Fruchtbarkeit. Es macht aus ihnen Anlässe zu Selbstmitleid und Selbstdarstellung, und läßt sie infolgedessen unnütz werden.

Sei vorsichtig im Reden über deine Leiden, du könntest sonst dadurch sündigen. Jobs Freunde sündigten durch das fromme Gerede über das Leiden und dadurch, daß sie Job eine seichte Erklärung dafür gaben. Zuweilen reicht keine Erklärung aus, um einen Grund für das Leiden anzugeben. Das einzig Angemessene ist Schweigen – und die Sakramente. Die Kirche ist sehr demütig und sehr zurückhaltend gegenüber dem Leiden. Niemals ist sie scheinheilig oder gönnerhaft, niemals sentimental. Sie weiß, was Leiden ist.

17. Leide, ohne anderen eine Leidenstheorie aufzudrängen, ohne aus dem Stoff deines eigenen Schmerzes eine Lebensphilosophie zu spinnen, ohne dich als Märtyrer hinzustellen, ohne den Preis für deine Standhaftigkeit nachzurechnen, ohne Mitgefühl zu verschmähen, aber auch ohne es zu suchen.

Wir müssen im Leiden ebenso aufrichtig sein wie in allem anderen. Wir müssen unsere Schwäche und unseren Schmerz zugeben, aber wir brauchen sie nicht zur Schau zu stellen. Es ist gut, sich darüber klar zu werden, daß wir nicht fähig sind, wirklich großes Leid zu ertragen, aber dennoch müssen wir unsere Schwäche mit einer Art Heroismus auf uns nehmen. Es ist immer schwierig, auf fruchtbare und gute Art zu leiden, und die Schwierigkeit ist umso größer, wenn uns menschliche Hilfe fehlt. Ebenso ist es gut, Gott nicht mit unseren Leiden zu versuchen, aus Stolz ein Leid auf uns zu nehmen, dem wir nicht gewachsen sind.

Wir müssen uns mit der Tatsache abfinden, daß es schwerer ist, die lange Eintönigkeit unbedeutenden Leidens zu ertragen als den vorübergehenden Angriff heftigen Schmerzes. In beiden Fällen ist das eigentlich Schwere unsere Armseligkeit, das Schauspiel unseres eigenen, zu Nichts zusammenschrumpfenden Ichs, der Verfall unserer Selbstachtung und der Achtung unserer Freunde.

Wir müssen bereit sein, auch die bittere Wahrheit anzuerkennen, daß wir vielleicht eine Last für die Menschen geworden sind, die wir lieben. Es ist notwendig, sich auch damit abzufinden. Das volle Eingeständnis unserer Armseligkeit und Nutzlosigkeit ist die Tugend, die uns und andere vielleicht reich machen kann an Gottes Gnade. Es bedarf heroischer Liebe und Demut, um uns von anderen erhalten zu lassen, wenn wir absolut unfähig sind, uns selber zu erhalten.

Wir können nicht auf gute Art leiden, wenn wir nicht überall Christus sehen – im Leiden sowohl wie in der Liebe derer, die uns in unserem Elend zu Hilfe kommen.

18. Um Gott zu verherrlichen und das Leiden in der Liebe Christi zu überwinden:

Leide ohne Grübelei, ohne Haß, ohne Hoffnung auf Rache oder Ausgleich, ohne Ungeduld nach dem Ende des Leidens.

Weder der Anfang des Leidens ist wichtig noch sein Ende, weder seine Quelle noch seine Erklärung, wenn es nur Gottes Wille ist. Aber wir wissen, daß Er kein unnützes, das heißt sündiges Leiden will. Um Ihn zu verherrlichen, müssen wir darum in all unserem Leiden still und demütig und gering sein, damit wir nicht dem Leiden noch die Last unnützer, übertriebener Empfindlichkeit hinzufügen.

Um zu leiden, ohne über unserem eigenen Jammer zu brüten, müssen wir an einen größeren Jammer denken und uns zu Christus am Kreuz wenden. Um ohne Haß zu leiden, müssen wir aus Liebe zu Jesus die Bitterkeit aus unserem Herzen vertreiben. Um ohne Hoffnung auf Ausgleich zu leiden, sollten wir unseren ganzen Frieden in der Überzeugung unserer Verbundenheit mit Jesus finden. Das alles ist keine Sache asketischer Technik, sondern schlichten Glaubens. Es bedeutet nichts ohne Gebet, ohne das Verlangen nach Gottes Willen und ohne seine Bejahung.

Schließlich müssen wir nach mehr streben als nach leidender Annahme von allem, was uns von Gott kommt, wir müssen in allem die positive Erfüllung Seines Willens ersehnen und suchen. Wir müssen mit Dankbarkeit leiden, froh über eine Gelegenheit, Seinen Willen zu tun. Und in dieser Erfüllung müssen wir Gemeinschaft mit Jesus finden, der gesagt hat: «Sehnsüchtig hat Mich verlangt, vor Meinem Leiden dieses Passahmahl mit euch zu essen» (Luk. 22, 15).

VI

ASKESE UND OPFER

1. Wenn meine Seele den Leib durch einen Gewaltakt zum Schweigen bringt, wird der Leib sich an der Seele rächen. Erbitterung und schlechte Laune sind die Früchte einer Askese, die nur den Leib züchtigt. Denn der Geist steht zwar über dem Leib, ist aber nicht unabhängig von ihm. Er bringt zur Reife, was er in sein eigenes Fleisch gesät hat. Wenn der Geist schwach ist wie das Fleisch, wird er im Fleisch das Abbild seiner eigenen Schwäche finden, sich zum Vorwurf. Ist aber der Geist mitsamt dem Fleisch aufrührerisch, so wird er vom Fleisch die Rückwirkung auf seine eigene Heftigkeit zu spüren bekommen. Im Anfang ist der falsche Asket grausam gegen alle, weil er gegen sich selbst grausam ist. Am Ende wird er grausam gegen alle sein, außer gegen sich selbst.

2. Es gibt nur eine echte Askese – jene, die nicht von unserem eigenen Geist, sondern vom Geist Gottes geleitet wird. Der menschliche Geist muß sich erst der Gnade unterwerfen, dann kann er den Leib sowohl sich selber wie auch der Gnade untertan machen. «Wenn ihr durch den Geist die Triebe des Fleisches abtötet, werdet ihr leben» (Röm 8, 13).

Gnade ist liebreich, barmherzig, gütig und sucht nicht das Ihre. Die Gnade erweckt in uns kein anderes Verlangen, als den Willen Gottes zu tun, wie auch dieser Wille sein möge, ohne Rücksicht darauf, ob er unserer Natur zusagt oder nicht.

Jene also, die ihre Leidenschaften nicht mit dem Gift eigenen Ehrgeizes töten, sondern mit der reinen Klinge des Willens Gottes, werden im Schweigen wahren inneren Friedens leben, denn ihr Leben ist mit Christus in Gott verborgen. Das ist die sanfte «Gewalt» derer, die den Himmel im Sturm nehmen.

3. Geistiges Leben ist nicht eine bloße Ablehnung des Stofflichen. Wenn das Neue Testament vom «Fleisch» als von unserem Feind spricht, meint es das Fleisch in einem ganz bestimmten Sinn. Als Christus sagte: «Das Fleisch nützt nichts», sprach Er vom Fleisch ohne Geist, dem sich selbst genügenden Fleisch, nicht nur in sinnlicher, sondern noch mehr in geistiger Hinsicht.

Im Fleisch leben und *nach* dem Fleische leben ist zweierlei. Im zweiten Fall erwirbt man jene «Weisheit des Fleisches, die Gott widerspricht», weil sie das Fleisch zum Selbstzweck macht. So lange wir auf dieser Erde wandeln, sind wir berufen, geistig zu leben, wenn auch noch «im Fleisch».

Unser ganzes Wesen, Leib und Seele, muß von der Gnade durchgeistigt und veredelt werden. Das fleischgewordene Wort, das unter uns gewohnt hat, Er, der uns Sein Fleisch zur geistlichen Speise gab, der in einem Leibe göttlicher Herrlichkeit zur Rechten des Vaters sitzt und der einst auch unseren Leib von den Toten auferwecken wird, Er hat nicht gewollt, daß wir den Leib verachten, aber auch nicht, daß wir es leicht hinnehmen sollten, als Er uns befahl, uns selbst zu verleugnen. Wir müssen tatsächlich das Fleisch im Zaum halten, wir müssen es «züchtigen und unterwerfen», aber die Züchtigung ist ebensosehr zum Besten des Fleisches wie der Seele. Denn das Wohl des Leibes liegt nicht im Leib allein, sondern im Wohl des ganzen Menschen.

4. Der geistige Mensch, der als Kind Gottes lebt, sucht sein Lebensprinzip über dem Fleisch und selbst über der menschlichen Natur. «Allen aber, die Ihn aufnahmen, gab Er Macht, Kinder Gottes zu werden, denen, die an Seinen Namen glauben, die nicht aus dem Blut, nicht aus dem Wollen des Fleisches und nicht aus dem Wollen des Mannes, sondern aus Gott geboren sind» (Joh. 1, 12–13). Gott selbst also ist die Quelle des geistigen Lebens. Er teilt Sein Leben und Seinen

Geist Menschen mit, die aus Leib und Seele bestehen. Es ist nicht Seine Absicht, die Seele aus dem Leibe herauszulocken, vielmehr beide gemeinsam zu heiligen und den ganzen Menschen zu vergöttlichen, sodaß der Christ sagen kann: «Ich lebe, aber nicht ich, sondern Christus lebt in mir. Sofern ich jetzt noch im Fleische lebe, lebe ich im Glauben an den Sohn Gottes, der mich geliebt hat» (Gal. 2, 20). «Auf daß die Rechtfertigung des Gesetzes an uns erfüllt werde, die wir nicht nach dem Fleische wandeln, sondern nach dem Geist... Ihr lebt nicht nach dem Fleisch, sondern nach dem Geist, wenn wirklich der Geist Gottes in euch wohnt» (Röm. 8, 4. 9).

5. Wir werden nicht zu Heiligen, indem wir versuchen, dem Stofflichen zu entfliehen. Geistig leben heißt das Leben in seiner Ganzheit vergeistigen, sodaß die Funktionen des Leibes durch die Seele geheiligt sind und die Seele geheiligt ist, weil Gott in ihr wohnt und handelt. Wenn wir so leben, sind die Funktionen des Leibes durch Gott selbst auf Gott hin gerichtet und verherrlichen Ihn, und zugleich dienen sie dazu, die Seele zu heiligen.

Der Heilige wird darum nicht nur durch sein Fasten geheiligt, wenn es Zeit ist zu fasten, sondern auch durch Essen, wenn es Zeit ist zu essen. Nicht nur durch sein Wachen im Dunkel der Nacht wird er geheiligt, sondern auch durch den Schlaf, den er sich gönnt, im Gehorsam gegen Gott, der uns so erschaffen hat, wie wir sind.

Nicht nur seine Einsamkeit dient seiner Verbundenheit mit Gott, sondern auch die übernatürliche Liebe für seine Freunde und Verwandte und für alle, mit denen er lebt und arbeitet.

Gottes Wille geht zugleich auf das Wohl aller Wesen und das Wohl jedes Einzelnen. Denn alles geringere Wohl trifft zusammen in dem einen vollkommenen Wohl, und das ist Gottes Liebe für alle. Daraus ergibt sich, daß manche Menschen durch das Zölibat heilig werden, viel mehr aber werden in der Ehe heilig, da es notwendigerweise mehr Verheiratete in der Welt geben muß. Weshalb meinen wir denn, das Kloster sei der einzige Ort auf der Welt, wo Menschen zu Heiligen werden können? Gewiß scheint das körperliche Leben im Kloster weniger Berücksichtigung zu finden als in der Welt. Doch es ist klar, daß die Ehe zu ihrem Gelingen die Fähigkeit zu tiefer menschlicher Liebe voraussetzt, die zugleich geistig und leiblich sein sollte. Die Existenz des Ehesakramentes beweist, daß die Kirche den Leib weder für böse noch für abstoßend hält, daß vielmehr das «Fleisch», wenn es durch Gebet und den Heiligen Geist durchgeistigt ist, dabei aber ganz leiblich bleibt, bedeutendenAnteil an unserer Heiligung haben kann.

6. Es dient Gott zur Verherrlichung, wenn ein Mensch in dieser Welt lebt und die guten Dinge des Lebens sorglos, ohne Ängstlichkeit und ohne Unmäßigkeit genießt und würdigt. Um Gott durch Seine Gaben zu erkennen und zu lieben, müssen wir sie gebrauchen, als gebrauchten wir sie nicht (1. Kor. 7, 31) – und dennoch sollen wir sie *gebrauchen*. Denn die Dinge zu gebrauchen, als gebrauchten wir sie nicht, bedeutet, sie ohne Selbstsucht, ohne Furcht, ohne Hintergedanken zu gebrauchen, voller Dankbarkeit, Vertrauen und Liebe zu Gott. Alle übermäßige Sorge um die materielle Seite des Lebens ist von Christus gerügt worden, als er sagte: «Wer von euch kann durch Sorgen seiner Gestalt eine Elle zusetzen?» (Matth. 6, 27.) Aber wir vermögen die geschaffenen Dinge nicht ohne Ängstlichkeit zu gebrauchen, wenn wir uns nicht von ihnen innerlich frei gemacht haben. Zugleich werden wir von ihnen frei, indem wir sie maßvoll gebrauchen – ohne Ängstlichkeit.

Die zitternde Ängstlichkeit von Leuten, die vom Verlangen nach geliebten und gefürchteten Genüssen besessen sind, engt ihre Seele ein und macht es ihnen unmöglich, von ihrem eigenen Fleisch loszukommen. Sie haben versucht, sich dadurch zu vergeistigen, daß sie sich des Fleisches wegen Sorge machten, und als Ergebnis werden sie von ihm verfolgt. Sie enden im Fleisch, weil sie darin angefangen haben, und die Frucht ihrer ängstlichen Askese ist es, daß sie die «Dinge nicht gebrauchen», aber so tun, als gebrauchten sie sie. Gerade in ihrer Selbstverleugnung beschmutzen sie sich mit den Dingen, die sie angeblich meiden. Den ersehnten Genuß haben sie nicht, aber sie kosten die bittere Entmutigung, das Schuldgefühl, dem sie gern entgehen möchten. Das ist nicht der Weg des Geistes. Denn wenn unsere Absicht sich auf Gott richtet, heiligt gerade der Gebrauch der materiellen Dinge sie und uns, vorausgesetzt, daß wir sie ohne Selbstsucht und ohne Anmaßung gebrauchen, froh, sie von Ihm zu empfangen, der uns liebt und dessen Liebe alles ist, was wir begehren.

7. Unsere Selbstverleugnung ist unfruchtbar und sinnwidrig, wenn wir sie aus einem falschen Grunde oder, noch schlimmer, aus überhaupt keinem gültigen Grunde üben. Gewiß müssen wir uns selbst verleugnen, um zu einer echten Gotteserkenntnis zu kommen, aber wir müssen auch schon eine gewisse Kenntnis von Gott und unserer Beziehung zu Ihm haben, um uns auf vernünftige Weise selbst verleugnen zu können.

Zur Vernünftigkeit unserer Selbstverleugnung gehört vor allem die Demut. Sonst entsteht ein Widerspruch in sich. Wenn wir uns selbst verleugnen, um uns für besser zu halten als andere, ist es nicht Selbstverleugnung, sondern Selbstgenuß.

Aber unsere Entsagung muß noch mehr sein als vernünftig und demütig. Sie muß auch übernatürlich sein. Sie muß nicht nur zu unserer eigenen sittlichen Besserung oder zum Wohl der Gesellschaft bestimmt sein, in der wir leben, sondern für Gott. Nichts gelangt zu Gott, was nicht von Gott kommt, und unsere Selbstverleugnung kann nur durch die Gnade des Heiligen Geistes zur Übernatürlichkeit geführt werden. Die Erleuchtung dieser Gnade lehrt uns, zwischen Gutem und Bösem in uns zu unterscheiden, zwischen dem, was von Gott stammt und was von uns selbst, was Gott angenehm ist und was nur unserer Selbstachtung schmeichelt. Aber der Heilige Geist lehrt uns auch den Unterschied zwischen Askese und Opfer und zeigt uns, daß für den Christen Askese nicht genügt.

Askese ist damit zufrieden, unsere Natur zu kasteien und zu beherrschen. Opfer tut mehr: es opfert unsere Natur mit all ihren Fähigkeiten Gott auf. Wahrhaft übernatürliche Selbstverleugnung muß danach trachten, Gott das aufzuopfern, was wir uns selbst versagt haben. Die vollkommene christliche Entsagung ist die völlige Aufopferung unserer selbst für Gott, gemeinsam mit dem Opfer Christi.

Dieses Opfer unserer selbst bedeutet, daß wir die Herrschaft über unser Tun und Lassen und über unseren Tod in die Hand Gottes überantworten, so daß wir nichts mehr für uns selber oder nach unserem eigenen Willen und unseren eigenen Wünschen tun, sondern alles für Gott und nach Seinem Willen.

Der Geist christlichen Opfers kommt vortrefflich in den Zeilen des heiligen Paulus zum Ausdruck: «Keiner von uns lebt für sich selber und keiner stirbt für sich selber. Leben wir, so leben wir für den Herrn, sterben wir, so sterben wir für den Herrn. Ob wir also leben oder sterben, wir sind im Herrn. Denn dafür ist Christus gestorben und auferstanden, daß Er Herr sei über die Toten wie über die Lebenden» (Röm. 14,7–9).

Um dieses Opfer vollkommen darbringen zu können, müssen wir uns in Askese üben, denn ohne sie gewinnen wir nicht genug Herrschaft über unser Herz und seine Leidenschaften, um einen solchen Grad von Gleichmut gegenüber Leben und

Tod zu erreichen. Aber wiederum lehrt uns der Heilige Geist, daß Gleichmut nicht genügt. Freilich müssen wir gleichmütig die Dinge betrachten, auf die wir verzichtet haben – doch dieser Gleichmut sollte die Wirkung unserer Liebe zu Gott sein, zu dessen Ehre wir verzichtet haben. Nein, noch mehr als die Wirkung, er ist tatsächlich nur ein Aspekt dieser Liebe.

Weil wir Gott allein und über alles lieben und weil unsere Liebe uns zeigt, daß Er an Wert alles andere unendlich übertrifft, werden wir gleichgültig gegen alles, was nicht Gott ist. Zugleich aber läßt unsere Liebe uns in Gott selbst Wert und Wirklichkeit aller Dinge finden, denen wir um Seinetwillen entsagt haben. Dann sehen wir Ihn, den wir lieben, gerade in den Dingen, auf die wir verzichtet haben, und finden sie wiederum in Ihm. Denn wenn auch die Gnade des Heiligen Geistes uns lehrt, geschaffene Dinge zu gebrauchen, «als gebrauchten wir sie nicht», das heißt mit Freiheit und Gleichgültigkeit, so macht uns das doch nicht gleichgültig gegen den Wert der Dinge an sich. Im Gegenteil, erst wenn wir von den geschaffenen Dingen frei sind, beginnen wir sie nach ihrem wahren Wert zu schätzen. Erst wenn wir «gleichgültig» gegen sie geworden sind, können wir beginnen, sie wirklich zu lieben. Diese Gleichgültigkeit, von der ich hier spreche, darf daher keine Gleichgültigkeit gegen die Dinge selbst sein, sondern nur gegen ihre Wirkung auf unser Leben.

Wer sich selbst mehr liebt als Gott, liebt Dinge und Menschen um des Vorteils willen, den er aus ihnen ziehen kann. Seine selbstsüchtige Liebe neigt dazu, sie zu zerstören, zu verbrauchen, in seinem eigenen Sein aufgehen zu lassen. Seine Liebe zu ihnen ist nur ein Aspekt seiner Selbstsucht, nur eine Art Voreingenommenheit zu seinen eigenen Gunsten. Ein solcher Mensch ist keineswegs gleichgültig gegen die Wirkung der Dinge, Menschen, Ereignisse auf sein eigenes Leben. Dagegen hat er gar keinen Sinn für den Wert der Dinge und Menschen an sich, abgesehen von ihrem Vorteil für ihn.

In bezug auf diesen Vorteil ist er weder uninteressiert noch unbeteiligt, aber in bezug auf ihren Eigenwert ist er gänzlich gleichgültig.

Wer dagegen Gott mehr liebt als sich selbst, vermag auch Menschen und Dinge um des Wertes willen zu lieben, den sie in Gott besitzen. Man könnte auch sagen: er liebt die Ehre, die sie Gott geben. Denn diese Ehre ist der Abglanz Gottes in Seinem Geschöpf. Ein solcher Mensch ist gleichgültig gegen die Wirkung der Dinge auf sein Leben. Er betrachtet alles nur im Zusammenhang mit der Ehre und dem Willen Gottes. In bezug auf einen eigenen irdischen Vorteil und seine Befriedigung ist er uninteressiert und unbeteiligt. Aber gegenüber dem Eigenwert der Dinge ist er so wenig gleichgültig, wie er es gegen Gott ist. Er liebt die Dinge mit dem gleichen Impuls, mit dem er Gott liebt. Das heißt, er liebt sie im Vollzug seines Verzichtes auf sie. In dieser verzichtenden Liebe hat er sie auf höherer Ebene wiedergewonnen.

8. Wenn wir sagen, christliche Entsagung müsse auf Gott ausgerichtet sein, so meinen wir damit, daß sie fruchtbar werden müsse in einem tiefen Gebetsleben und in Werken tätiger Nächstenliebe. Christliche Entsagung ist keine mechanische Selbstverleugnung, die in den engen Grenzen der eigenen Seele anfängt und aufhört. Sie ist die erste Regung einer Freiheit, die die Grenzen alles Endlichen, Naturhaften und Zufälligen sprengt, in eine Beziehung der Liebe mit der unendlichen Gottesgüte eintritt, um dann von Gott ausgehend alles zu umfassen, was Er liebt.

Christliche Selbstverleugnung ist nur der Anfang göttlicher Erfüllung. Sie ist nicht zu trennen von der inneren Umkehr unsereres ganzen Wesens von uns selber fort und hin zu Gott. Es ist die Absage an unsere eigene Unerfülltheit, die Ablehnung unserer eigenen Armut, damit wir fähig werden, frei in die Fülle und den Reichtum Gottes und Seiner

Schöpfung einzutauchen, ohne auf unsere eigene Nichtigkeit zurückzuschauen.

Selbstverleugnung befreit uns von Leidenschaften und Selbstsucht. Sie befreit uns von der abergläubischen Bindung an unser eigenes Ich, als wäre es etwas Gutes. Sie befreit uns vom «Fleisch» im Sinne des Neuen Testamentes, aber sie befreit uns nicht vom Leibe. Sie ist keine Flucht vor dem Stoff oder vor den Sinnen und will es auch nicht sein. Sie ist der erste Schritt zu einer Umgestaltung unseres ganzen Wesens, in der nach Gottes Plan sogar unser Leib im Licht Seiner göttlichen Herrlichkeit leben und gemeinsam mit der Seele in Gott umgestaltet werden soll.

9. Nichts, was wir für böse halten, kann Gott als Opfer dargebracht werden. Dem Leben aus Überdruß zu entsagen, ist darum kein Opfer. Wir geben Ihm das Beste, was wir haben, um auszudrücken, daß Er unendlich besser ist. Wir geben Ihm alles, was uns kostbar ist, um Ihm damit zu versichern, daß Er uns mehr bedeutet als unser «alles». Eine der Hauptaufgaben christlicher Askese ist es, unser Leben und unseren Leib würdig genug zu machen, um Gott geopfert zu werden.

Unsere Askese soll uns nicht eines schlechten Lebens müde werden lassen. Sie soll uns nicht unseren Leib, der gut ist, als etwas Böses erscheinen lassen. Sie soll uns nicht uns selber verhaßt machen. Eine Askese, die allen Genuß roh und widerwärtig und alle Funktionen des Leibes scheußlich findet, ist eine Verirrung der Natur, die Gott geschaffen hat und die nicht einmal die Sünde hat gänzlich verderben können.

Der wahre Zweck der Askese ist es, den Unterschied zwischen dem schlechten Gebrauch der geschaffenen Dinge, das heißt der Sünde, und deren gutem Gebrauch, das heißt der Tugend, zu enthüllen. Gewiß lehrt die Selbstverleugnung uns erkennen, daß die Sünde, die von einem gewissen Gesichtspunkt aus gut erscheint, in Wirklichkeit böse ist.

Dennoch sollte die Selbstverleugnung uns nicht die wesentliche Unterscheidung zwischen der Sünde, die eine Negation ist, und dem Genuß, der ein positives Gut ist, vergessen lassen. Sie sollte uns im Gegenteil diese Unterscheidung ganz klar machen. Echte Askese zeigt uns, daß zwischen Genuß und Sünde kein wesensnotwendiger Zusammenhang besteht. Es kann Sünden geben, die keinen Genuß suchen, und andere Sünden, die keinen finden.

Genuß, der an sich gut ist, hat mehr mit Tugend zu tun als mit Sünde. Die Tugend, die entschlossen ist, den Preis der Selbstverleugnung zu zahlen, wird am Ende größeren Genuß von den Dingen haben, auf die sie verzichtet hat, als der Sünder sie je finden kann, der sich verzweifelt an die gleichen Dinge klammert, als wären sie sein Gott.

Wir müssen darum durch die Askese von uns selber Besitz ergreifen, damit wir fähig werden, uns Gott zu schenken. Niemals wird der Geist Gottes uns eingeben, dem Leib abzuschwören, als sei er etwas Böses, oder seine Kräfte zu zerstören, als wären sie unversöhnliche Feinde Gottes und könnten nie dazu gebraucht werden, Seiner Gnade zu gehorchen. Er, der unseren Leib geschaffen und ihn dem Geist als Diener und Gefährten gegeben hat, findet kein Wohlgefallen an einem Opfer, in dem der Leib durch den Geist zugrunde gerichtet ist und Ihm zerstört zurückerstattet wird.

Aber vielleicht wendet jemand ein, daß viele Heilige tatsächlich über ihren zerstörten Leib Gottes Reich betreten haben. Falls sie dies taten und falls sie wirklich Heilige waren, dann nicht deswegen, weil ihr Leib vom eigenen Geist zerstört wurde, sondern weil die Gottesliebe, von der sie besessen waren, sie in Situationen brachte, in denen irgendein höheres Gut den Verzicht auf Gesundheit oder sogar Leben notwendig machte. Das Opfer war dann berechtigt und heilig. Sie hielten den eigenen Leib nicht für böse und zerstörten ihn deswegen. Sie wußten, daß er gut war und von Gott kam, aber sie wußten auch, daß die Liebe mehr ist als das Leben und daß niemand größere Liebe hat als der, der sein Leben hingibt für seine Freunde. Um der Liebe willen, um anderer Menschen willen, oder auch für Gottes Wahrheit opferten sie den Leib. Denn niemand wird durch Eigenhaß ein Heiliger. Heiligkeit ist das Gegenteil des Selbstmordes.

10. Es gibt kein Selbstopfer, das Selbstzerstörung wäre. Wir opfern uns Gott auf durch Vergeistigung unseres Wesens und Gehorsam gegen Seine Gnade. Das einzige Opfer, das Ihm genehm ist, ist die Lauterkeit unserer Liebe. Jeder Verzicht, der uns hilft, Gott mehr zu lieben, ist gut und nützlich. Ein an sich edler Verzicht ist unnütz für uns, wenn Gott ihn uns nicht bestimmt hat.

Um unser Leben zu durchgeistigen und Gott wohlgefällig zu machen, müssen wir still werden. Der Frieden einer Seele, die sich von allen Dingen und von sich selbst innerlich frei gemacht hat, ist das Zeichen, daß unser Opfer Gott wahrhaft angenehm ist.

Körperliche Erregung erregt die Seele. Aber wir können den Geist nicht dadurch beruhigen, daß wir dem Leib und seinen fünf Sinnen eine gewaltsame Unbeweglichkeit aufzwingen. Der Leib muß so gelenkt werden, daß er ruhig arbeitet und seine Funktion die Seele nicht stört.

Seelenfrieden hängt darum nicht von physischer Untätigkeit ab. Im Gegenteil, es gibt Menschen, die durchaus imstande sind, echten Seelenfrieden in einem aktiven Leben zu genießen, und die rasend würden, wenn sie sich längere Zeit in völliger Einsamkeit und Stille aufhalten sollten.

Jeder muß selbst herausfinden, bei welcher Art Arbeit und Umgebung er am besten ein geistiges Leben führen kann. Wenn er solche Bedingungen findet und in der Lage ist, sie auszunützen, soll er es tun. Aber etwas wie Hoffnungsloses wäre das geistige Leben, wenn man es nur unter idealen Bedingungen führen könnte! Für die meisten Menschen sind solche Bedingungen stets unerreichbar, und nie waren sie es mehr als in unserer heutigen Welt. Alles im modernen Großstadtleben ist darauf angelegt, den Menschen von Selbsteinkehr und Betrachtung geistlicher Dinge abzuhalten. Selbst mit dem besten Willen fühlt der geistige Mensch sich erschöpft und abgestumpft vom ständigen Lärm der Lautsprecher und Maschinen, dem öden Anblick und den grellen Lichtern der Büros und Läden, der ständigen Suggestion von Reklame und Propaganda.

Der gesamte Mechanismus modernen Lebens ist auf Flucht vor Gott eingestellt und auf Flucht vor dem Geist in die Wüste der Neurose. Sogar unsere Klöster sind nicht ganz frei vom Geruch und Geklapper unserer Welt.

Körperliche Unruhe ist ein Feind des Geistes. Mit Unruhe meine ich nicht unbedingt Tätigkeit oder Bewegung. Zwischen Unruhe und Arbeit besteht ein Unterschied.

Arbeit beschäftigt Leib und Seele und ist notwendig zur geistigen Gesundheit. Wenn wir richtig arbeiten, kann die Arbeit uns helfen zu beten und uns zu sammeln. Unruhe dagegen zerstört den geistigen Nutzen der Arbeit und neigt sogar dazu, ihren physischen und sozialen Zweck zunichte zu machen. Unruhe ist die unnütze und falsch gelenkte Funktion des Körpers. Sie drückt die innere Verworrenheit einer friedlosen Seele aus. Der geordneten und verständigen Seele bringt die Arbeit Frieden. Sie hilft ihr, sich auf ihre geistigen Ziele zu konzentrieren und sie zu erreichen. In der Unruhe dagegen will die Seele sich nur vor sich selbst verstecken, ihre inneren Konflikte und deren Sinnlosigkeit verschleiern und ein falsches Bewußtsein wecken, als ob man «etwas erreichte». Unruhe – eine im Geschäftsleben ganz normale Geistesverfassung – ist die Frucht einer seelischen Spannung, wenn der Geist benommen von einem Reiz zum anderen schweift und versucht, fünfzehn verschiedenen Antrieben gleichzeitig zu folgen. Unter der Oberfläche der Unruhe steckt die treibende Kraft der Angst oder die Gier nach Geld, Genuß oder Macht und hält das unnatürliche und unermüdliche Räderwerk in Gang. Je vielfältiger die Leidenschaften eines Menschen, um so vielfältiger seine Unruhe. Das alles bedeutet Tod für das innere Leben. Gelegentlicher Kirchenbesuch und das Herunterhaspeln eiliger Gebete haben nicht die Kraft, diese eiternde Wunde zu reinigen.

Was wir anstreben, für welch eifrige und durchgeistigte Verfechter der Ehre Gottes wir uns auch halten mögen – sobald unsere Absicht nicht lauter ist, schleichen Gier und Leidenschaften sich in unsere Arbeit ein und stürzen uns in Unruhe. Und wer kann beschwören, daß seine Absicht ganz lauter sei, bis hinunter in die unbewußte Tiefe seines Wollens, wo alte, selbstsüchtige Motive sich behaglich tummeln wie vergessene Seeungeheuer in Gewässern, in denen sie nie sichtbar werden?

Um uns gegen Unruhe zu schützen, müssen wir uns nicht nur von den unmittelbaren Ergebnissen unserer Arbeit frei machen – und solche Loslösung ist schwierig und selten –, sondern auch von der ganzen Verflechtung von Zielen, die unser irdisches Leben beherrschen. Wir müssen unabhängig werden von Gesundheit und Sicherheit, von Genuß und Besitz, von Menschen, Orten, Verhältnissen und Dingen. Wir müssen gegen das Leben selbst gleichgültig werden, im Sinne des Evangeliums, wir müssen leben wie die Lilien auf dem Felde und zuerst das Reich Gottes suchen, im Vertrauen darauf, daß die Fürsorge für unsere irdischen Bedürfnisse uns zugegeben wird. Wer unter uns kann mit einiger Sicherheit behaupten, er habe auch nur angefangen, so zu leben?

Ohne diese innere Freiheit sind wir tausend Ängsten unterworfen, die unseren tausend bangen Wünschen entsprechen. Alles, was wir lieben, ist ungewiß. Wenn wir danach streben, haben wir Angst, es nicht zu bekommen. Wenn wir es erlangt haben, fürchten wir, es zu verlieren. Jede Bedrohung unserer Sicherheit beunruhigt unsere Arbeit. Ja, ein bloßes Wort, die bloße Vorstellung eines Gedankens, den wir einem anderen unterstellen, im Verdacht, er könnte uns verdächtigen – das genügt schon, um den ganzen Tag lang ein Mühlrad von Verwirrung, Besorgnis, Hast und womöglich noch Schlimmerem in uns in Gang zu setzen.

Wir müssen zuallererst einen übernatürlichen Blickpunkt gewinnen, alles im Licht des Glaubens sehen, dann erst können wir an die lange und mühsame Arbeit gehen, uns von allen unseren unvernünftigen Ängsten und Wünschen frei zu machen. Es gehört das Feingefühl eines verhältnismäßig geistigen Menschen dazu, um diese Arbeit überhaupt nur anfangen zu können, ohne gerade durch die eigene Askese in Unruhe zu geraten.

11. Man kann sich gerade so leicht an irgendeine asketische Methode klammern wie an irgend etwas anderes unter der Sonne. Das bedeutet aber nicht, daß wir auf jeden Gedanken an Systematik in unserer Selbstverleugnung verzichten müßten. Wir müssen nur daran denken, daß Systeme nicht Selbstzweck sind, sondern Mittel. Ihr unmittelbares Ziel ist es, die Seele von ihren Leidenschaften zu reinigen und dem frei gewordenen Geist Ruhe und Frieden zu bringen, so daß wir leichter auf Vernunft und göttliche Gnade reagieren können. Das letzte Ziel aller im christlichen Sinne gebrauchten Methodik ist Liebe und Vereinigung mit Gott.

Disziplin bleibt meistens unwirksam, wenn sie nicht systematisch angewandt wird, denn Mangel an System verrät meistens einen Mangel an Ziel. Gute Gewohnheiten lassen sich nur durch Wiederholung entwickeln. Wir können uns aber nicht dazu erziehen, dieselbe Sache mit einiger Vernunft immer wieder zu tun, wenn wir nicht systematisch daran gehen. Es ist, besonders am Anfang unseres geistigen Lebens, notwendig, gewisse Dinge regelmäßig zu tun: Fasten an bestimmten Tagen, Gebet und Betrachtung zu festgesetzten Tagesstunden, regelmäßige Gewissenserforschung, Regelmäßigkeit bei Empfang der Sakramente, systematische Ausübung unserer Standespflichten, besondere Aufmerksamkeit auf die Tugenden, die uns am nötigsten sind.

Wer darum nach einem geistigen Leben verlangt, verlangt nach Disziplin. Sonst ist unser Verlangen Täuschung. Gewiß soll die Disziplin uns am Ende geistige Freiheit bringen. Dazu muß die Askese uns geistig geschmeidig machen, nicht starr, denn Starre und Freiheit vertragen sich nicht. Dennoch muß unsere Disziplin ein gewisses Element der Strenge an sich haben. Sonst wird sie uns nie von unseren Leidenschaften befreien. Wenn wir nicht streng mit uns selber sind, wird unser eigenes Fleisch uns bald betrügen. Wenn wir uns nicht selber ernst befehlen, zu bestimmten Zeiten zu beten und zu büßen, und entschlossen sind, unsere Vorsätze trotz spürbarer Ungelegenheiten und Schwierigkeiten durchzuführen, werden wir uns rasch von unseren eigenen Ausreden verleiten lassen und von Schwäche und Launen abgelenkt werden.

12. Es ist eine große Hilfe, einen geistlichen Führer zu haben, der unsere Bemühung um Selbstdisziplin leitet. Wenn auch theoretisch für ein gesundes geistliches Leben Führung nicht unbedingt notwendig ist, so gibt es praktisch doch viele Menschen, die ohne eine solche nie etwas erreichen werden. Abgesehen von den wertvollen Anleitungen, die ein guter Führer uns geben kann, brauchen wir auch seinen Zuspruch und seine Ermahnungen. Es ist viel leichter, in Buße, Betrachtung und Gebet zu beharren, wenn wir jemand haben, um uns an unsere Vorsätze zu erinnern, die wir bereits anfangen zu vergessen. Geistliche Führung wird uns bis zu einem gewissen Grade vor unserer eigenen Unbeständigkeit schützen. Die Aufgabe des Führers besteht darin, unsere Disziplin auf gei-

stige Freiheit auszurichten. Dazu bedarf es eines guten Führers, und die sind rar.

13. Askese ist völlig unnütz, wenn sie uns zu komischen Käuzen macht. Die Grundlage aller Askese ist Demut, und christliche Demut ist vor allen Dingen übernatürliche Nüchternheit. Sie lehrt uns, uns so zu nehmen, wie wir sind, anstatt uns als etwas Besseres hinzustellen (wie der Stolz es gern täte). Wenn wir uns wirklich kennen, nehmen wir ruhig den Platz ein, den Gott uns vorgezeichnet hat. Solche übernatürliche Demut trägt viel zu unserer menschlichen Würde bei, indem sie uns in die Gesellschaft anderer Menschen einordnet und das richtige Verhältnis zu ihnen und zu Gott herstellt. Stolz macht uns unnatürlich, Demut macht uns echt.

Der hl. Paulus lehrt uns (2. Thessal. 3), daß christliche Demut und Askese uns dazu helfen sollten, ein ordentliches, alltägliches Leben zu führen. Sie sollen uns helfen, friedlich unser Brot zu verdienen und in einer vergänglichen Welt Tag für Tag hart zu arbeiten. Arbeit und übernatürliche Bejahung des Alltags erscheinen bei dem Apostel als Schutz gegen die rastlosen Umtriebe falscher Mystik. Der Christ lehnt die rein weltlichen Werte ab. Er hängt sein Herz nicht an irdische Sicherheit und Glück. Aber daraus folgt nicht, daß er nicht weiterhin in dieser Welt leben oder auch zu gegebener Zeit glücklich sein könnte. Er lebt und arbeitet in Einfalt, mit mehr Freude und größerer Sicherheit als andere, weil er keine besondere Erfüllung in diesem Leben erwartet. Er meidet die leere Aufregung, die die Jagd nach rein irdischen Zielen mit sich bringt. Inmitten der Eitelkeit des Vergänglichen lebt er in Frieden. Doch ist ihm diese Eitelkeit nicht nur verächtlich. Denn hinter dem Schatten sieht er die Wesenheit, und die Geschöpfe reden zu ihm von der Freude in ihrem Schöpfer. Höchste Demut ist es, zu erkennen, daß ein in vollkommenem Glauben geführtes Alltagsleben heiliger und himmlischer sein kann als eine in die Augen fallende asketische Laufbahn. Solche Demut wagt es, alltäglich zu sein. Das ist für geistigen Stolz etwas Unerreichbares. Stolz verlangt immer nach Ungewöhnlichem. Nicht so die Demut. Demut findet all ihren Frieden in der Hoffnung, denn sie weiß, daß Christus wiederkommen wird, um die alltäglichen Dinge zu veredeln und mit Seiner Herrlichkeit zu erfüllen.

14. Gott wird mehr durch einen Menschen verherrlicht, der die guten Dinge dieses Lebens in Einfalt und Dankbarkeit genießt, als durch die nervöse Askese von jemand, der über jede Einzelheit seiner Selbstverleugnung in Aufregung gerät. Jener genießt die guten Dinge und denkt dabei an Gott. Dieser hat vor den guten Dingen Angst und kann deshalb keinen richtigen Gebrauch von ihnen machen. Der Genuß, den Gott in die guten Dinge gelegt hat, erschreckt ihn, und in seinem Erschrecken denkt er nur an sich selbst. Er bildet sich ein, Gott hätte ihm die guten Dinge dieser Welt wie einen Köder in der Falle vorgesetzt. Ständig macht er sich Sorgen um seine eigene «Vollkommenheit». In seinem Ringen um Vollkommenheit versucht er, klüger zu sein als der Schöpfer, der alle Dinge gut gemacht hat. Gerade das Gute an den Geschöpfen wird zu einer Bedrohung dieses Tugendhaften, der sich von allem enthalten möchte. Aber das kann er nicht. Er ist ein Mensch gleich allen anderen, und gleich ihnen braucht er Speise und Trank und Schlaf. Gleich ihnen muß er den Himmel sehen und – gegen seinen Willen – das Sonnenlicht lieben. Jede Freudenregung erfüllt ihn mit Schuldgefühl. Sie besudelt seine eigene kostbare Vollkommenheit. Seltsam, daß solche Leute in Klöster eintreten, die ja keinen anderen Daseinszweck haben als die Gottesliebe!

15. Die ganze Natur ist dazu bestimmt, uns an das Paradies zu erinnern. Wälder, Felder, Täler und Hügel, die Flüsse und das Meer, die über den Himmel segelnden Wolken,

Licht und Dunkel, Sonne und Sterne erinnern uns daran, daß die Welt als Paradies für den ersten Adam erschaffen worden ist; daß sie trotz seiner und unserer Sünde einmal wieder zum Paradies werden wird, wenn wir alle im zweiten Adam von den Toten auferstanden sind. Sogar jetzt spiegelt sich der Himmel in den erschaffenen Dingen. Alle Geschöpfe Gottes laden uns ein, unsere eitlen Sorgen zu vergessen und in unser eigenes Herz einzukehren, das Gott sich und uns zum Paradiese erschaffen hat. Wenn Gott in uns wohnt und unsere Seele sich zum Paradiese macht, dann kann auch die Welt draußen für uns zu dem werden, als was sie für Adam bestimmt war – zum Paradies. Wenn wir aber das Paradies außer uns suchen, können wir es nicht im Herzen haben. Haben wir keinen Frieden in uns, so haben wir ihn auch nicht mit unserer Umgebung. Nur der Mensch, der von Bindungen frei ist, entdeckt in den Geschöpfen seine Freunde. Solange er sich an sie klammert, reden sie ihm nur von seinen eigenen Wünschen. Oder sie gemahnen ihn an seine Sünden. Ist er selbstsüchtig, so dienen sie seiner Selbstsucht. Wenn er lauter ist, reden sie zu ihm von Gott.

16. Wenn wir Gott nicht dankbar sind, können wir die Freude nicht spüren, Ihn in Seiner Schöpfung zu finden. Undankbarkeit ist das Eingeständnis, daß wir Ihn nicht kennen und daß wir Seine Geschöpfe nicht um Seinetwillen, sondern um unseretwillen lieben. Ehe wir nicht für unser Dasein dankbar sind, wissen wir noch gar nicht, wer wir sind und was es wirklich heißt, zu sein und zu leben. Wie hoch wir auch von uns selbst denken mögen, wir schätzen uns immer noch zu niedrig ein, wenn wir nicht begreifen, daß alles, was wir haben, uns von Gott kommt. Der einzige Wert unseres Lebens besteht darin, daß es ein Geschenk Gottes ist.

Dankbarkeit gibt Gott die Ehre durch die Art, wie sie von Seinen Gaben Gebrauch macht.

VII

SEIN UND TUN

1. Das Feuer erwärmt uns, nicht der Rauch. Das Schiff trägt uns über das Meer, nicht das brandende Meer. Was wir sind, müssen wir in der dunklen Tiefe unseres Wesens suchen, nicht im äußeren Widerschein unserer Handlungen. Unser wahres Ich müssen wir nicht im aufschäumenden Zusammenprall unseres Wesens mit den Wesen rings um uns erkennen, sondern in der eigenen Seele, dem Urgrund all unseres Tuns.

Die Seele aber ist verborgen, unsichtbar. Ich kann sie nicht sehen, sie ist in mir verborgen. Meine eigenen Augen kann ich auch nicht sehen. Sie sind mir zu nah. Sie sind nicht bestimmt, sich selbst zu sehen. Ich weiß, daß ich Augen habe, wenn ich andere Dinge mit ihnen sehe.

Jedoch kann ich meine Augen im Spiegel sehen. So etwa spiegelt sich meine Seele in meinem Tun. Was aber im Spiegel sichtbar wird, ist nur der Widerschein dessen, was ich bin, nicht mein wahres Sein. Der Spiegel der Worte und Handlungen offenbart mein Wesen nur zum Teil.

Die Worte und Handlungen, die aus mir entspringen und sich außerhalb von mir vollenden, sind tote Dinge im Vergleich zu dem verborgenen Leben, aus dem sie stammen. Diese Handlungen sind vergänglich und oberflächlich. Sie sind rasch vorbei, mögen auch ihre Wirkungen ein wenig dauern. Die Seele bleibt. Viel kommt darauf an, wie die Seele sich selbst im Spiegel ihres eigenen Tuns sieht.

2. Meine Seele findet sich selbst nicht, wenn sie nicht handelt. Darum muß sie handeln. Träges Verharren und Untätigkeit führen zu geistigem Tod. Doch darf die Seele sich nicht

völlig in den äußeren Wirkungen ihrer Betätigung verlieren. Ich brauche mich selbst nicht zu *sehen*, ich muß nur ich selbst *sein*. Ich muß denken und handeln wie ein lebendiges Wesen, aber ich darf nicht mein ganzes Ich in meinen Gedanken und Handlungen aufgehen lassen und auch nicht ständig versuchen, mich selbst in der geleisteten Arbeit zu finden. Die Seele, die restlos im Handeln aufgeht, die außer sich ist, gleicht einem Verrückten, der vor seinem Hause schläft, anstatt drinnen zu wohnen, wo es ruhig und warm ist. Die Seele, die sich veräußerlicht, um sich in ihrer eigenen Leistung wiederzufinden, ist ein Feuer, das nicht brennt, sondern nur in Rauch aufgeht.

Daß es den Menschen so danach verlangt, sich selbst zu sehen, statt sich damit zufrieden zu geben, er selbst zu sein, hat seinen Grund darin, daß er nicht recht an eine eigene lebendige Seele glaubt. Und er glaubt nicht an ihre Existenz, weil er nicht an Gott glaubt. Das trifft auf jene zu, die vorgeben, an Gott zu glauben (ohne ihren Glauben in Tat umzusetzen), wie auch auf andere, die nicht einmal vorgeben, irgendeinen Glauben zu haben.

In beiden Fällen bedeutet der Glaubensverlust zugleich einen völligen Verlust an Wirklichkeitssinn. Sein hat keinen Sinn für die Menschen, die das hassen und fürchten, was sie sind. Deshalb können sie mit ihrer eigenen Wirklichkeit (einem Abglanz der Wirklichkeit Gottes) nicht in Frieden leben. Sie werden getrieben, ihrem wahren Sein zu entfliehen, sich eine falsche Existenz zu beweisen, indem sie ständig ihr eigenes Tun beobachten. Zu ihrer Selbstbehauptung blicken sie immer wieder in den Spiegel. Und was sehen sie denn? Nicht sich selber! Sie hoffen auf ein Zeichen, daß sie zu dem Gott geworden sind, zu dem sie durch ihre rasende Aktivität werden möchten – unverwundbar, allmächtig, weise, schön, dem Tod nicht verfallen!

Wenn ein Mensch sich immer und immer wieder in seinem

eigenen Tun bespiegelt, spaltet seine geistige Doppelsicht ihn in zwei Gestalten. Und schließlich vergißt er, welche von beiden die echte ist. Tatsächlich ist sowohl in ihm selbst wie in dem Schatten nichts mehr von Echtheit zu finden. Sein Wesen ist von seinem Schatten aufgesogen, und anstelle einer wirklichen Person ist er zu zwei Schatten geworden.

Dann beginnt der Kampf. Während der eine Schatten dazu bestimmt war, den anderen zu loben, beschuldigt jetzt ein Schatten den anderen. Die Aktivität, die ihn preisen sollte, macht ihm Vorwürfe und verurteilt ihn. Nie ist er wirklich genug. Nie aktiv genug. Je weniger er fähig ist, zu *sein*, um so mehr soll er *tun*. Er wird zu seinem eigenen Peiniger – ein Schatten, der einen Schatten zu Tode peitscht, weil er aus seiner eigenen Fiktion keine Wirklichkeit hervorbringen kann.

Dann kommt die Angst. Der Schatten bekommt Angst vor dem Schatten. Er, der «nicht ist», fürchtet das, was er nicht tun kann. Während er sich eine Zeitlang der Illusion unendlicher Kraft und wundersamer Heiligkeit hingab (die er aus dem Spiegel seiner tugendhaften Handlungen herauslas), hat sich nun alles gewandelt. Wellen von Nichtigkeitsgefühl, von Ohnmacht, von Hoffnungslosigkeit überfluten ihn bei allem, was er unternimmt.

Dann richtet und haßt der Schatten den Schatten, der kein Gott ist und der nichts tun kann.

Selbstbeschau führt uns zu schrecklicher Verzweiflung – zur Verzweiflung eines Gottes, der sich selbst auf den Tod haßt. Das ist die Perversion des Menschen, der zum Ebenbild des wahren Gottes erschaffen ist, zur Liebe eines hohen Gutes – eines Gutes, das er (wohlgemerkt) in sich selber finden sollte!

Um Gott in uns zu finden, müssen wir aufhören, uns selbst zu beobachten, uns selbst zu bespiegeln, uns selbst zu bestätigen. Wir müssen uns damit zufrieden geben, in Gott zu *sein* und alles zu tun, was Er will. Wir dürfen unser Tun nicht im Lichte unserer eigenen Illusionen beurteilen, sondern im Licht Seiner Wirklichkeit, die rings um uns ist, in den Dingen und Menschen, mit denen wir leben.

3. Alle Menschen suchen zuerst Frieden mit sich selbst. Das ist notwendig, weil wir von Natur aus nicht einmal in unserem eigenen Sein Ruhe finden. Wir müssen lernen, bei uns selbst einzukehren, bevor wir mit anderen Menschen und mit Gott verkehren können. Wer mit sich selbst nicht in Frieden lebt, überträgt unwillkürlich seine inneren Kämpfe auf seine Umgebung und verbreitet ansteckende Konfliktstoffe um sich. Sogar wenn er sich bemüht, anderen Gutes zu erweisen, sind seine Bemühungen hoffnungslos, weil er nicht weiß, wie er sich selber Gutes tun soll. In Anwandlungen von wildem Idealismus kann er sich in den Kopf setzen, andere glücklich zu machen – aber dabei wird er sie bloß mit seinem Elend überschütten. Er versucht, in der Beglückung anderer sich selbst zu finden. Dabei schaut aber nichts anderes heraus, als was er hineinsteckt: seine eigene Wirrnis, seine eigene Zerstörtheit, sein eigenes Elend.

Es ist ein vergebliches Bemühen, mit uns selbst dadurch Frieden zu schließen, daß wir mit allem zufrieden sind, was wir tun. Um zur Ruhe zu kommen, müssen wir lernen, uns von den Ergebnissen unseres Tuns innerlich frei zu machen. Wir müssen bis zu einem gewissen Grade von den für uns unberechenbaren Wirkungen Abstand gewinnen und uns an dem guten Willen und dem Bemühen genügen lassen, als dem einfachen Ausdruck unserer inneren Verfassung. Wir müssen uns damit zufrieden geben, zu leben, ohne unser Leben ständig zu beobachten; zu arbeiten, ohne unmittelbaren Lohn zu erwarten; zu lieben ohne augenblickliche Befriedigung, zu leben ohne besondere Anerkennung.

Nur wenn wir von uns selber innerlich frei geworden sind, können wir mit uns in Frieden leben. Unsere Arbeit kann uns nicht beglücken, wenn wir ständig über uns selbst und die Sphäre unserer Arbeit hinausstreben, um uns größer vorzukommen, als wir sind.

Allerdings sind wir als Christen zu Großem bestimmt. Aber wir können nur zur Größe gelangen, wenn uns nichts mehr daran liegt, groß zu sein. Denn unsere Vorstellung von Größe ist hinfällig, und wenn wir ihr zu viel Beachtung schenken, werden wir uns aus dem Frieden und dem inneren Gleichgewicht des Wesens, das Gott uns nun einmal geschenkt hat, herauslocken lassen und versuchen, in einem selbstgeschaffenen Mythos zu leben. Darum ist es etwas Großes, klein zu sein, das heißt: wir selbst zu sein. Wenn wir wahrhaft wir selbst sind, verlieren wir zum großen Teil jene unfruchtbare Befangenheit, die uns ständig uns selber mit anderen vergleichen läßt, um zu sehen, wie groß wir sind.

4. Die Tatsache, daß unser Wesen notwendig danach verlangt, zu handeln, sollte uns nicht zum Glauben verleiten, daß wir aufhören zu existieren, sobald wir aufhören, uns zu betätigen. Wir leben nicht nur, um «etwas zu tun» – ganz gleich, was. Betätigung ist einfach eine der natürlichen Lebensäußerungen, und das Leben, das darin zum Ausdruck kommt, ist um so vollkommener, wenn es sich an einen geordneten Tätigkeitsplan hält. Diese Ordnung verlangt einen weisen Wechsel von Aktivität und Ruhe. Unser Leben wird nicht dadurch erfüllter, daß wir mehr tun, mehr sehen, mehr probieren, mehr erfahren als je zuvor. Im Gegenteil, so mancher wird entdecken, daß er erst dann anfängt, im vollen Sinn zu leben, wenn er den Mut hat, weniger zu tun, zu sehen, zu probieren und zu erfahren, als er sich vornimmt.

Ein Reisender kann mit dem Baedeker durch ein Museum gehen, gewissenhaft alles Wichtige betrachten und doch unbefriedigter herauskommen, als er hineingegangen ist. Alles hat er betrachtet und nichts gesehen. Er hat sich unendlich angestrengt und hat sich nur ermüdet. Hätte er innegehalten, um ein einziges Bild zu betrachten, das ihn wirklich ansprach, und darüber alle anderen beiseite gelassen, so könnte er sich mit dem Gedanken trösten, seine Zeit nicht gänzlich verschwendet zu haben. Er würde etwas in sich selbst entdeckt haben, nicht bloß außer sich.

Unser Leben läßt sich nicht durch bloßes Handeln oder Erfahrung bereichern. Alles kommt auf die *Qualität* unserer Handlungen und Erfahrungen an. Eine Vielfalt schlecht vollbrachter Handlungen und nur halb gelebter Erfahrungen schwächt und entleert unser Wesen. Wenn wir das unsrige schlecht machen, werden wir dadurch weniger wirklich. Diese wachsende Unwirklichkeit kann nicht anders als unglücklich machen und uns mit Schuldbewußtsein erfüllen. Aber die Reinheit unseres Gewissens steht in einem natürlichen Verhältnis zur Tiefe unseres Wesens und zur Qualität unseres Tuns. Wenn unsere Aktivität gewohnheitsmäßig in Unordnung gerät, so fällt unserem mißbildeten Gewissen kein besserer Rat ein, als die Quantität unserer Handlungen zu vermehren, ohne ihre Qualität zu vervollkommnen. So wird es immer schlimmer mit uns, wir entleeren unser ganzes Leben von allem Gehalt und fallen in Verzweiflung.

Es gibt Zeiten, in denen wir, um uns überhaupt am Leben zu erhalten, die Hände in den Schoß legen müssen und gar nichts tun. Für einen Menschen, der sich von seiner Aktivität hat völlig aussaugen lassen, gibt es nichts Schwierigeres, als still zu sitzen, zu ruhen und gar nichts zu tun. Der bloße Akt des Ruhens ist für ihn der schwerste, der am meisten Mut erfordert. Oft geht es einfach über seine Kraft.

Wir müssen erst wieder von unserem eigenen Wesen Besitz ergreifen, bevor wir verständig handeln oder irgendeine Erfahrung in ihrer menschlichen Echtheit auskosten können. Solange wir uns selbst nicht besitzen, ist unsere ganze Aktivität vergeblich.

5. Der Wert unserer Aktivität hängt fast ganz von der Demut ab, mit der wir uns selbst annehmen, wie wir sind. Wir machen die Dinge so schlecht, weil wir uns nicht damit begnügen, zu tun, was wir können.

Wir bestehen darauf zu tun, was gar nicht von uns verlangt wird, weil wir den Erfolg kosten wollen, der einem anderen zukommt.

Wir erfahren nicht, wie es ist, aus unserer eigenen Arbeit einen Erfolg zu machen, weil wir keine Lust haben, eine Arbeit zu übernehmen, die unseren Kräften angemessen ist.

Wer mag sich mit einer Arbeit zufrieden geben, in der seine eigene Begrenztheit zum Ausdruck kommt? Solche Arbeit nimmt er höchstens auf sich, um «seinen Unterhalt zu verdienen», während er auf seinen «eigentlichen Beruf» wartet. Die Welt ist voll von erfolglosen Geschäftsleuten, die sich insgeheim immer noch für geborene Künstler, Schriftsteller oder Filmschauspieler halten.

6. Die Fruchtbarkeit unseres Lebens hängt weitgehend von unserer Fähigkeit ab, unsere eigenen Worte anzuzweifeln und den Wert unserer Arbeit in Frage zu stellen. Wer seiner eigenen Selbsteinschätzung vollkommen vertraut, ist zur Unfruchtbarkeit verurteilt. Bei allem, was er unternimmt, verlangt er weiter nichts, als daß *er* es tut. Tut er es, so muß es gut sein. Was er sagt, muß unfehlbar sein. Der Wagen, den er soeben gekauft hat, ist der beste für diesen Preis, aus keinem anderen Grunde, als weil er ihn gekauft hat. Einen anderen Erfolg sucht er nicht und darum wird ihm meistens auch kein anderer zuteil.

Wenn wir teilweise an uns glauben, mögen wir recht haben. Wenn wir uns völlig von unserer eigenen Maske narren lassen, ist Selbsttäuschung unvermeidlich.

7. Wir dürfen den Maßstab für unser Wesen nicht in der Heftigkeit unserer Erfahrungen suchen. Inneres Ungestüm

ist ein Zeichen geistiger Schwäche. Wenn Freudenausbrüche leopardengleich in unserem Innern aufspringen, haben wir keinen Grund, stolz zu sein. Unser seelisches Leben ist gefährdet. Wenn wir stark sind, sind wir stets größer als das, was uns zustößt. Die Seele eines Menschen, der sich selbst gefunden hat, gleicht einem Meer, in dem viele Fische leben. Sie tauchen niemals aus dem Wasser auf, und keiner ist groß genug, um die friedliche Oberfläche zu stören. Das Wesen eines solchen Menschen ist viel größer als alles, was er empfindet oder tut.

8. Das tiefe Geheimnis meines Seins verbirgt sich oft vor mir durch mein eigenes Urteil über mich. Meine Vorstellung von dem, was ich bin, wird verfälscht durch meine Bewunderung für das, was ich tue. Meine Illusionen über mich selbst nähren sich durch Ansteckung von den Illusionen anderer. Wir alle versuchen, einer des anderen eingebildete Größe nachzuahmen.

Wenn ich nicht weiß, wer ich bin, dann nur deshalb, weil ich mich selbst für den Menschen halte, für den meine ganze Umgebung mich halten will. Vielleicht habe ich mich noch nie gefragt, ob ich wirklich so werden möchte, wie alle anderen offenbar werden möchten. Wenn ich mir darüber klar würde, daß ich nicht bewundere, was alle anderen zu bewundern scheinen, würde ich vielleicht endlich anfangen, wirklich zu leben. Ich wäre von der quälenden Aufgabe befreit zu sagen, was ich in Wirklichkeit nicht denke, und in einer Weise zu handeln, die Gottes Wahrheit und die Echtheit meiner eigenen Seele verletzt.

Warum müssen wir unser Leben mit dem Bemühen verbringen, etwas zu sein, was zu sein wir niemals wünschen würden, wenn wir nur wüßten, was wir wirklich wollen? Warum vergeuden wir unsere Zeit mit Handlungen, die, würden wir nur einmal aufhören an sie zu denken, sich als das

Gegenteil von dem erweisen würden, wozu wir bestimmt sind?

Wir können nicht wir selbst sein, solange wir uns selbst nicht kennen. Aber Selbsterkenntnis ist nicht möglich, wenn Gedankenlosigkeit und automatische Tätigkeit unsere Seele verwirren. Zur Selbsterkenntnis ist es nicht notwendig, alle Tätigkeit zu unterbrechen, um über sich nachzugrübeln. Das wäre sinnlos, und wahrscheinlich würde es den meisten von uns schaden. Aber wir müssen unsere Aktivität so weit einschränken, daß wir über unser Tun ruhig und vernünftig nachdenken können. Wir fangen nicht eher an, uns selbst zu kennen, bis wir die wahren Gründe einsehen, warum wir so handeln, wie wir es tun. Wir fangen nicht eher an, wir selbst zu sein, bis unser Tun unseren Absichten entspricht und unsere Absichten unserer inneren Situation angemessen sind. Das genügt. Wir brauchen nicht in allem erfolgreich zu sein. Es kann jemand vollkommen sein und dennoch keine Frucht von seiner Arbeit ernten. Es kann geschehen, daß einer, der sehr wenig zustande bringt, doch mehr Persönlichkeit besitzt als ein anderer, der sehr viel zu leisten scheint.

9. Ein Mensch, der auf gute Art scheitert, ist größer als einer, der auf schlechte Art Erfolg hat.

Wer mit dem zufrieden ist, was er hat, und sich mit der unvermeidlichen Tatsache abfindet, daß er im Leben viel entbehrt, ist weit besser daran als einer, der viel mehr hat, sich aber über alles ärgert, was ihm vielleicht fehlt. Wir können aus uns nicht das Beste machen, wenn unser Herz ständig zwischen dem gespalten ist, was wir sind, und dem, was wir nicht sind.

Je geringer wir von uns selbst denken und je niedriger unsere Erwartungen sind, um so mehr Aussicht haben wir, das zu nutzen, was wir haben. Wenn wir nicht wissen, wie arm wir sind, werden wir tatsächlichen Besitz nie richtig zu würdigen wissen. Vor allem aber müssen wir unsere eigene Schwäche kennenlernen, um zu einer neuen Ordnung von Tun und Sein zu erwachen und zu erfahren, wie Gott selbst in uns vollbringt, was uns unmöglich ist.

Wir können nicht glücklich sein, wenn wir erwarten, jederzeit auf dem Gipfel der Intensität zu leben. Beim Glück kommt es nicht auf Intensität an, sondern auf inneres Gleichgewicht, Ordnung, Rhythmus und Harmonie.

Musik ist wohltuend nicht nur wegen der Töne, sondern auch wegen des Schweigens, das in ihr liegt. Ohne den Wechsel von Ton und Stille gäbe es keinen Rhythmus. Wenn wir dadurch glücklich werden wollen, daß wir alle stummen Intervalle des Lebens mit Ton füllen, produktiv dadurch, daß wir alle Muße in Arbeit verwandeln, und wirklich dadurch, daß wir alles Sein in Tun umsetzen, werden wir nichts anderes zustande bringen als eine Hölle auf Erden.

Haben wir keine Stille, so läßt sich Gott in unserer Musik nicht hören, haben wir keine Ruhe, so segnet Gott unsere Arbeit nicht. Wenn wir unser Leben aus seiner Form zwängen, um jeden seiner Winkel mit Handlung und Erfahrung zu füllen, wird Gott sich schweigend aus unserem Herzen zurückziehen und uns der Leere überlassen.

Lernen wir deshalb von einer unvollkommenen Tätigkeit zur anderen überzugehen, ohne uns Gedanken über das zu machen, was uns fehlt. Gewiß machen wir Fehler. Aber der größte ist es, uns über sie zu wundern – als hätten wir je hoffen dürfen, keine zu machen!

Fehler sind ein Teil unseres Lebens und nicht der unwesentlichste. Wenn wir demütig sind und an Gottes Vorsehung glauben, werden wir erkennen, daß unsere Fehler nicht nur ein notwendiges Übel sind, etwas, das wir beklagen und als Verlust buchen müssen. Sie gehören geradezu zum Wesen unserer Existenz. Durch Fehler allein gewinnen wir Erfahrung, nicht nur für uns, sondern auch für andere. Zwar hindert die Erfahrung weder uns noch andere daran, den gleichen Fehler oft von neuem zu machen – dennoch besitzt die wiederholte Erfahrung positiven Wert.

10. Es ist unvermeidlich, daß uns fast von allem, was wir tun, der Sinn entgeht. Aber was macht das schon? Das Leben ist nicht dazu da, um etwas aus allem herauszuholen. Das Leben selbst ist unvollkommen. Alles Geschaffene beginnt zu sterben, sobald es anfängt zu leben, und niemand erwartet, daß irgend etwas vollkommen werden, geschweige denn es bleiben könnte. Jedes einzelne Ding ist nur ein Entwurf der für seine Art vorgesehenen Vollkommenheit. Warum sollen wir mehr verlangen?

Wenn wir zu eifrig danach trachten, absolute Vollkommenheit in den geschaffenen Dingen zu finden, hören wir auf, Vollkommenheit dort zu suchen, wo sie allein zu finden ist: in Gott. Die Unvollkommenheit aller Dinge, ihre Unbeständigkeit, ihre Gebrechlichkeit, ihr Zerfall in Nichts verrät ein Geheimnis: sie sind ein schattenhafter Ausdruck des Einen Seins, von dem sie ihr Sein empfangen. Wären sie vollkommen und unveränderlich in sich selbst, so würden sie ihre Bestimmung verfehlen, nämlich durch ihre Abhängigkeit Gott zu verherrlichen.

Der Wunsch «zu sein wie Gott» – unveränderlich vollkommen in sich selbst – hat Adam und Eva die Frucht des verbotenen Baumes kosten lassen. Was könnte es Langweiligeres geben als einen unveränderlichen Mann und eine unwandelbare Frau, ewig die gleichen! Solange wir auf Erden sind, ist gerade das unsere Bestimmung: unvollkommen zu sein, unvollständig, uns selbst nicht genügend, veränderlich, glücklos, bloß und schwach, dem Grabe zueilend. Doch die Kraft Gottes, Seine Ewigkeit, Sein Friede, Seine Vollkommenheit und Seine Herrlichkeit müssen irgendwie heimlich den Weg in unser Leben finden, während wir hier weilen, damit wir ewig in Ihm leben, sowie Er uns gewollt hat. Und in Ihm, in unserer Ewigkeit, wird es keine Veränderung im Sinne von Verfall geben, aber unendliche Mannigfaltigkeit, Erneuerung des Lebens, Fortschreiten in Seine unendliche Tiefe. Dort werden Ruhe und Handlung sich nicht ablösen, sie werden eins sein aber erst dann, wenn wir hienieden gelernt haben, Leere und Fülle zu verbinden, guten Willen und davon unabhängige Ergebnisse, Fehler und Erfolg, Arbeit und Ruhe, Leid und Freude, in einer Weise, daß alles zusammenwirkt, zu unserem Wohl und zur Ehre Gottes.

Die relative Vollkommenheit, zu der wir in diesem Dasein gelangen müssen, wenn wir als Kinder Gottes leben wollen, ist nicht das Vollbringen vollkommener Tugendakte vierundzwanzig Stunden am Tag, vielmehr ein Leben, in dem nahezu alle Widerstände gegen die Gottesliebe verschwunden oder überwunden sind.

Einer der Hauptwiderstände gegen diese Vollkommenheit selbstlos heiliger Liebe ist das selbstsüchtige Eifern, möglichst viel aus allem herauszuholen, in den eigenen Augen und in denen anderer Menschen glänzende Erfolge aufzuweisen. Davon können wir uns nur freimachen, wenn wir es zufrieden sind, in fast all unserem Tun etwas zu missen. Wir können nicht alles meistern, alles versuchen, alles verstehen, jede Erfahrung bis auf den letzten Rest auspressen. Wenn wir den Mut haben, fast alles andere fahren zu lassen, wird es uns wahrscheinlich gelingen, das eine für uns Notwendige zu bewahren – was es auch immer sein mag. Wenn wir zu sehr darauf aus sind, alles zu haben, wird uns mit ziemlicher Sicherheit selbst das wenige entgehen, das wir brauchen.

Glück besteht darin, genau herauszufinden, was das Notwendige in unserem Leben sein mag, und freudig auf den Rest zu verzichten. Dann entdecken wir, daß durch ein göttliches Paradox in dem Einen alles andere uns gegeben ist.

VIII

BERUFUNG

1. Jeder von uns hat irgendeine Berufung. Uns alle will Gott an Seinem Leben und Seinem Reich teilhaben lassen. Jedem ist sein Platz im Gottesreich bestimmt. Wenn wir diesen Platz finden, sind wir glücklich. Finden wir ihn nicht, kann es für uns kein vollkommenes Glück geben. Jedem von uns tut nur eines not: nach Gottes Willen unsere Bestimmung zu erfüllen; das zu sein, als was Gott uns haben will.

Wir dürfen uns nicht einbilden, diese Bestimmung durch eine Art Versteckspiel mit der göttlichen Vorsehung finden zu können. Unsere Berufung ist kein Sphinxrätsel, das wir durch einmaliges Raten zu lösen haben oder aber sterben müssen. Manche Leute stellen zuguterletzt fest, daß sie immer wieder verkehrt geraten haben und daß es gerade ihre paradoxe Bestimmung sei, mit verkehrten Lösungen durchs Leben zu gehen. Sie brauchen lange, um herauszufinden, daß sie auf diese Weise glücklicher sind.

In jedem Fall wird unser Geschick durch zwei Willen bewirkt, nicht durch einen. Es ist kein unabänderliches Schicksal, das uns durch eine seelenlose Gottheit ohne eigenes Zutun aufgezwungen wird.

Unsere Berufung stellt keine übernatürliche Lotterie dar, sondern die Wechselwirkung aus einer zwiefachen Freiheit und darum aus einer zwiefachen Liebe. Es ist ein hoffnungsloses Unterfangen, die Frage der Berufung ohne den Zusammenhang von Freundschaft und Liebe lösen zu wollen. Wir reden von Vorsehung – das ist ein philosophischer Begriff. Die Bibel spricht von unserem Vater im Himmel. Die Vorsehung ist also mehr als eine Institution, sie ist Person. Und diese Person ist mehr als ein wohlwollender Fremder, sie ist uns Vater. Ja, sogar der Begriff Vater ist eine zu unbestimmte Metapher, um die ganze Tiefe des Gottesgeheimnisses zu fassen. Denn Er liebt uns mehr als wir uns selbst lieben, so, als wären wir Er. Noch mehr, Er liebt uns mit unserem eigenen Willen, mit unserer eigenen Entscheidung. Wie können wir das Geheimnis unserer Vereinigung mit Gott verstehen, der uns näher ist, als wir uns selber sind? Gerade Seine Nähe erschwert es uns, an Ihn zu denken. Er, der unendlich über uns ist, unendlich verschieden von uns, der unendlich «Andere», Er wohnt dennoch in unserer Seele. Er wacht über jeder unserer Lebensregungen so liebevoll, als wären wir Sein eigenes Selbst. Seine Liebe ist am Werk, um alle unsere Irrtümer zum Guten zu wenden und sogar unsere Sünden zu tilgen.

Bei Anlage unseres Lebensplanes müssen wir Würde und Wichtigkeit unserer Freiheit bedenken. Wer sich scheut, seine Zukunft durch tüchtiges Handeln aus eigener freier Wahl zu begründen, versteht die Liebe Gottes nicht. Denn unsere Freiheit ist ein Geschenk, das Gott uns gegeben hat, um uns vollkommener lieben zu können und von uns vollkommener wiedergeliebt zu werden.

2. Liebe ist in dem Maße vollkommen, in dem sie frei ist. Sie ist in dem Maße frei, in dem sie rein ist. Wir handeln am freiesten, wenn wir rein die Liebe Gottes erwidern. Aber Gottesliebe ist nicht knechtisch, nicht blind, nicht durch Furcht beengt. Gottesliebe ist sich der Kraft der eigenen Freiheit durchaus bewußt. Die Gott liebende Seele hat den Mut zur eigenen Entscheidung, im vollen Vertrauen auf die Liebe Gottes und im Wissen, daß die eigene Entscheidung von der Liebe Gottes gutgeheißen wird.

Zugleich ist Liebe klug. Sie ist von klarblickender Besonnenheit erleuchtet. In Freiheit gestählt, versteht sie die Selbstsucht zu meiden, die ihr Handeln lähmt. Sie sieht die Widerstände und meidet oder überwindet sie. Sie ist in hohem Maße empfänglich für die geringsten Zeichen von Gottes Willen und Zufriedenheit in ihrem eigenen Lebensbereich, und dieses Wissen bildet die Voraussetzung ihrer Freiheit. So wählt sie, was Gott wohlgefällig ist, und beachtet dabei die leisesten Anzeichen Seines Willens. Und doch, wenn wir alle diese Anzeichen zusammenzählen, genügen sie nur selten, um uns absolute Gewißheit zu geben, daß Gott eines will unter Ausschließung von allem anderen. Dadurch will Er, der uns liebhat, uns Raum für unsere eigene Freiheit lassen, so daß wir den Mut zur eigenen Entscheidung haben, auf keine andere Gewißheit hin, als daß die Absicht, Ihm zu gefallen, Seiner Liebe wohlgefällig sein wird.

3. Jeder Mensch ist dazu berufen, jemand zu *sein.* Aber er muß deutlich verstehen, daß er, um seine Bestimmung zu erfüllen, nur ein Einziger sein kann: er selbst.

Wir haben darüber gesprochen, daß die Taufe uns ein sakramentales Zeichen aufprägt und unsere Bestimmung auf besondere Weise abgrenzt, indem sie uns befiehlt, in Christus wir selbst zu werden. In Ihm, mit dem wir schon durch Wasser und den Heiligen Geist zu einer Einheit geworden sind, müssen wir unsere einheitliche Persönlichkeit vollenden.

Was heißt das? Wir müssen wir selbst sein, indem wir Christus sind. Für den Menschen ist Sein und Leben dasselbe. Der Mensch lebt aber nur als Mensch, wenn er die Wahrheit erkennt und wenn er liebt, was er erkennt, und wenn er handelt gemäß seiner Liebe. So *wird* er zu der Wahrheit, die er liebt. Und so «werden» wir zu Christus durch Erkennen und Liebe.

Nun läßt sich aber die wahre Bestimmung des Menschen in der Naturordnung nicht erfüllen. Der Mensch ist für höhere Wahrheit erschaffen, als er mit der bloßen Intelligenz erfassen kann, für größere Liebe, als der eigene Wille verwirklichen kann, und für höheres sittliches Handeln, als menschliche Weisheit je ersonnen hat.

Die Weisheit des Fleisches widerspricht dem Willen Gottes. Die Werke des Fleisches werden uns in der Hölle begraben. Wenn wir nur nach dem Fleisch erkennen, lieben und handeln, das heißt nach den Antrieben unserer Natur, wird unser Tun rasch unser gesamtes geistiges Sein verderben und zerrütten.

Um das zu werden, wozu wir geschaffen sind, müssen wir Christus erkennen, Ihn lieben und tun, was Er tat. Unser Schicksal liegt in unserer eigenen Hand, denn in die hat Gott es gegeben und uns dazu die Gnade verliehen, das Unmögliche zu vollbringen. Uns bleibt nur übrig, tapfer und ohne Zaudern das Werk in Angriff zu nehmen, das Er uns bestimmt hat, nämlich unser Leben so zu leben, wie Christus es in uns leben würde.

Es bedarf unerschrockenen Mutes, um der Wahrheit gemäß zu leben, und jedes wahrhaft christliche Leben enthält ein Stück Märtyrertum, wenn wir Märtyrertum im ursprünglichen Sinne verstehen, als «Zeugnis» für die Wahrheit, besiegelt mit unserem eigenen Leiden und unserem eigenen Blut.

4. Sein und Tun werden eins in unserem Leben, wenn unser Leben und Sein selber ein «Martyrium», ein Zeugnis für die Wahrheit sind. So identifizieren wir uns mit Christus, der gesagt hat: «Dazu bin Ich geboren und in die Welt gekommen, damit Ich für die Wahrheit Zeugnis gebe» (Joh. 18, 37). Genau das ist unsere Bestimmung: für die Wahrheit zu zeugen, indem wir auf Sein Geheiß unser Leben hingeben. Darum fügte Er zu den eben zitierten Worten hinzu: «Jeder, der aus der Wahrheit ist, hört Meine Stimme.» Und ein andermal sagte Er: «Ich kenne Meine Schafe, und Meine Schafe kennen Mich» (Joh. 10, 14).

Dieses Zeugnis braucht nicht die Form politischen, öffentlichen Todes zur Verteidigung christlicher Wahrheit und Tugenden anzunehmen. Aber wir können nicht den «Tod» unseres eigenen Willens vermeiden, unseres natürlichen Strebens, unserer ungezügelten fleischlichen Leidenschaften, unseres ganzen selbstsüchtigen «Seins», wenn wir uns dem unterwerfen wollen, was unser Gewissen uns als die Wahrheit und den Willen Gottes und als Eingebung des Geistes Christi kundtut.

5. Deshalb ist Askese im Christenleben unumgänglich. Der Pflicht zur Selbstverleugnung können wir uns nicht entziehen. Diese Pflicht wird darum unvermeidlich, weil die Wahrheit in uns nicht leben kann, wenn wir nicht durch eigenen freien Willensentschluß den trügerischen Irrtum der Sünde in uns erkennen und aus unserer Seele austreiben.

Das ist jene eine Leistung, die nur wir allein vollbringen können, und wir müssen den Mut dazu haben, wenn wir so leben wollen, wie es uns bestimmt ist, und unser wahres Sein in Gott finden wollen. Kein anderer kann unser Gemüt der Wahrheit zuwenden, für uns dem Irrtum widersagen, unser Wollen von Selbstsucht zu Liebe und von Sünde zu Gott bekehren. Das Beispiel und die Gebete anderer mögen uns helfen, bei diesem Werk unseren Weg zu finden. Tun aber müssen wir es allein.

Gewiß bewirkt Gott in unserem Herzen das gute Verlangen und seine Erfüllung; denn «Gott ist es, der das Wollen wie das Vollbringen in euch bewirkt, wie es Ihm gefällt» (Philipper 2,13). Wenn wir jedoch nicht freiwillig nach Seinem Willen verlangen und ihn mannhaft ausführen, wird Seine Gnade ohne Wirkung bleiben. Denn die Wirkung der Gnade ist es, daß wir aus freiem Entschluß Seinen Willen tun.

Gottes Wahrheit lebt daher in uns mehr durch überlegenen sittlichen Mut als durch wache Intelligenz. Ja, selbst die geistige Intelligenz hängt auch von dem Mut und der Geduld ab, womit wir uns für die Wahrheit opfern. Sie wird uns in der Forschung und im Willen Gottes zuteil.

6. Den Entschluß, mutig und opfervoll die Wahrheit zu finden und für sie zu zeugen, kann man nie hoch genug anschlagen. Er ist überragend wichtig. Die Wahrheit wird uns nicht voll zu eigen, ehe sie nicht durch Gewöhnung und eine gewisse Höhe sittlicher Kraft unser Leben durchdringt. Das kann nicht geschehen ohne Kampf gegen die Versuchung, ein Kampf, der unser ganzes Sein in sich selbst spaltet und in Konflikt mit Forderungen scheinbarer Redlichkeit bringt. Die schwersten Versuchungen sind ja nicht jene, die unsere Zustimmung zu offenkundiger Sünde verlangen, sondern jene, in denen das Böse uns unter der Maske hohen Wertes versucht. Gerade diese scheinbaren Werte müssen geopfert werden. Durch das Opfer entscheidet es sich, ob sie gut oder böse sind. Noch mehr, die Dinge, deren Opfer von uns gefordert wird, sind an sich vielleicht gut. Das heißt nicht, daß wir sie umsonst geopfert haben oder daß wir sie zurücknehmen dürfen, sobald wir erkannt haben, daß sie nicht böse sind. Nein: jede persönliche Berufung verlangt zu ihrer Erfüllung nicht nur den Verzicht auf alles an sich Böse, sondern auch auf Werte, die Gott nicht für uns bestimmt hat.

Es bedarf ungewöhnlicher Tapferkeit und Lauterkeit, um solche Opfer zu bringen. Wir vermögen es nicht, wenn wir nicht wirklich danach trachten, den Willen Gottes um seiner selbst willen zu tun. Wer sich damit zufrieden gibt, Gott nicht ungehorsam zu sein und seine eigenen Wünsche zu befriedigen, wenn nichts dagegen spricht, kann durchaus ein Leben führen, an dem nichts Böses ist. Aber sein Leben wird eine trübe Verwirrung von Wahrheit und Irrtum bleiben, und er wird nie so viel geistige Einsicht haben, um eins vom anderen zu unterscheiden. Er wird nie im vollen Sinne seine Berufung erfüllen.

7. Gott hat jeden von uns an den Platz berufen, wo Er am besten Seine Absicht befriedigen kann, uns Gutes zu tun. Seine unerforschliche Wahl des Amtes oder des Standes oder der besonderen Aufgabe, wozu wir berufen sind, darf nicht nach den wirklichen Vorzügen dieses Amtes oder Standes beurteilt werden, sondern allein nach der verborgenen Liebe Gottes. Meine Berufung liebe ich nicht, weil ich sie für die beste in der Kirche halte, sondern weil Gott sie mir bestimmt hat. Hätte ich einen Beweis dafür, daß Er mir etwas anderes zugedacht hat, so würde ich mich augenblicklich dem zuwenden. Indessen ist meine Berufung zugleich mein Wille und der Seine. Ich bin ihr nicht blindlings gefolgt. Er hat für mich so entschieden, als Sein unerforschliches Wissen um meine Entscheidung mich trieb, selbst zu entscheiden. Ich weiß das genau, wenn ich an jene Tage zurückdenke, da ich mich nicht entscheiden konnte. Ich war nicht fähig zur Entscheidung, bis Seine Stunde gekommen war. Seit die Entscheidung gefallen ist, sind keine Anzeichen für einen Wechsel sichtbar geworden, und vermutlich wird es keinen geben. Das heißt nicht, daß es keinen Wechsel geben *kann*.

8. Wenn wir auf den Platz berufen sind, auf dem Gott uns am meisten Gutes erweisen will, so bedeutet das, daß wir dorthin berufen sind, wo wir am besten uns selber verlassen und Ihn finden können. Gottes Barmherzigkeit will in Freuden erkannt, über alles andere gestellt, gepriesen und angebetet werden. Darum ist jede Berufung zugleich Berufung zum Opfer und zur Freude. Es ist eine Berufung zur Gotteserkenntnis, zur Anerkennung Gottes als unseres Vaters, zur Freude im Begreifen Seiner Barmherzigkeit. Unsere persönliche Berufung gibt uns die Möglichkeit, jene Stelle zu finden, wo wir am vollkommensten die Wohltaten göttlicher Barmherzigkeit empfangen, Gottes Liebe zu uns erkennen und mit unserem ganzen Sein darauf antworten können.

Das bedeutet nicht, daß unsere persönliche Berufung uns in eine Lage versetzt, in der Gott für die Augen unserer menschlichen Natur sichtbar und für die Empfindung unseres fleischlichen Herzens erreichbar wird. Im Gegenteil, wenn wir berufen sind, Ihn zu finden, müssen wir dahin gehen, wo Fleisch und Blut Ihn verlieren, denn Fleisch und Blut können das Reich Gottes nicht besitzen (1. Kor. 15, 50). Gott schenkt sich uns zuweilen dort, wo Er uns genommen zu sein scheint.

9. Wenn ich zu einem einsamen Leben berufen bin, bedeutet das nicht unbedingt, daß ich in der Einsamkeit heftiger leide als sonstwo; wohl aber, daß ich mit tieferer Wirkung leiden werde. Im übrigen werde ich dort größere Freude finden, weil ich Gott in meinem Opfer erkennen werde. Darüber wird mir mein eigenes Ich und mein Opfer gar nicht sehr zum Bewußtsein kommen.

An dieser Stelle werde ich Ihn am rückhaltlosesten preisen können, mag mein Lobpreis auch gering und undeutlich, unwürdig und armselig sein. Es wird doch ein ganz freier Lobpreis sein, ganz mein, ganz Christi. Es wird gerade der Lobpreis sein, den Gott von mir haben will.

Wer nicht zur Einsamkeit berufen ist, wird Gott aus den Augen verlieren, wenn er allein ist. Er wird unruhig werden und sich ängstlich auf sich selbst einstellen, und am Ende wird er sich in sich selbst verschließen, unfähig, Gott zu danken oder Ihn zu preisen oder überhaupt etwas zu tun. Er wird Gott anderswo suchen müssen.

Wir spüren, daß wir unserer Bestimmung folgen, wenn unsere Seele von der Beschäftigung mit sich selbst frei ist, wenn sie Gott zu suchen oder sogar Ihn zu finden vermag, selbst wenn es nicht so aussieht, als fände sie ihn. Dankbarkeit, Vertrauen und Freiheit von uns selbst – das sind die Anzeichen, daß wir unsere Bestimmung gefunden haben und sie erfüllen, auch wenn alles andere verkehrt gegangen zu sein scheint. Das gibt uns Frieden im Leiden. Es befähigt uns, über die Verzweiflung zu lächeln. Vielleicht haben wir das nötig.

10. Tief in uns hungern wir nach Ganzheit und Endgültigkeit. Wir sind fürs ewige Leben geschaffen und darum für ein Tun, das alle Kräfte und Fähigkeiten unseres Lebens zusammenfaßt und sie alle zugleich und für immer Gott darbringt. Jener blinde, geistige Instinkt, der uns undeutlich sagt, unser Leben habe einen bestimmten Sinn und Zweck und der uns drängt, uns über unsere Berufung klar zu werden, der will uns auch zu einer Entscheidung treiben, durch die wir unser Leben unwiderruflich seinem wahren Ziel weihen. Wer dieses Gefühl für seine persönliche Bestimmung verliert und die Hoffnung auf eine eigene Berufung im Leben aufgibt, der hat entweder alle Hoffnung auf Glück verloren oder aber er folgt irgendeiner geheimnisvollen Berufung, die Gott allein kennt.

Meistens läßt sich das Ziel einer menschlichen Berufung daran erkennen, daß sie den Berufenen in bestimmte Beziehung zu Gott setzt, aber auch daran, daß sie ihm eine fest umrissene Stellung unter seinen Mitmenschen gibt. Die Berufung eines jeden von uns wird ebensosehr durch das Bedürfnis bestimmt, das andere nach uns haben, wie durch unser Bedürfnis nach anderen Menschen und nach Gott. Wenn ich hier jedoch von einem Bedürfnis spreche, so will ich damit nicht den ungehinderten Gebrauch geistiger Freiheit ausschließen. Wenn ich zum Priestertum berufen bin, so vielleicht darum, weil die Kirche Bedarf an Priestern hat und darum auch meiner bedarf. Es kann auch sein, daß mein eigener Friede und mein geistiges Gleichgewicht und ganzes Lebensglück davon abhängen, daß ich Priester werde. Aber die Kirche wird mich nicht einfach deswegen als Priester annehmen, weil sie Bedarf an Priestern hat, und ebensowenig brauche ich mich durch das Drängen meiner eigenen geistigen Verfassung zum Priester weihen zu lassen.

Die Freiheit zur Entscheidung für den priesterlichen Beruf ist ein in Gott verborgenes Geheimnis, ein Geheimnis, das manchmal aus dem Dunkel von Gottes Vorsehung hervorbricht, um unerwartet einen Menschen zu erwählen, ein «anderer Christus» zu sein; das ein andermal aber einen andern Menschen zurückweist, der in den Augen der Welt für diesen Beruf geeignet zu sein schien.

11. Was ist die Aufgabe des Priesters in der Welt? Andere zu belehren? Sie zu beraten? Sie zu trösten? Für sie zu beten? Diese Dinge gehören zu seinem Leben, aber jeder beliebige kann sie ausführen. Jeder Mensch auf der Welt ist dazu berufen, andere Menschen zu belehren, zu beraten und zu trösten; wir alle sind verpflichtet, für einander um unser Heil zu beten. Für solche Handlungen bedarf es keines anderen Priestertums als der Teilnahme am Priestertum Christi durch die Taufe, und sogar ohne diese kann man sie ausführen. Die unterscheidende Berufung des Priesters liegt auch nicht darin, daß er ein Gottesmann sein muß. Das ist auch der Mönch, und dieser braucht nicht Priester zu sein.

Der Priester ist in einem weit wesentlicheren und tieferen Sinn dazu berufen, ein ‚anderer Christus' zu sein als der gewöhnliche Christ oder Mönch. Er muß in der Welt die sakramentale Gegenwart und das Handeln des auferstandenen Erlösers lebendig erhalten. Er ist das sichtbare menschliche Werkzeug Christi, der im Himmel herrscht und der Seine Kirche durch Seine gesalbten Priester lehrt und heiligt und regiert. Die Worte des Priesters sind nicht bloß seine eigenen Worte oder seine eigene Lehre. Sie müssen immer die Lehre dessen sein, der ihn gesandt hat. Das Wirken des Priesters an den Seelen muß höheren Ursprung haben als seine armselige Menschenkraft des Ratens und Tröstens. So menschlich sein

Tun sein mag, an sich schwach und mangelhaft, es muß getragen sein vom sakramentalen Handeln Jesu Christi, belebt vom verborgenen Wirken des Heiligen Geistes.

Der Priester wird durch die Handlungen, die er in Ausübung seines heiligen Dienstes vollzieht, genau so geheiligt wie die Seelen, für die er sie vollzieht. Ja, die Messe ist für den zelebrierenden Priester fruchtbarer als für die Teilnehmer. Man könnte sogar sagen, daß die Heiligkeit des Priesters der sich gegenseitig verstärkenden Heiligkeit aller derer gleich sein sollte, denen er die Sakramente spendet. Auf jeden Fall ist es seine Berufung, in der Welt die Heiligkeit und die heiligende Kraft des einen Hohenpriesters lebendig zu halten, Jesu Christi.

Das erklärt zugleich die Herrlichkeit und die Furchtbarkeit der priesterlichen Berufung. Ein Mensch, schwach wie andere Menschen, unvollkommen wie sie, vielleicht weniger begabt als jene, zu denen er gesandt ist, vielleicht sogar mit weniger Tugendstreben als manche von ihnen, sieht sich gefangen zwischen der unendlichen Barmherzigkeit Christi und der Entsetzlichkeit menschlicher Sünde – ohne Möglichkeit zu entkommen. Er kann nicht anders als im Grunde seines Herzens etwas von Christi Mitleid mit den Sündern zu fühlen, etwas vom Haß des ewigen Vaters gegen die Sünde, etwas von der unaussprechlichen Liebe, die den Geist Gottes treibt, die Sünde im Feuer des Opfers zu verzehren. Zugleich spürt er vielleicht in sich selbst alle Konflikte menschlicher Schwäche, Unentschlossenheit und Furcht, die Qual der Ungewißheit, Hilflosigkeit und Angst, die unvermeidliche Lokkung der Leidenschaft. Alles, was er schon an sich haßt, wird durch seine enge Verbindung mit Christus noch hassenswerter für ihn. Aber gerade auf Grund seiner Berufung muß er entschlossen der Realität der Sünde in sich und anderen ins Gesicht sehen. Seine Berufung verpflichtet ihn, diesen Feind zu bekämpfen. Er kann dem Kampf nicht ausweichen. Es ist ein Kampf, den er allein nie gewinnen kann. Er ist gezwungen, Christus selber den Feind in sich bekämpfen zu lassen. Er muß den Kampf auf dem Schlachtfeld führen, das nicht er gewählt hat, sondern Christus. Das Schlachtfeld ist der Hügel von Golgotha und das Kreuz. Denn, um es gerade heraus zu sagen, der Priester hat in der Welt überhaupt keinen Sinn außer dem einen: das Opfer des Kreuzes fortzusetzen und mit Christus am Kreuz zu sterben, aus Liebe zu denen, die Gott durch ihn retten lassen will.

12. Und dann gibt es noch die mönchische Berufung.

Wenn der Priester in gewissem Sinne durch das Bedürfnis anderer Menschen nach seinem heiligenden Wirken an der Welt gekennzeichnet werden kann, so gilt das weniger offenkundig für den Mönch. Gewiß geht von dem Dasein jedes frommen Menschen in der Welt eine heiligende Wirkung aus, aber der Mönch existiert nicht eigentlich zu dem Zweck, andere fromm zu machen.

Darum wäre es ein Irrtum anzunehmen, das Wesen der mönchischen Berufung sei das Gemeinschaftsgebet. Freilich betet der Mönch für andere Menschen und für die gesamte Kirche. Doch das ist nicht der einzige Grund für seine Existenz, nicht einmal der wichtigste. Noch weniger rechtfertigt der Mönch sein Dasein durch Lehren, Schreiben, durch das Studium der Schrift oder des Gregorianischen Gesanges, oder durch Landwirtschaft und Viehzucht. Es gibt massenhaft Kühe auf der Welt ohne Mönche, die sie aufziehen.

Gewiß zeugt die mönchische Berufung für die unendliche Transzendenz Gottes, weil sie der ganzen Welt kundtut, daß Gott ein Recht hat, gewisse Menschen auszusondern, damit sie für ihn allein leben. Beim Eintritt ins Kloster aber sollte der Mönch mehr bedenken. Es wäre wirklich nicht gut für ihn, wenn er sich der Tatsache allzubewußt wäre, daß sein Opfer noch irgend etwas für andere bedeuten könnte. Wenn er zu lange bei dem Umstand verweilt, daß die Welt seiner gedenkt, wird dieses bloße Bewußtsein die Bande wieder knüpfen, die er für immer zerschnitten haben soll. Denn das Wesen der mönchischen Berufung ist gerade dieses Verlassen der Welt mit all ihren Wünschen, ihrem Ehrgeiz, ihren Sorgen, um nicht nur für Gott zu leben, sondern auch durch Ihn und mit Ihm, nicht nur für einige Jahre, sondern für immer.

Dies macht den Mönch zu dem, was er ist, dieser unwiderrufliche Bruch mit der Welt und allem in ihr, um Gott in der Einsamkeit zu suchen.

Die Welt selbst begreift das rascher als der Mönch, der die Reinheit seiner Berufung durch Zugeständnisse an den Weltgeist trüben läßt. Die ersten, die das verweltlichte Kloster verdammen, sind jene, die selbst in der Welt am wenigsten mönchisch leben. Denn sogar die Menschen, die alle Religion aufgegeben haben, bewahren sich oft eine hohe und anspruchsvolle Vorstellung von religiöser Vollkommenheit. Der hl. Benedikt erkannte, daß es für den Mönch von elementarer Wichtigkeit sei, «für den Lauf der Welt ein Fremder zu werden». Als der Vater des abendländischen Mönchtums diesen Grundsatz aufstellte, dachte er nicht einfach an allgemeine Erbauung. Er dachte an das dringendste Bedürfnis der mönchischen Seele.

13. Die Gnade, die einen Menschen ins Kloster führt, verlangt mehr als einen Wechsel der Umwelt. Es gibt keine echte mönchische Berufung, die nicht zugleich eine völlige innere Umkehr mit einschließt. Diese Umkehr läßt sich niemals durch bloßen Wechsel der Kleidung oder durch Annahme einer strengeren Lebensregel bewirken.

Der Habit macht nicht den Mönch und ebensowenig die Ordensregeln. Das wesentliche Kennzeichen der mönchischen Berufung besteht darin, daß sie den Mönch in die Einsamkeit führt, zu einem Leben des Selbstverzichtes und des

Gebets, um Gott allein zu suchen. Wo diese Züge fehlen, kann die Berufung immer noch eine religiöse sein, sie ist aber streng genommen nicht mönchisch. Es ist bedauerlich, daß die Klöster der alten Mönchsorden ihren Angehörigen zuweilen ein Leben bieten, in dem diese Elemente nur theoretisch und nicht tatsächlich verwirklicht sind.

Wo die Wesenszüge mönchischen Lebens bewahrt sind, kommt es kaum darauf an, was für beiläufige Änderungen hinzugefügt werden. Eine mönchische Gemeinschaft kann physisch und geistig von der Welt abgesondert sein, sie kann ihren Mönchen ein echtes Gebetsleben bieten und doch dabei eine Schule oder Pfarrei unterhalten ohne ernste Gefahr für den mönchischen Geist, wie er von manchen Zweigen der benediktinischen Familie verstanden wird. Ebenso braucht das mönchische Leben nicht durch das Vorhandensein einer kleinen und wohlgeordneten Industrie gestört zu werden, die die Mönche zu ihrem Unterhalt betreiben. Wenn aber der Geist der Einsamkeit und des Gebetes und die ausschließliche Gottesliebe im Kloster nicht zu finden sind, so hilft es nichts, wie streng die Regel sein mag, wie unversehrt die Klausur, wie groß der äußere Eifer für die Liturgie. Solche Männer sind keine echten Mönche. Der innere Wandel, die *metanoia*, die Hinwendung zu Gott, die das Wesen der mönchischen Berufung bildet, hat sich in ihnen nicht vollzogen.

14. Die innere «Umkehr», die den Mönch ausmacht, zeigt sich im allgemeinen äußerlich in gewissen Wesenszügen: Gehorsam, Demut, Schweigen, Losschälung, Keuschheit. Das alles läßt sich in einem Wort zusammenfassen: Frieden.

Das Kloster ist ein Haus Gottes und darum ein Haus des Friedens. Freilich, dieser Friede hat seinen Preis. Es ist nicht die heitere Ruhe eines reichen Landhauses. Es ist der Friede der Armen, die mit ihrer Armut übernatürlich zufrieden sind, nicht weil diese sie von den Sorgen und Verantwortungen der Welt befreit, auch nicht, weil sie ihnen hilft, ein wesentlich gesünderes und ausgeglicheneres Dasein zu führen als das Weltleben – sondern weil sie ihnen auf unerklärliche Weise den Gott allen Friedens zu eigen gibt.

Der Friede des mönchischen Lebens läßt sich durch keine natürliche und menschliche Erklärung begründen. Tritt in ein Kloster ein und sieh das Leben aus der Nähe. Du wirst entdecken, daß alles, was von den Fenstern des Gästehauses so vollkommen erscheint, in Wirklichkeit voll ist von den Narben und Rissen menschlicher Unvollkommenheit. Das Gemeinschaftsleben ist keineswegs von unwandelbarer Gelassenheit. Die Tagesordnung wird zuweilen unausgeglichen, überlastet, ebenso zerstreuend wie erschöpfend. Die Regeln und Bräuche werden manchmal zu lächerlichem Formelkram verzerrt. Es gibt Augenblicke, da alles im Kloster sich verschworen zu haben scheint, um Frieden und Gebet unmöglich zu machen. Solche Dinge kräuseln die Oberfläche des Lebens der besten Gemeinschaft. Ihre Aufgabe ist es, uns daran zu erinnern, daß der Frieden der Mönche letzten Endes von etwas abhängt, was tief in ihrer eigenen Seele verborgen ist. Klösterliche Regelmäßigkeit ist gewiß wichtig zur Bewahrung des Friedens. Wenn die Regelmäßigkeit für immer verlorenginge, würde der Friede nicht lange dauern. Aber selbst wenn das Leben sich nach der Regel abwickelt, genügt die Regel allein nicht, um den Frieden derer zu erklären, die in ihm leben. Wir müssen tiefer in das Geheimnis des Glaubens blicken, durch das die Mönche im Innersten ihrer Seele Gott verbunden bleiben, was auch immer geschehen mag, um die Oberfläche ihres Lebens zu stören.

Das Mönchsleben brennt vor dem unsichtbaren Gott wie eine Lampe vor dem Tabernakel. Der Docht der Lampe heißt Glaube, die Flamme Liebe und das Öl, das die Flamme speist, ist Selbstaufopferung.

15. Von allen religiösen Orden besitzen die Mönchsorden die älteste und gewaltigste Überlieferung. Die Berufung zum Mönchsleben bedeutet die Berufung zu einer Form der Heiligkeit, die in der Weisheit ferner Vergangenheit wurzelt und doch zugleich lebendig und jung ist und den Menschen von heute etwas eigentümlich Neues und Ursprüngliches zu sagen hat. Man kann nicht im vollen Sinne des Wortes Mönch werden, wenn die Seele nicht auf die umgestaltende und lebenspendende Wirkung der mönchischen Überlieferung eingestellt ist. Und wenn das überall zutrifft, so trifft es ganz besonders auf Amerika zu – ein Land, in dem die Menschen an alte Überlieferung nicht gewöhnt sind und oft kein Verständnis dafür haben.

Was ist mönchische Überlieferung? Es ist die gesamte mönchische Lebensweise, wie sie von Generation zu Generation verwirklicht und weitergegeben worden ist, seit den Zeiten der ersten Mönche, der ägyptischen Wüstenväter, die ihrerseits das Gefühl hatten, einfach der Armut und Liebe der Apostel und ersten Jünger Christi nachzuleben. So ist also die mönchische Überlieferung eine Kette aus Brauch, Haltung, Glaube, in der die ganze Weisheit mönchischer Lebensweise zusammengefaßt ist. Sie lehrt den Mönch, wie er am einfachsten und wirksamsten Mönch sein kann – so wie Mönche es von jeher gewesen sind. Zugleich aber lehrt sie ihn, unter den besonderen Verhältnissen seiner Zeit, seines Landes und seiner Kultur Mönch zu sein.

Zum Beispiel lehrt uns die mönchische Überlieferung, welchen Platz Gebet, Lesung und Arbeit in unserem Leben einzunehmen haben. Sie zeigt uns, daß Gastfreundschaft ein wichtiger Zug des Mönchtums ist. Sie lehrt uns die Notwendigkeit von Buße und Selbstdisziplin. Zugleich aber lehrt sie uns auch das rechte Maß und die Besonnenheit, die wir in diesen Dingen innehalten müssen. Sie zeigt uns deutlich die verhältnismäßige Unwichtigkeit äußerer Observanz, verglichen mit dem inneren Geist und den echten Wesentlichkeiten des Mönchslebens. Mit einem Wort, sie ordnet alles im mönchischen Leben.

Wo der Sinn für mönchische Überlieferung fehlt, fangen die Mönche sogleich an, aus dem Gleichgewicht zu geraten. Sie vermögen nicht, wahre Besonnenheit zu lernen. Sie gewinnen kein Gefühl für Proportion. Sie vergessen, was sie sein sollten. Sie sind unfähig, gelassen und friedlich im Kloster zu leben. Sie kommen mit ihren Oberen und ihren Mitbrüdern nicht aus. Und warum das alles? Weil die Mönche, die nicht gelernt haben, echte Mönche zu sein, sich selbst in Unruhe stürzen im Versuch, das Mönchsleben im Geist und mit den Methoden einer anderen Lebensform zu führen. Nur echter Sinn für mönchische Überlieferung kann Gesundheit und Frieden im Kloster bewahren. Dieser Sinn läßt sich aber nicht von selbst erwerben, zumal in Klöstern, wo der allgemeine Sinn für Tradition fehlt oder schwach entwickelt ist. Er muß erlernt werden. Er läßt sich aber nicht lernen ohne Berührung mit den unmittelbaren Quellen, aus denen er stammt. Darum ermahnte der hl. Benedikt seine Mönche, Cassian, Basilius und die Wüstenväter zu lesen. Aber die Lektüre alter Mönchsschriften ist nur eine der Quellen und keineswegs die wichtigste. Es gibt nur eine Art, Mönch zu werden – nämlich unter wirklichen Mönchen zu leben und ihre Lebensweise durch ihr Beispiel zu lernen.

16. In dieser Frage der mönchischen Überlieferung müssen wir sorgfältig zwischen Tradition und Konvention unterscheiden. In vielen Klöstern ist sehr wenig Tradition, und dennoch halten die Mönche sich für traditionstreu. Warum? Weil sie sich an eine künstliche Reihe von Konventionen klammern. Äußerlich gesehen mögen Konvention und Tradition ziemlich gleich scheinen. Aber die oberflächliche Ähnlichkeit macht die Konvention nur noch gefährlicher. In

Wirklichkeit ist Konvention der Tod echter Tradition wie überhaupt jeden wirklichen Lebens. Sie ist ein Parasit, der sich an den lebendigen Organismus der Tradition hängt, seine ganze Wirklichkeit auffrißt und nur leere Form zurückläßt.

Tradition ist lebendig und tätig, Konvention ist tot und träge. Tradition formt uns nicht von selbst – wir müssen uns anstrengen, um sie zu verstehen. Konvention wird untätig hingenommen, als bloße Schablone. Darum verflüchtigt Konvention die Wirklichkeit leicht. Sie bietet uns nur angebliche Wege, um die Lebensprobleme zu lösen – ein System von Gesten und leeren Formen. Tradition lehrt uns, wirklich zu leben und die volle Verantwortung für unser Leben zu übernehmen. So steht Tradition oft in Gegensatz zum Üblichen, zur bloßen Schablone. Konvention dagegen, als bloße Wiederholung des Hergebrachten, folgt der Linie des geringsten Widerstandes. Man durchläuft eine Handlung, ohne Versuch, den Sinn von dem allem zu verstehen, einfach weil alle anderen dasselbe tun. Tradition, die immer alt ist, ist zugleich immer jung, weil sie sich stets erneuert – in jeder Generation wiedergeboren, um auf neue und besondere Weise verwirklicht zu werden. Konvention ist einfach die Verknöcherung sozialer Bräuche. Die Handlungen konventioneller Leute sind bloße Entschuldigungen dafür, daß sie nicht auf wesentlichere menschliche Weise handeln. Tradition nährt das Leben des Geistes; Konvention verbirgt nur seinen inneren Verfall.

Schließlich ist Tradition schöpferisch. Stets lebendig, öffnet sie immer neue Horizonte für eine alte Reise. Konvention dagegen ist vollkommen tot. Sie ist sklavische Nachahmung. Sie verschließt sich in sich selbst und führt zu völliger Unfruchtbarkeit.

Tradition lehrt uns lieben, weil sie unsere Kräfte entwikkelt und weitet. Sie zeigt uns, wie wir uns der Welt, in der wir leben, hingeben können, als Gegengabe für alles, was wir von ihr empfangen haben. Konvention erzeugt nichts als Angst und Furcht. Sie scheidet uns von den Quellen aller Inspiration ab. Sie zerstört unseren schöpferischen Sinn. Sie schließt uns in einen Kerker enttäuschten Bemühens ein und ist am Ende nur noch die Maske für Leere und Verzweiflung. Nichts Besseres gibt es für den Mönch, als in seiner mönchischen Tradition zu leben und zu wachsen, und nichts Verderblicheres kann ihm geschehen, als wenn sein Leben sich in ein Netz von mönchischen Konventionen verstrickt.

Alles, was hier von den Mönchsorden gesagt wurde, gilt noch stärker für einige andere Formen religiösen Lebens, in denen die Tradition weniger Kraft hat und die Konvention leichter zur Macht kommen kann.

17. Wir würden die Schönheit der religiösen Berufung besser verstehen, wenn wir bedächten, daß auch die Ehe eine Berufung ist. Das Ordensleben ist eine besondere und nur verhältnismäßig wenigen Menschen vorbehaltene Art der Heiligung. Der allgemeine Weg zur Heiligkeit und zur Fülle christlichen Lebens ist die Ehe. Die meisten Männer und Frauen werden im Ehestand heilig. Und dennoch sagen so viele Christen, die weder zum Ordensleben noch zum Priestertum berufen sind: «Ich habe keine Berufung!» Welcher Irrtum! Sie haben eine wundervolle Berufung, um so wundervoller wegen ihrer verhältnismäßigen Freiheit und ihrem Mangel an Formalität. Denn die «Gesellschaft», welche die Familie darstellt, lebt herrlich durch ihr eigenes, natürliches inneres Gesetz. Sie bedarf keiner verbrieften Regeln und Bräuche. Liebe ist ihr Gesetz, und all ihre Bräuche sind der lebendige Ausdruck tiefer und aufrichtiger Zuneigung. In gewissem Sinne ist die Berufung zum Ehestand wünschenswerter als jede andere, weil diese Natürlichkeit, dieser Geist der Freiheit und des Einsseins in Liebe für den einfachen

Menschen im Familienleben so leicht erreichbar ist. Der Formalismus und die Künstlichkeit, die sich in Ordensgemeinschaften einschleichen, finden nur schwer Zugang in den Familienkreis, wo starker menschlicher Gehalt sich dem Eindringen von Unechtheit siegreich widersetzt.

Darum sollten Eheleute, anstatt ihre angeblich «fehlende Berufung» zu beklagen, die ihnen tatsächlich zuteil gewordene Berufung hochschätzen. Sie sollten Gott für die Tatsache dankbar sein, daß diese Berufung mit all ihrer Verantwortung und Mühe ein sicherer und zuverlässiger Weg ist, um heilig zu werden, ohne sich von frommen Konventionen verkümmern oder verbiegen zu lassen. Der verheiratete Mann und die Mutter einer christlichen Familie erfüllen, wenn sie ihrer Verpflichtung treu sind, eine ebenso große wie tröstliche Aufgabe: junge, zum Glück und zur Liebe bestimmte Seelen zur Welt zu bringen und sie zu formen – Seelen, die der Heiligung und Umgestaltung in Christus fähig sind. In ihrer innigen Verbindung mit Gott, dem Schöpfer und Quell allen Lebens, werden sie besser als andere das Geheimnis Seiner unendlichen Fruchtbarkeit verstehen, da es ja ihr Vorrecht ist, daran teilzuhaben. Wenn sie in schwierigen sozialen Verhältnissen Kinder großziehen, werden sie vielleicht tiefer in das Geheimnis der göttlichen Vorsehung eindringen als andere, die durch ihr Armutsgelübde der Idee nach unmittelbarer von Gott abhängig sein sollten als sie, die aber in Wirklichkeit niemals die Angst der Unsicherheit zu spüren bekommen.

18. Alle Berufungen sind von Gott dazu bestimmt, Seine Liebe in der Welt kundzutun. Denn jede einzelne Berufung gibt einem Menschen einen bestimmten Platz im Mysterium Christi, sie läßt ihn etwas für das Heil der ganzen Menschheit tun. Der Unterschied zwischen den verschiedenen Berufungen liegt in der unterschiedlichen Art, in der jede die Menschen fähig macht, Gottes Liebe zu entdecken, zu würdigen,

auf sie zu reagieren und sie mit anderen zu teilen. Jede Berufung hat als Ziel die Verkündigung der göttlichen Liebe in der Welt.

In der Ehe offenbart sich Gottes Liebe unter dem sakramentsähnlichen Schleier menschlicher Zuneigung und wird gemeinsam empfangen. Die Berufung zur Ehe ist die Berufung zu einer übernatürlichen Vereinigung, die das menschliche Leben heiligt und fortpflanzt und Gottes Reich in der Welt ausbreitet, indem sie Kinder hervorbringt, die Glieder des Mystischen Christus sein werden. Alles, was menschlich und triebhaft ist, das Beste in der natürlichen Zuneigung des Menschen ist hier Gott geweiht und wird Zeichen göttlicher Liebe und Anlaß zu göttlicher Gnade.

In der Ehe findet die göttliche Liebe volleren leiblichen Ausdruck als in den anderen Berufungen. Darum ist sie leichter zu fassen, leichter wahrzunehmen. Aber da sie weniger geistig ist, ist ihr Umkreis enger. Der Umkreis elterlicher Liebe erstreckt sich nur auf die eigenen Kinder, die Verwandten und einen Kreis von Freunden und Bekannten.

Um der göttlichen Liebe breitere Wirkung zu schaffen, vergeistigen die anderen Berufungen stufenweise das menschliche Leben und Handeln, damit es einen immer weiteren Umkreis erreicht. So wird im tätigen Ordensleben oder im Weltpriesterstum der körperliche Ausdruck menschlicher Liebe geopfert, das Familienleben aufgegeben, und die so freigewordene Liebesfähigkeit wird auf eine ganze Pfarrei oder ein Krankenhaus oder eine Schule ausgedehnt. Im tätigen religiösen Leben wird triebhafte menschliche Neigung vollständiger und auf unkörperlichere Weise Gott aufgeopfert als im Familienleben. Dennoch läßt sich das Wirken von Gottes Liebe immer noch leicht in den leiblichen Werken der Barmherzigkeit erkennen – in der Kranken- und Armenpflege wie in der liebreichen Fürsorge für heimatlose Kinder, für die Alten usw. Auch hier sorgen die Mühen, Schwierigkeiten und Opfer des Lebens für entsprechende Wahrung der Menschlichkeit in der Seele des «Berufenen». Wenn man es mit anderen Menschen zu tun hat, erhält man sich ein Gefühl der Verwandtschaft und Zusammengehörigkeit.

Im kontemplativen Leben sind die Probleme und Schwierigkeiten innerlicher und darum größer. Hier kleidet sich die göttliche Liebe in weniger leibliche Form. Wir müssen sie noch geistiger verstehen und darauf reagieren. Treue wird viel schwieriger. In einem Leben des Schweigens und der Einsamkeit wird menschlicher Zuneigung nicht viel natürliche Befriedigung zuteil. Der fast vollständige Mangel an Selbstausdruck, die ständige Unmöglichkeit, auf sichtbare und fühlbare Weise für andere «etwas zu tun,» kann manchmal zur Qual werden und zu tiefer Enttäuschung führen. Darum ist die rein kontemplative Berufung nichts für Unreife. Man muß stark und gefestigt sein, um in der Einsamkeit zu leben.

Zum Glück ist das Mönchsleben nicht so rein kontemplativ, daß es nicht doch für ein gewisses Maß an Aktivität und Selbstausdruck sorgte. Die Mönche, die in der Klostergemeinschaft zusammenleben und arbeiten, bewahren sich im allgemeinen ihr Gefühl von Verwandtschaft und verlieren ihre Menschlichkeit nicht. Im Gegenteil, wenn sie dem Geist ihrer Regel treu sind, werden sie finden, daß menschliche Zuneigung sich zu einer innigen, überirdischen Liebesverbundenheit vertieft und vergeistigt, die nicht mehr von persönlichen Stimmungen und Neigungen abhängig ist. Und sie werden allmählich etwas von ihrer Sendung verstehen, die ganze Welt in einer geistigen, von Zeit und Raum nicht mehr begrenzten Liebe zu umfassen.

19. Je höher man auf der Stufenleiter der Berufungen emporsteigt, um so sorgfältiger muß man bei Auswahl der Anwärter sein. In der Ehe erfolgt die Auswahl selbsttätig. Gottes

Wille kann sich in einem Entschluß auf der Grundlage natürlicher Anziehung kundtun. Im tätigen religiösen Leben fallen Wunsch und Neigung im allgemeinen zusammen, und man kann dem «Berufenen» auf Grund seiner Anlagen zutrauen, die geforderte Arbeit in Frieden und mit innerer Freudigkeit zu leisten.

Von den Menschen aber, die um Aufnahme in ein kontemplatives Kloster nachsuchen, pflegen über die Hälfte nicht dazu berufen zu sein. «Verlangen» nach dem kontemplativen Leben ist als Kriterium der Berufung viel weniger ernst zu nehmen als Verlangen nach dem tätigen Leben. Je strenger und einsiedlerischer ein kontemplativer Orden ist, um so größer wird die Kluft zwischen «Verlangen» und «Eignung» sein. Das gilt insbesondere für Zeiten wie die heutigen, in denen die Menschen nicht das Maß von Stille und Einsamkeit finden, das die Natur braucht, um gesund zu bleiben. Es gibt vielleicht viele Nonnen und Brüder in tätigen Orden, deren Berufung völlig in Ordnung ist, die aber so überarbeitet sind und so sehr nach einem normalen Gebetsleben hungern, daß sie sich einbilden, sie müßten Trappisten oder Kartäuser werden. In gewissen Fällen mag der Übertritt in einen klausurierten Orden tatsächlich die Lösung bieten, öfter jedoch ist nichts weiter nötig als richtige Anpassung an ihren eigenen Orden. Das Problem solcher Anpassung ist zu umfassend, um hier auch nur angeschnitten zu werden.

Je höher ein Mensch auf der Stufenleiter der Berufungen aufsteigt, um so mehr muß er fähig sein, seine Zuneigungen zu vergeistigen und zu weiten. Um allein mit Gott zu leben, muß er wirklich allein leben können. Man kann nicht allein leben, wenn man Einsamkeit nicht erträgt. Und man erträgt die Einsamkeit nicht, wenn die Sehnsucht nach «Einsiedlertum» sich auf enttäuschtes Verlangen nach menschlicher Zuneigung gründet. Um es ungeschminkt auszudrücken – es ist ein hoffnungsloses Unterfangen, sein Leben im Kloster verbringen zu wollen, wenn man sich dabei in dem Gedanken verzehrt, daß niemand einen liebt. Man muß diesen Punkt unbeachtet lassen und einfach die ganze Welt in Gott lieben, indem man alle Menschenbrüder in derselben lauteren Liebe einschließt, ohne nach Zeichen der Zuneigung von ihnen zu fragen oder sich darum zu kümmern, ob solche einem zuteil werden oder nicht. Wer das für sehr leicht hält, dem kann ich versichern, daß er sich irrt.

20. Wenn ich sage, das klausurierte, kontemplative Leben sei schwerer als das tätige, so will ich damit nicht sagen, daß der Kontemplative schwerer arbeitet oder daß er größere Verantwortung und Verpflichtung hat. In vieler Hinsicht ist das kontemplative Leben leichter als das tätige. Es ist jedoch nicht leichter, es gut zu leben.

Es ist verhältnismäßig leicht, in einem kontemplativen Kloster «mitzulaufen», die Regeln einzuhalten, zu rechter Zeit am rechten Ort zu sein und allen Forderungen nachzukommen. Zugegeben, daß die Routine mühsam und ermüdend ist, aber daran kann man sich gewöhnen. Das Schwere daran ist nicht die physische Anstrengung, sondern die Leistung, unter allen Äußerlichkeiten wirklich ein Gebetsleben zu führen.

Gerade der Umstand, daß in einem kontemplativen Kloster alles auf das Gebetsleben ausgerichtet ist, macht es für Menschen, die keine echte Berufung haben, schwer, ihr Klosterleben fruchtbar zu gestalten. Das Gebetsleben bietet ihnen keine Schwierigkeit, wenn es im täglichen Pflichtenkreis mehr Arbeit als Gebet gibt. In einem Leben aber, wo das Gebet alles ist, kommen jene, die keine speziell kontemplative Berufung haben, zuletzt dahin, dort weniger zu beten, als sie es im tätigen Leben tun würden.

21. Verlangen nach einer bestimmten Lebensform und die Anlage dafür genügen noch nicht, um festzustellen, daß man

berufen sei. Ja, das Element des Verlangens, das in vielen Fällen bedeutsam sein kann, ist nicht immer klar erkennbar. Ein Mann kann zum Priester berufen sein und doch einen spürbaren Widerwillen gegen gewisse Seiten seines Berufes haben. Scheu vor der Strenge des Trappistenlebens braucht nicht unbedingt mit der Berufung zum Trappisten unvereinbar zu sein. Das eine wirklich Entscheidende für eine Berufung ist die Fähigkeit, sich zu einem bestimmten Stand zu entschließen und nach diesem Entschluß zu handeln.

Wenn jemand sich nie entscheiden kann, sich nie richtig entschließt, das zu tun, was für eine Berufung gefordert wird, so kann man mit aller Wahrscheinlichkeit behaupten, daß er die Berufung nicht empfangen hat. Vielleicht ist sie ihm angeboten worden – darüber kann niemand mit Gewißheit urteilen. Ob er der Gnade widersteht oder nicht, tatsächlich scheint er «nicht berufen» zu sein. Eine ruhige und endgültige Entscheidung aber, die sich durch Hindernisse nicht abschrecken und durch Widerstände nicht brechen läßt, ist ein gutes Zeichen dafür, daß Gott die Gnade verliehen hat, auf Seinen Ruf zu antworten, und daß der Mensch dem entspricht.

Bei der Entscheidung über eine Berufung berät man sich gewöhnlich mit einem geistlichen Führer. Seine Aufgabe ist, Rat, Ermutigung, Anregungen und Hilfe zu geben. In gewissen Fällen verbietet er einem Menschen vielleicht die Verwirklichung seiner Idee, Priester oder Ordensmann zu werden. Aber wenn nach seinem Urteil jemand weise daran tut, einem Ruf zu folgen, so ist die endgültige Entscheidung immer noch Sache des Betreffenden. Niemand, kein Führer oder Beichtvater, nicht einmal ein kirchlicher Oberer, kann für ihn entscheiden. Er muß selber entscheiden, denn seine Entscheidung ist ja der Ausdruck seiner Berufung. Wenn er dann um Aufnahme in ein Seminar oder ein Kloster nachsucht und wenn sein Gesuch angenommen wird, kann er sagen, daß er wahrscheinlich «eine Berufung» hat.

22. Diese Betrachtungen über Berufung sind offensichtlich unvollständig. Doch gibt es eine Lücke, die ausgefüllt werden muß, um Verwirrung zu vermeiden. Wir haben vom tätigen und kontemplativen Leben gesprochen, ohne bisher jene Berufung zu erwähnen, die der hl. Thomas höher stellt als jede andere: das apostolische Leben, in dem die Frucht der Kontemplation an andere weitergegeben wird.

Anstatt theoretisch von dieser Berufung zu reden, wollen wir lieber ihre vollkommene Verkörperung in einem ihrer größten Heiligen betrachten: Franz von Assisi. Die Stigmatisierung des hl. Franziskus war ein göttliches Zeichen dafür, daß er von allen Heiligen der christusähnlichste war. Ihm war es besser als irgendeinem anderen gelungen, in seinem Leben die Schlichtheit, die Armut und die Liebe zu Gott und den Menschen wieder lebendig zu machen, die das Leben Jesu kennzeichneten. Mehr als das, er war ein Apostel, der den ganzen Geist und die Botschaft des Evangeliums in höchster Vollkommenheit verkörperte. Wer Franziskus kennt, versteht das Evangelium, und wer ihm in seinem echten unverfälschten Geiste nachfolgt, lebt das Evangelium in seiner ganzen Fülle. Das Genie seiner Heiligkeit befähigte ihn, der Welt die Lehre Christi nicht unter dem einen oder anderen Aspekt zu vermitteln, nicht in Fragmenten, wie man sie durch Nachdenken und Zergliedern entwickelt, sondern in der Ganzheit ihrer existentiellen Schlichtheit. Franziskus war das, wonach alle Heiligen streben müssen, einfach «ein anderer Christus.»

Sein Leben erneuerte nicht bloß das eine oder andere Mysterium aus dem Leben Christi. Er lebte nicht einfach die demütigen Tugenden der göttlichen Kindheit und des verborgenen Lebens von Nazareth nach. Er wurde nicht nur mit Christus in der Wüste versucht oder wanderte mit Ihm die mühseligen Wege Seines Apostolats. Er tat nicht bloß Wunder gleich Jesus. Er wurde nicht nur mit Ihm gekreuzigt. Alle diese Mysterien vereinigten sich im Leben des hl. Franziskus, und wir finden sie alle in ihm, bald einzeln und bald gemeinsam. Der auferstandene Christus lebte vollkommen in diesem Heiligen, der von dem Geist göttlicher Liebe gänzlich besessen und umgestaltet war.

Das Wort des hl. Thomas, «die Frucht der Kontemplation an andere weitergeben», läßt sich nur richtig verstehen, wenn wir das Bild des hl. Franziskus vor Augen haben, wie er über die Straßen des mittelalterlichen Italiens wandert, überströmend von der Freude einer Botschaft, die ihm nur unmittelbar vom Geist Gottes zuteil geworden sein konnte. Die Weisheit und das Heil, die Franziskus predigte, waren nicht nur das Überströmen der höchsten Form kontemplativen Lebens, sie waren ganz einfach Ausdruck der Fülle christlichen Geistes – das heißt des Heiligen Geistes Gottes.

Niemand kann Apostel Christi sein, der nicht vom Heiligen Geist erfüllt ist. Und niemand kann vom Heiligen Geist erfüllt sein, der nicht tut, was von einem bedingungslosen Jünger Christi erwartet wird. Er muß alles verlassen, um alles in Ihm wiederzugewinnen.

Das Erstaunliche an Franziskus ist, daß er in der Aufopferung aller Dinge auch alle «Berufungen» im begrenzten Sinn des Wortes geopfert hatte. Nachdem wir uns jahrhundertelang von all den verschiedenen Zweigen der Franziskanischen geistlichen Familie haben erbauen lassen, überrascht uns der Gedanke, daß Franziskus zu seinen Wanderungen auf den Straßen Umbriens aufbrach ohne die geringste Vorstellung einer «Franziskanischen Berufung». Und tatsächlich hatte er auch keine. Er hatte alle Berufungen in den Wind gestreut, zusammen mit seinen Kleidern und allem Besitz. Er sah sich selbst nicht als Apostel, sondern als Vagabund. Und bestimmt betrachtete er sich nicht als Mönch. Hätte er Mönch werden wollen, so hätte er eine Menge Klöster gefunden, in die er eintreten konnte. Ganz offenbar ging er nicht mit dem Bewußtsein umher, ein «Kontemplativer» zu sein. Und Vergleiche zwischen dem aktiven und dem kontemplativen Leben kümmerten ihn nicht im geringsten. Dennoch führte er beides zugleich, und zwar in höchster Vollkommenheit. Kein gutes Werk war ihm fremd – kein Werk der Barmherzigkeit, leibliches oder geistiges, das in seinem herrlichen Leben keinen Platz gefunden hätte! Seine Freiheit umfaßte alles.

Franziskus hätte sich zum Priester weihen lassen können. Er weigerte sich aus Demut (denn auch das wäre eine «Berufung» gewesen, und über Berufungen war er hinaus). Dennoch besaß er Vollendung und Inbegriff des apostolischen Geistes des Opfers und der Liebe, die zum Leben jeden Priesters gehören. Man braucht einen Augenblick der Besinnung, um sich mit dem Gedanken abzufinden, daß Franziskus niemals Messe gelesen hat – eine Tatsache, die bei einem Menschen seines Geistes kaum glaubhaft ist.

Wenn es irgendeine zu seiner Zeit anerkannte Berufung gibt, die Franziskus vielleicht mit seinem Leben in Zusammenhang brachte, so war es die des Eremiten. Die Eremiten waren die einzigen Glieder einer bestimmten Klasse von Ordensleuten, die er konsequent nachahmte. Er zog sich oft in die Berge zurück, um allein zu beten und zu leben. Niemals aber kam ihm der Gedanke, er könnte eine «Berufung» haben, nichts anderes zu tun. Er blieb allein, solange der Geist ihn in der Einsamkeit festhielt, und dann ließ er sich vom gleichen Geist in die Städte und Dörfer zurückführen.

Wenn er darüber nachgedacht hätte, so hätte er vielleicht erkannt, daß seine Berufung dem Wesen nach «prophetisch» war. Er war wie ein zweiter Elias oder Elisäus, vom Geist in der Einsamkeit belehrt, aber von Gott in die Städte der Menschen geführt, um ihnen eine Botschaft zu verkünden.

All die verschiedenen Seiten der Berufung eines hl. Franziskus zeigen uns, daß wir hier über die Ebene der üblichen «Lebensstände» hinaus sind. Aber eben darum täten wir gut daran, sobald wir vom «gemischten Leben» oder der «Apostolischen Berufung» sprechen, sie uns in der Form eines Franziskus oder Elias vorzustellen. Das «gemischte Leben» wird zu leicht auf seinen niedrigsten gemeinsamen Nenner gebracht, und auf dieser Stufe ist es nichts weiter als eine Form des aktiven Lebens. Als solche leidet es beim Vergleich mit dem kontemplativen Leben. Warum? Weil die Würde des apostolischen Lebens in der Lehre des hl. Thomas nicht aus seinem aktiven, sondern aus seinem kontemplativen Element stammt. Ein Predigerleben ohne Kontemplation ist nichts anderes als ein «aktives Leben», und obwohl es sehr heilig und verdienstvoll sein kann, hat es keinen Anspruch auf die Würde, die der hl. Thomas dem Leben zuschreibt, das «die Frucht der Kontemplation an andere weitergibt».

Aber soweit der Bettelmönch sich dem Ideal seines Stifters nähert, soweit er die Armut und Liebe eines Franziskus oder Dominikus wirklich lebt und in die liebende Gotteserkenntnis eintaucht, die nur den Kleinen gewährt wird, soweit er sich dem Heiligen Geist überläßt, übertrifft er bei weitem die kontemplative Vollkommenheit derer, denen die Kontemplation nur für sich gegeben ist.

IX

DAS MASS DER LIEBE

1. Im Kräftespiel der göttlichen Liebe haben wir nur so viel, wie wir geben. Aber wir sind aufgerufen, alles zu geben, was wir haben, und noch mehr: alles, was wir sind. Das Maß unserer Liebe ist unbegrenzt. Je mehr wir danach verlangen, Liebe zu verschenken, umsomehr Liebe haben wir zu geben. Je mehr wir geben, umso mehr werden wir wirklich sein. Denn der Herr schenkt uns Sein nach dem Maß unseres Gebens, für das wir bestimmt sind.

Liebe ist Leben und Reichtum Seines Reiches, und die Größten darin sind jene, die die Geringsten sind – das heißt jene, die nichts für sich zurückbehalten haben außer dem Verlangen, zu geben.

Wer versucht, das was er ist und was er hat, für sich zurückzuhalten, vergräbt sein Pfund. Wenn der Herr zum Gericht kommt, wird er als ein Knecht befunden werden, der nicht mehr hat als am Anfang. Jene aber, die sich ärmer gemacht haben, weil sie verschenkten, was sie hatten, werden finden, daß sie mehr sind und haben als zuvor. Und dem, der am meisten hat, wird noch das gegeben werden, was der unnütze Knecht für sich zurückhielt.

«Und er sprach zu den Umstehenden: ‚Nehmt das Pfund und gebt es dem, der zehn Pfund hat.‘ Sie erwiderten Ihm: ‚Herr, er hat schon zehn Pfund!‘ Ich aber sage euch: Jedem, der hat, wird gegeben, und er wird Überfluß haben. Wer aber nicht hat, dem wird auch noch genommen werden, was er hat» (Luk. 19, 24–26).

2. Wenn ich meinen Nächsten vollkommen liebe, so wünsche ich, daß er von aller Liebe frei ist außer der Gottesliebe. Von allen Formen der Liebe ist die wahre Nächstenliebe

(caritas) allein nicht besitzgierig, denn sie allein will nicht besessen werden. Sie will für den geliebten Menschen das höchste Gut. Es gibt aber kein höheres Gut als diese Liebe selbst. Alles andere ist in ihr enthalten. Sie ist ohne Furcht. Da sie all das Ihre hingegeben hat, hat sie nichts mehr zu verlieren. Sie bringt wahren Frieden, da sie sich in vollkommener Harmonie mit allem Guten befindet und kein Übel fürchtet.

Einzig diese Liebe ist vollkommen frei und darf immer tun, was ihr beliebt. Denn sie will nichts anderes als lieben, und am Lieben kann man sie nicht hindern. Ohne diese Liebe ist alles Wissen umsonst. Nur die Liebe lehrt uns, in den verborgenen Wert der uns bekannten Dinge einzudringen. Wissen ohne Liebe erfaßt das innere Geheimnis der Dinge nie. Die Liebe allein vermag Gott zu erkennen, denn Er ist die Liebe.

Obwohl diese Liebe fast vollkommen ist, fühlt sie doch Furcht. Sie fürchtet, nicht vollkommen zu sein. Sie ist nicht vollkommen frei, denn noch gibt es etwas, was sie nicht zu tun vermag. Sie ist noch nicht beruhigt, denn sie hat sich noch nicht vollkommen hingegeben. Sie ist noch im Dunkel, denn da sie sich Gott noch nicht gänzlich überlassen hat, kennt sie Ihn noch nicht. Darum ist sie noch ungewiß, ob sie Ihn in den ihr bekannten Dingen finden wird.

Unser Bemühen kann die Liebe nicht vollkommen machen. Der Friede, die Gewißheit, Freiheit, Furchtlosigkeit reiner Liebe sind Gaben Gottes. Die unvollkommene Liebe muß Vollkommenheit lernen, indem sie Seines Wohlgefallens harrt und ihre eigene Unvollkommenheit erträgt, bis die Zeit reif ist zur vollkommenen Selbstaufgabe. Wir können nicht geben, wenn nicht einer da ist, der empfängt, was wir geben. Die Gabe unserer Liebe ist nicht vollkommen, ehe Gott nicht bereit ist, sie anzunehmen. Er läßt uns auf die Zeit unserer Ganz-Hingabe warten, damit wir durch häufige und mannigfache Teil-Hingabe unserer selbst am Ende mehr haben, um es aufzugeben.

3. Wir neigen dazu, uns mit denen zu identifizieren, die wir lieben. Wir suchen in ihre Seele einzudringen und zu werden, was sie sind, zu denken, wie sie denken, zu fühlen, wie sie fühlen und zu erfahren, was sie erfahren.

Es gibt aber keine wahre Vertrautheit zwischen Seelen, die gegenseitig ihre Einsamkeit nicht achten. Ich kann nicht in Liebe mit einem Menschen verbunden sein, dessen Wesen meine Liebe verdunkeln, aufzehren, zerstören möchte. Ebensowenig kann ich wahre Liebe in einem Menschen wecken, der durch meine Liebe verlockt wird, sich dadurch zu betäuben, daß sie mich mit Liebe betäubt.

Wenn wir Gott kennen, werden wir uns mit denen, die wir lieben, nur nach dem Vorbild unseres Einsseins mit Gott identifizieren. So wird unsere Liebe mit der Erkenntnis ihrer eigenen Grenzen beginnen und sich zum Bewußtsein ihrer Größe erheben. Denn aus uns selbst heraus werden wir immer getrennt und fern voneinander bleiben, in Gott aber können wir mit unseren Lieben eins werden.

Wir können die Menschen nicht in Gott finden, wenn wir nicht zuvor uns selbst ganz in Ihm finden. Darum sollen wir danach streben, uns nicht zu verlieren, indem wir sie außerhalb von Ihm suchen. Denn Liebe ist nicht in dem leeren Raum zwischen unserem Sein und dem Sein des geliebten Menschen zu finden. Wenn unsere Gedanken, Worte, Gemütsbewegungen uns über uns selbst hinausführen und uns einen Augenblick lang gemeinsam über der Leere in der Schwebe halten, entsteht eine Illusion von Einheit. Sobald aber dieser Augenblick vergangen ist, müssen wir in uns selbst zurückkehren oder in den leeren Raum stürzen. Es gibt keine wahre Liebe außer in Gott, der die Quelle unseres eigenen Seins wie auch des Seins des geliebten Menschen ist.

4. Die wahre Liebe zum Nächsten stärkt den geliebten Menschen im Geheimnis seines eigenen Seins, seiner eigenen

Echtheit, seiner eigenen Gottesbetrachtung, seiner eigenen freien Liebe für alle, die in Ihm existieren.

Solche Liebe führt zu Gott, weil sie aus Ihm kommt. Sie führt zu einer Verbundenheit zwischen Seelen, die ebenso innig ist wie ihre Verbundenheit mit Ihm. Je näher wir Gott sind, umso näher sind wir denen, die Ihm nah sind. Wir gelangen zum Verstehen anderer nur durch Liebe zu Ihm, der sie aus dem Urgrund ihres eigenen Wesens versteht. Sonst kennen wir sie nur durch die Mutmaßungen, die sich im Spiegel unserer eigenen Seele bilden.

Sind wir zornig, werden wir sie uns immer zornig vorstellen. Sind wir ängstlich, werden wir sie uns abwechselnd feig oder grausam vorstellen. Sind wir sinnlich, werden wir den Widerschein unserer Sinnlichkeit in jedem finden, der uns anzieht. Es ist wahr, daß der Instinkt gleicher Anlage diese Dinge in anderen vielleicht entdeckt, noch bevor er selber sie in sich erkannt hat. So kann es geschehen, daß wir andere an uns fesseln und das Böse in ihnen auslösen durch die Kraft unserer eigenen Leidenschaft. Auf diese Weise aber lernen wir sie nicht kennen, wie sie wirklich sind. Wir entstellen sie nur, so daß wir sie so kennen, wie sie nicht sind. Durch solches Tun fügen wir unserer eigenen Seele noch schlimmere Entstellung zu.

Gott kennt uns von innen her, nicht als Objekte, nicht als Fremde, nicht als Vertraute, sondern als uns selbst. Seine Kenntnis von uns ist das wahre Licht, von dem unsere Selbsterkenntnis nur ein schwacher Abglanz ist. Er kennt uns in Sich selbst, nicht nur als Bilder von etwas außer Ihm, sondern als «Eigenwesen», in dem Sein eigenes Wesen sich ausdrückt. Er findet sich selbst vollkommener in uns, als wir uns selber finden.

Er allein besitzt das Geheimnis einer Liebe, durch die wir andere nicht nur zu lieben vermögen, wie wir uns selbst lieben, sondern wie Er sie liebt. Der Anfang solcher Liebe ist der Wille, den geliebten Menschen vollkommen ihn selbst sein zu lassen, ihn nicht zu pressen, damit er in unsere Vorstellung paßt. Wenn wir ihn nicht als das lieben, was er ist, sondern nur seine verborgene Ähnlichkeit mit uns, dann lieben wir ihn nicht wirklich. Wir lieben nur die Spiegelung von uns selbst, die wir im anderen finden. Kann das wahre Liebe sein?

5. Verlangt von mir nicht, ich solle meinen Bruder bloß im Namen einer Abstraktion lieben, etwa der «Gesellschaft», der «Menschheit», des «Gemeinwohls». Sagt mir nicht, ich müßte ihn lieben, weil wir beide «Sozialwesen» sind. Das alles ist so viel geringer als unser innerer Wert, daß man es nicht als Grund für Liebe in Anspruch nehmen darf. Ebensogut könnte man von mir verlangen, ich sollte meine Mutter lieben, weil sie Englisch spricht.

Vielleicht brauchen wir Abstraktionen, um unsere gegenseitigen Beziehungen zu verstehen. Aber ich kann die sittlichen Prinzipien verstehen und dabei doch andere Menschen hassen. Wenn ich andere nicht liebe, werde ich den Sinn des «Gemeinwohls» nie verstehen. Die Liebe ist selber das Gemeinwohl.

Es gibt eine Menge Menschen, die ihren Vorteil um der Gesellschaft willen aufgeben, aber irgendwelche Leute ihrer nächsten Umgebung nicht ertragen. Solange wir andere als Hindernis für unser eigenes Glück betrachten, sind wir Feinde der Gesellschaft und sehr wenig geeignet, um am Gemeinwohl teilzuhaben.

6. Wir müssen einander lieben. Wir sind nicht unbedingt verpflichtet, einander gern zu haben. Liebe beherrscht den Willen. Das Gernhaben ist eine Sache des Gefühls und der Gefühlsfähigkeit. Dennoch wird es uns, wenn wir andere wirklich lieben, nicht allzuschwer fallen, sie auch gern zu haben.

Wenn wir darauf warten, daß gewisse Leute für uns angenehm und anziehend werden, ehe wir anfangen, sie zu lieben, werden wir nie damit anfangen. Wenn wir uns damit begnügen, ihnen eine bloß pflichtmäßige unpersönliche Nächstenliebe zukommen zu lassen, werden wir uns nicht die Mühe nehmen, sie überhaupt zu verstehen oder mit ihnen zu fühlen. In diesem Fall werden wir sie auch nicht wirklich lieben, denn Liebe schließt auch den wirksamen Willen ein, anderen nicht nur äußerlich Gutes zu tun, sondern auch in ihnen Gutes zu finden, auf das wir eingehen können.

7. Manche Menschen zeigen nie etwas von dem Guten, das verborgen in ihnen steckt, bevor wir ihnen nicht etwas von dem Guten, das heißt von der Liebe geben, die in uns lebt.

Wir sind so sehr Kinder Gottes, daß wir durch unsere Liebe andere gegen ihren Willen gut und liebenswert machen können.

Wir sollen vollkommen werden, wie unser himmlischer Vater vollkommen ist (Matth. 5,48). Das heißt, daß wir in anderen nicht das Böse beachten, sondern ihnen etwas von unserem eigenen Guten geben, um das Gute ans Licht zu bringen, das Gott in sie versenkt hat.

Der Christ unterdrückt seine Rachegelüste nicht nur, um selber gut zu sein, sondern damit auch der Feind gut werde. Die Liebe weiß um ihre Glückseligkeit und möchte alle daran teilhaben sehen.

Um vollkommen zu sein, bedarf die Liebe des Gleichwertigen. Sie kann sich nicht damit zufrieden geben, andere als Untergeordnete zu lieben, sondern hebt sie auf ihre eigene Ebene. Denn Liebe findet keine Ruhe, ehe sie nicht alles mit dem Geliebten teilt. So kann sie in ihrer eigenen Vollkommenheit kein Genügen finden. Sie verlangt die Vollkommenheit aller.

8. Es ist ein Unterschied, ob man die Menschen in Gott liebt oder Gott in den Menschen. Die Art der Liebe ist zwar die gleiche – es ist jene höchste Liebe, die Gott zum Ziel hat und in jedem der beiden Akte unmittelbar Ihn erreicht.

Dennoch besteht ein bedeutender Unterschied im Ton, ein Unterschied des Schwerpunktes, der beiden Akten verschiedenen Charakter verleiht.

Ein Leben, in dem wir Gott in den Menschen lieben, muß ein tätiges Leben sein. Der Kontemplative hingegen liebt die Menschen in Gott.

Wenn wir Gott in den Menschen lieben, suchen wir Ihn in einer Einzelperson nach der anderen zu entdecken. Wenn wir die Menschen in Gott lieben, suchen wir sie nicht. Wir finden sie, ohne zu suchen, in Ihm, den wir gefunden haben. Die erste Form der Liebe ist aktiv und rastlos. Sie gehört Zeit und Raum mehr an als die andere, die schon an dem unveränderlichen Frieden der Ewigkeit teilhat.

Alle Liebe wächst auf gleiche Weise – durch Steigerung ihrer Intensität. Doch die Liebe zu Gott in den Menschen breitet sich auch nach allen Richtungen aus, um neuen Grund für ihre Wurzeln zu finden. Die Liebe zu den Menschen in Gott wächst nur in die Tiefe. Sie versenkt sich immer tiefer in Gott, und schon dadurch steigert sich ihre Fähigkeit, die Menschen zu lieben.

Wenn wir Gott in anderen Menschen lieben, möchte unsere Liebe Sein Leben in ihnen wachsen lassen. Sie pflegt dieses Wachstum mit banger Sorgfalt. Und während wir das Reifen der Liebe in anderen Seelen beobachten, entwickelt die Liebe sich in unser eigenen Seele immer mehr.

Wenn wir dagegen die Menschen in Gott lieben, suchen und finden wir Gott in uns selbst, und das Wachsen unserer Liebe ist einfach die ständige Erneuerung dieser übernatürlichen Begegnung – eine immer größere Fülle der Erkenntnis und eine Versenkung in Ihn. Je tiefer wir in Ihn eintauchen, um so eher erkennen wir Ihn überall, wo Er sich nur finden läßt. Und um so eher sind wir bereit, Ihn in anderen Menschen zu sehen.

Wir sagten, die kontemplative Liebe finde eher unsere Brüder in Gott, als daß sie Gott in unseren Brüdern sieht. Das bedeutet auch, daß solche Liebe nicht unruhig beobachtet, wie Gott in den Seelen wächst. Vielmehr wächst sie selber in Ihm, und als Folge entdeckt sie, daß andere mit ihr zugleich wachsen.

Wenn ich andere Menschen in Gott liebe, so vermag ich sie zu finden, ohne den Blick von Ihm abzuwenden. Wenn ich Gott in anderen Menschen liebe, so finde ich Ihn, ohne sie aus den Augen zu lassen. Wenn die Liebe ihre volle Reife erreicht hat, so bedeutet in beiden Fällen der Bruder, den ich liebe, keine allzugroße Ablenkung von dem Gott, in dem meine Liebe zum Bruder ihr Ziel findet.

9. Jesus ist nicht gekommen, um Gott in den Menschen zu suchen. Er zog die Menschen an Sich, indem Er am Kreuz für sie starb, damit Er Gott in ihnen sei. Alle Liebe findet ihren Brennpunkt in Christus, denn die Liebe ist Sein Leben in uns. Er zieht uns an Sich, eint uns untereinander in Seinem Heiligen Geist und erhebt uns mit Sich zum Einswerden mit dem Vater.

Die Philosophie, die abstrakt denkt, spricht von «Gesellschaft» und von «Gemeinwohl». Die Theologie, die höchst konkret denkt, spricht vom Mystischen Leibe Christi und vom Heiligen Geist. Es macht einen großen Unterschied, ob man das Leben vom philosophischen oder vom theologischen Standpunkt aus betrachtet.

Das Gemeinwohl protestiert nicht, wenn es verletzt wird. Der Heilige Geist aber wehrt sich, überredet, protestiert, mahnt und beharrt. Das Gemeinwohl wirkt nicht auf den Willen. Aber «die Liebe Gottes ist in unseren Herzen ausgegossen durch den Heiligen Geist, der uns verliehen ist» (Röm. 5,5). Das Gemeinwohl ist etwas zu Unbestimmtes und zu Mattes, um die Leidenschaften in uns zu ertöten – es kann nichts tun, um sich gegen sie zu schützen! Der Heilige Geist aber verkündet in unseren Herzen ein Gesetz der Liebe und der Selbstverleugnung, die unsere Selbstsucht tötet und uns als neue Menschen in Christus auferweckt: «Denn wenn ihr durch den Geist die Werke des Fleisches abtötet, werdet ihr leben» (Röm. 8,13).

Das Gemeinwohl gibt uns keine Kraft und lehrt uns nichts, weder über das Leben noch über Gott. Es wartet passiv auf unsere Huldigung und murrt nicht, wenn es keine empfängt. Aber «der Geist hilft auch unserer Schwachheit. Denn wir wissen nicht, um was wir beten sollen, aber der Geist selber bittet für uns» (Röm. 8,26). Und der Vater stärkt uns durch Seinen Geist «mit Kraft für den inneren Menschen, auf daß Christus durch den Glauben in unseren Herzen wohne und wir in der Liebe fest verwurzelt und gegründet seien» (Eph. 3,16,17).

Das Gemeinwohl kann uns nichts anderes bieten als eine Art von allgemeinem Kompromiß, in dem die Interessen zahlloser menschlicher Wesen gleich uns selbst ohne zu große Konflikte verwirklicht scheinen. Gewiß, das Gemeinwohl weitet unseren Horizont, aber nur um uns eine Art sibirischer Landschaft zur Betrachtung zu geben: eine weite Gedankensteppe ohne bestimmte Züge, flach, niedrig, düster unter einem kalten grauen Himmel. Kein Wunder, daß die Menschen das «Gemeinwohl» so uninteressant finden, daß sie irgendein selbstsüchtiges Gebäude aufführen, das dazu dient, die Monotonie zu unterbrechen!

10. Der Heilige Geist weitet nicht nur unseren Horizont. Er erhebt uns in eine völlig andere Welt, zu einer übernatürlichen Ordnung, wo Er uns als «Geist der Verheißung» kund-

tut, was für uns in Gott verborgen ist. «Wir haben nicht den Geist dieser Welt empfangen, sondern den Geist, der aus Gott stammt, auf daß wir erkennen können, was uns von Gott geschenkt ist... wie geschrieben steht: Was kein Auge geschaut, kein Ohr gehört, kein Menschenherz je gedacht hat, das hat Gott denen bereitet, die Ihn lieben. Uns aber hat es Gott durch Seinen Geist offenbart. Denn der Geist erforscht alles, selbst die Tiefen der Gottheit» (1. Kor. 2,9–12).

Das, was der Heilige Geist uns offenbart, ist das wahre Gemeinwohl, nämlich das unendliche Wohl, das Gott selbst ist, und das Wohl, das alle Seine Geschöpfe in Ihm finden. Darum ist der Heilige Geist nicht bloß ein Gleichmacher individueller Interessen, ein Schiedsrichter, der ein großes, allumfassendes Kompromiß anordnet. Gott ist das höchste Gut, nicht nur für die Allgemeinheit, sondern auch und noch mehr für jeden Einzelnen. Darum wird in der Sprache der Schrift ständig die Analogie von Vater und Sohn gebraucht. «Alle, die sich vom Geiste Gottes leiten lassen, sind Gottes Kinder» (Röm. 8,14). «Seht, welch eine Liebe uns der Vater erzeigt hat, daß wir Gottes Kinder heißen und es sind» (1. Joh. 3,1). Wer die christliche Kollektivität so sehr überbetont, daß eine Art totalitärer Staat des Geistes daraus wird, verdunkelt die große Wahrheit des christlichen Personalismus, die in unserer Vorstellung vom Mystischen Leibe Christi absolut grundlegend ist.

Wenn unsere Beziehung zu Gott die Beziehung von Kindern zum Vater ist, so ist damit schon ganz klar herausgestellt, daß wir nicht bloß Einheiten in einem Kollektiv sind, Angestellte in einem Betrieb, Untertanen in einem Staat, Soldaten in einem Heer. Wir sind Kinder mit eigenen Rechten – Rechten, die von seiten unseres Vaters Gegenstand spezieller Sorge sind. Und das höchste dieser Rechte ist eben jenes, das uns zu Seinen Kindern macht und uns den Anspruch sichert, persönlich und jeder für sich geliebt zu werden, als Kind, als Individuum, als Person.

Aber unsere Kindschaft gegenüber Gott ist kein bloßes Bild oder eine Rechtsfiktion. Sie ist übernatürliche Wirklichkeit. Diese Wirklichkeit ist das Werk des Heiligen Geistes, der nicht nur in den Augen Gottes gewisse Rechte auf uns überträgt, sondern unsere Persönlichkeit in solchem Maße hebt und vervollkommnet, daß Er uns, jeden für sich, mit dem Eingeborenen Sohn Gottes, Christus, dem Fleischgewordenen Wort, identifiziert. Folglich ist jeder Christ nicht nur schon von sich aus eine Persönlichkeit, sondern seine Persönlichkeit ist veredelt durch Identifizierung mit der einen Person, auf die sich die ganze Liebe des Vaters konzentriert: dem Wort Gottes. Jeder von uns wird ganz er selbst, wenn er durch den Geist Gottes in Christus umgestaltet wird. «Wir alle, die wir mit unverhülltem Antlitz die Herrlichkeit des Herrn schauen, werden von Herrlichkeit zu Herrlichkeit zu dem gleichen Bilde umgestaltet, gleichsam durch den Geist des Herrn» (2. Kor. 3,18).

11. Wenn ich den Heiligen Geist das «Gemeingut» der Kirche nenne, so darum, weil Er das gleiche auch für den Vater und den Sohn ist. Er ist das Band zwischen ihnen, und Er ist uns gesandt, damit wir den Vater im Sohn lieben und von Ihm geliebt werden, wie Er Seinen eigenen Sohn liebt.

Der Heilige Geist macht jeden von uns zu einem «anderen Christus», indem Er in unserer Seele das gleiche bewirkt wie in der Seele Christi. Er kommt zu uns als die Liebe des Vaters und des Sohnes für uns. Er erweckt in uns die Liebe des Vaters durch den Sohn, indem Er uns zu Jesus führt. «Daran wird der Geist Gottes erkannt. Jeder Geist, der bekennt, daß Jesus Christus im Fleische gekommen ist, ist aus Gott» (Joh. 4,2).

Es ist darum die wichtigste Aufgabe des Heiligen Geistes, uns in das Geheimnis der Menschwerdung und unserer Erlösung durch das fleischgewordene Wort einzuführen. Nicht nur bringt Er uns etwas von Gottes Liebe nahe, wie sie sich in Christus offenbart, Er läßt uns auch durch diese Liebe leben und ihr Wirken im Herzen spüren. Wenn wir das tun, läßt der Geist uns erkennen, daß dieses Leben und Wirken das Leben und Wirken Christi in uns ist. Und so bringt die Liebe, die durch den Heiligen Geist in unseren Herzen ausgegossen ist, uns in innige Erfahrungsgemeinschaft mit Christus. Nur durch den Heiligen Geist erkennen und lieben wir Jesus wahrhaft und gelangen durch Ihn dazu, den Vater zu erkennen und zu lieben.

Darum nennt Paulus den Heiligen Geist den «Geist Christi» und sagt: «Ihr seid nicht im Fleisch, sondern im Geist, wenn der Geist Gottes in euch wohnt. Wenn nun einer nicht den Geist Christi hat, gehört er nicht zu den Seinen» (Röm. 8,9).

Der Geist Christi, der Heilige Geist, ist das Leben des Mystischen Leibes Christi, der Kirche. Genau wie die Seele das Lebensprinzip ist, von dem Einheit und Tätigkeit des physischen Organismus abhängen, so ist der Heilige Geist das Prinzip des Lebens, der Einheit und der Tätigkeit, die die Menschenseelen zusammenführt, um wie ein einziger im «ganzen Christus» zu leben. Doch handelt der Heilige Geist nicht unabhängig vom Willen Jesu. Im Gegenteil – der Heilige Geist, über Christus ohne Maß ausgegossen, wird jedem von uns zuteil «in dem Maße, in dem Christus ihn gibt» (Eph. 4,7). Jeder von uns trägt die Liebe im Herzen, die Christus ihm verleiht, je nachdem er es verdient, und der Geist wohnt in uns, gehorsam dem Willen Christi, dem Haupt und Heiligmacher des Mystischen Leibes.

Durch den Heiligen Geist lieben wir jene, die mit uns in Christus verbunden sind. Je reichlicher wir den Geist Christi empfangen haben, um so besser vermögen wir sie zu lieben – und je mehr wir sie lieben, um so mehr empfangen wir vom Geist. Da wir sie aber durch den Geist lieben, der uns von Jesus verliehen ist, so ist es unbestreitbar Jesus selbst, der sie in uns liebt.

An sich ist darum das Maß der Liebe unendlich, weil die Liebe ein Geschenk einer göttlichen und unendlichen Person ist. Das tatsächliche Maß der Liebe in uns ist aber das «Maß», das wir von Christus empfangen haben. Die nächste Frage muß also lauten: Wieviel vermögen wir zu empfangen?

12. Um überhaupt irgend etwas vom Heiligen Geist und von Seiner Liebe zu empfangen, müssen wir vor allen Dingen zunächst getauft sein. Das heißt, wir müssen entweder durch das Sakrament oder durch Martyrium oder zum mindesten durch vollkommene Begierde in das Mysterium der Passion und Auferstehung Christi eintreten. Wir müssen unsere Seele dem Wirken Seiner Liebe überlassen, ohne die wir uns nicht über unsere natürliche Ebene erheben können, um am Göttlichen teilzuhaben.

Keine bloße asketische Technik, kein symbolischer, rein menschlicher religiöser Ritus kann uns in den Wirkungsbereich der Liebe Christi bringen. Er selbst muß den Geist des Bösen aus uns vertreiben, durch den «Finger Gottes», das heißt den Heiligen Geist. Jesus selbst muß uns mit dem Heiligen Geist und Feuer taufen, um uns zu «neuen Wesen» zu machen. Johannes der Täufer hat vom Heiland gesagt: «Ich taufe euch nur mit Wasser, damit ihr Buße tut, der aber nach mir kommt, ist stärker als ich. Ich bin nicht wert, Ihm die Schuhe zu tragen. Er wird euch mit dem Heiligen Geist und mit Feuer taufen» (Matth. 3,11). Und Jesus selbst hat deutlich gezeigt, daß diese Taufe des Heiligen Geistes mit der sakramentalen Taufe der Kirche identisch sein sollte. Denn Er ist es, der in der Person des taufenden Priesters handelt und unsichtbar in der Seele des Katechumenen wirkt. Er reinigt sie mit Seinem Heiligen Geiste in dem Augenblick, in dem der Priester die sakramentale Waschung vollzieht – das äußere Zeichen der inneren Gnade, die Christus selbst der Seele verleiht. «Und Jesus sprach: Wahrlich, wahrlich, ich sage dir, wenn jemand nicht wiedergeboren wird aus Wasser und dem Heiligen Geiste, so kann er in das Reich Gottes nicht eingehen» (Joh. 3,5).

Der Mensch muß erlöst und von «der Welt» abgesondert werden, bevor er den Heiligen Geist empfangen kann, weil «die Welt» im Neuen Testament der Sammelname für alle jene ist, die der Begierde nach zeitlichen und sinnlichen Gütern als Selbstzweck verfallen sind. Die Welt in diesem Sinne wird von Selbstsucht und Täuschung beherrscht, und der «Fürst dieser Welt» ist zugleich der «Vater der Lüge». Der Paraklet aber, den Jesus vom Vater für uns erwirkt und gesandt hat, um auf ewig in uns zu wohnen, «ist der Geist der Wahrheit, den die Welt nicht empfangen kann, weil sie Ihn nicht sieht und nicht kennt. Ihr aber werdet Ihn kennen, denn Er wird bei euch bleiben und in euch sein» (Joh. 14,17).

13. Wenn einmal der Geist in uns wohnt, entspricht das Maß, in dem Christus Ihn uns gibt, unserem eigenen Verlangen. Denn wenn Jesus uns über das Innewohnen Seines Geistes belehrt, ermahnt Er uns auch immer, darum zu bitten, damit wir empfangen mögen. Der Heilige Geist ist die vollkommenste Gabe des Vaters an die Menschen, und doch ist Er gerade jene Gabe, die der Vater am leichtesten gibt. Es gibt viele geringere Dinge, die uns vielleicht verweigert werden, wenn wir um sie bitten. Der Heilige Geist aber wird uns niemals verweigert. «Wenn ihr, die ihr böse seid, euren Kindern gute Gaben zu geben vermögt, wieviel mehr wird euer himmlischer Vater den Heiligen Geist denen geben, die Ihn darum bitten» (Luk. 11,13).

14. Wenn wir Gottes Gnade im Herzen fühlen, muß es unser Erstes sein, nach mehr Liebe zu verlangen. Das Verlangen nach Liebe ist selbst ein Anfang der Liebe, und vom Augenblick des Verlangens an besitzen wir schon mehr. Und unser Verlangen ist an sich Bürgschaft dafür, daß wir noch mehr zu erwarten haben. Denn das sehnsüchtige Verlangen, Gott zu lieben, wendet uns von allem ab, was Seinem Willen widerstrebt.

Durch das Verlangen, in der Liebe zu wachsen, empfangen wir den Heiligen Geist, und je reichlicher wir empfangen, um so tiefer dürsten wir nach mehr Liebe.

Das Verlangen nach Gottesliebe ist mehr als ein blinder Hunger der Seele (obwohl es zuweilen recht blind ist und recht viel vom Hunger an sich hat). Es ist klarblickend in dem Sinn, daß die vom Heiligen Geist erleuchtete Vernunft sich an den Vater wendet und im Namen des Sohnes um Zunahme der Liebe bittet. Mit anderen Worten, das Liebesverlangen der gereiften christlichen Seele ist eine klare, tiefe, friedvolle, tätige und höchst fruchtbare Erkenntnis der Heiligen Dreifaltigkeit.

Diese Liebe erkennt die Allerheiligste Dreifaltigkeit der drei Personen in einem Gott, nicht indem sie sich bemüht, drei getrennte «Einheiten» zugleich im Sinn zu haben – das wäre ebenso schwierig wie falsch – vielmehr indem sie durch die Liebe des Heiligen Geistes den im Vater verborgenen Sohn sucht. Es gibt nur eine einzige Liebe, die uns zu einem einzigen Gott zieht. Doch diese Liebe ist dreifaltig wie Gott selbst. Denn die Liebe verbindet uns mit den drei göttlichen Personen, von denen sie kommt – der Vater ist ihr unerschöpflicher Quell, der Sohn der Brennpunkt ihres herrlichen Glanzes und der Heilige Geist die Kraft ihrer ewigen Einheit.

Das alles hat Jesus uns in sehr konkreten Ausdrücken gelehrt: «Ich gehe zum Vater, und alles, um was ihr den Vater in Meinem Namen bitten werdet, das will Ich tun, damit der

Vater im Sohn verherrlicht werde... Wenn ihr mich liebt, so haltet meine Gebote. Ich will den Vater bitten, und Er wird euch einen anderen Tröster geben, der in Ewigkeit bei euch bleiben soll» (Joh. 14,13–16).

Diese letzte Schriftstelle nennt uns noch einen anderen Weg, auf dem das Maß der Liebe gesteigert werden kann: durch Gehorsam. Liebe tut den Willen des Geliebten. Wenn wir dem Heiligen Geist gehorsam sind, wird die Liebe in uns wachsen. Denn die Liebe ist das göttliche Leben, das uns zu Kindern Gottes macht. Je mehr wir dem Heiligen Geist gehorchen, um so stärker werden wir getrieben, als Kinder Gottes zu leben, und um so mehr werden wir befähigt, uns von Seinen Eingebungen erleuchten und stärken zu lassen. «Denn alle, die sich vom Geiste Gottes leiten lassen, sind Gottes Kinder» (Röm. 8,14). Die Vulgata gibt an dieser Stelle «*aguntur*» für «leiten lassen» und drückt damit aus, daß die Seele, die dem inneren Anstoß des Heiligen Geistes gehorcht, von der Liebe getrieben und gezwungen wird, als Kind Gottes zu handeln. «Die Liebe zu Christus drängt uns», sagt Paulus an anderer Stelle (2. Kor. 5,14). Denn der Heilige Geist spricht mit strenger und fast unerträglicher Beharrlichkeit in den Seelen, die Er zur Steigerung der Liebe treiben möchte.

Das erschließt uns das Geheimnis des Liebesmaßes. Nicht nur unser eigenes Verlangen, sondern das Verlangen Christi treibt uns durch Seinen Geist zum Wachstum in der Liebe. Wer selten oder nie das Verlangen nach Liebe zu Gott und den Mitmenschen fühlt, und auch nicht nach dem klaren Wasser des Verlangens dürstet, das der starke, lebendige Gott in unsere Herzen ergießt, der hat meistens aus anderen Strömen getrunken oder er hat für sich in zerbrochenen Brunnen gegraben.

Nicht etwa, daß der Heilige Geist diese Menschen nicht mit Seiner Liebe zu bewegen wünschte. Aber sie finden keinen Gefallen an der inneren, geistigen Regung reiner und selbstloser Liebe. Die Welt kann den Geist Gottes nicht empfangen, weil sie Ihn nicht kennt, und sie kennt Ihn nicht, weil sie nicht zu schmecken und zu sehen vermag, daß der Herr für die Menschenseele, die Ihm gehorcht, die Fülle der Köstlichkeiten bereit hat.

Wenn wir für das Göttliche keinen Sinn haben, können wir zum mindesten wünschen, diesen Sinn zu besitzen, und wenn wir darum bitten, wird er uns gegeben werden. Zugleich aber müssen wir uns den Sinn für anderes versagen, das das Verlangen nach Gott ertötet.

Und das führt uns zu einem weiteren Element, welches das Maß unserer Gottesliebe bestimmt: der Selbstverleugnung. Wir empfangen so viel Liebe zu Christus, wie wir bereit sind, uns von jeder anderen Liebe zu versagen. Wer in der sinnlichen Ordnung am wenigsten liebt, besitzt im Reich des Geistes am meisten. Ich sage, wer am wenigsten liebt, nicht wer am wenigsten ißt oder trinkt oder schläft. Und ein guter Ehemann kann Gott vielleicht mehr lieben als ein zweitrangiger Mönch. Der Prüfstein ist aber in jedem Fall die Losschälung des Willens und das Verlangen, sich selbst völlig aufzugeben, um Gott zu gehorchen. Mit einem Wort also: das Maß unserer Liebe ist das Maß unseres Verlangens. Dieses wiederum läßt sich an Gottes eigenem Verlangen messen, und wir geben Seinem Verlangen in uns nach, wenn wir uns das unsere versagen.

15. Obwohl das göttliche Leben, das uns durch den Heiligen Geist in Christus verliehen wird, wesenhaft das gleiche ist, das wir im Himmel führen werden, läßt der Besitz dieses Lebens uns auf Erden doch nie völlig zur Ruhe kommen. Der Christ ist seinem Wesen nach ein Verbannter auf dieser Welt, in der er keine bleibende Statt hat. Die bloße Gegenwart des Heiligen Geistes in Seinem Herzen läßt ihn an welt-

lichen und materiellen Gütern kein Genügen finden. Er kann sein Vertrauen nicht in die Dinge dieses Lebens setzen. Sein Schatz ist anderswo, und wo sein Schatz ist, da ist auch sein Herz.

16. Wir werden erlöst durch Hoffnung auf das, was wir nicht sehen, und wir erwarten es in Geduld.

Der Heilige Geist ist es, der uns mit dieser Hoffnung und dieser Geduld erfüllt. Spräche Er nicht ständig zu uns in der Tiefe unseres Bewußtseins, so könnten wir nicht immer weiter an das glauben, was der Welt stets als Verrücktheit gegolten hat. Die Prüfungen, die unserer Hoffnung zu spotten und die Grundlagen aller Geduld zu zerstören scheinen, sind vom Geist Gottes dazu bestimmt, unsere Liebe immer vollkommener zu machen, indem sie sie ganz auf Gott gründen und jede hier auf Erden sichtbare Stütze hinwegnehmen. Denn eine Hoffnung, die auf irdischer Macht und irdischem Glück beruht, ist keine theologische Hoffnung. Sie ist rein menschlich und gibt uns keine übernatürliche Kraft.

Dennoch richtet die Hoffnung des Christen sich nicht nur auf den Himmel. Der Himmel selbst ist nur das Vorspiel für die endgültige, in Christus offenbarte Vollendung. Die Lehre von der allgemeinen Auferstehung sagt uns, die Herrlichkeit von Gottes Liebe werde in gewissem Sinne Gemeingut aller Dinge sein, nicht nur der durch Christus erlösten Seelen, sondern auch ihrer Leiber und des gesamten stofflichen All.

Der hl. Paulus lehrt uns, daß die ganze Welt und alle Geschöpfe in ihr, die mit dem Menschen gefallen und gleich ihm der Nichtigkeit und Verwesung unterworfen sind, nun auch unbewußt die Wiederherstellung und Erfüllung in der Herrlichkeit der allgemeinen Auferstehung erwarten. «Denn das Harren der Schöpfung wartet auf die Offenbarung der Kinder Gottes... Denn auch die Schöpfung selbst soll von der Knechtschaft der Vergänglichkeit erlöst werden zur herrlichen Freiheit der Kinder Gottes» (Röm. 8, 19–21).

Im Zusammenhang der Paulinischen Theologie kann das nur eines bedeuten: daß die Welt und in ihr die durch Christus Erlösten an der Auferstehung Jesu von den Toten teilhaben sollen. Die Auferstehung ist darum der Kern des christlichen Glaubens. Ohne sie ist Jesu Kreuzestod nichts anderes als die Tragödie eines anständigen Menschen – der Tod eines jüdischen Sokrates. Ohne die Auferstehung ist die Lehre Jesu nur eine Sammlung unzusammenhängender Bruchstücke mit unbestimmtem sittlichem Bezug. Das Evangelium verliert den größten Teil seiner Bedeutung.

Die Lehre und die Wunder Christi waren nicht dazu bestimmt, die Menschen auf Seine Lehre und eine Reihe von Handlungen aufmerksam zu machen. Vielmehr sollten sie unsere Aufmerksamkeit auf Gott selbst lenken, der sich in der Person Jesu Christi offenbart. Wieder einmal ist die Theologie wesenhaft konkret. Sie ist alles andere als eine Synthese abstrakter Wahrheiten, sondern hat ihre Mitte in Jesus selbst, dem Wort Gottes, dem Weg, der Wahrheit und dem Leben. Um diese Theologie zu verstehen, müssen wir den Heiligen Geist empfangen, der uns an alles erinnert, was Christus gesagt und getan hat und der uns in die «Tiefen der Gottheit» einführt. Die Vollendung dieser Theologie ist das ewige Leben, das darin besteht, «den allein wahren Gott zu erkennen und Jesus Christus, den Er gesandt hat» (Joh. 17, 3).

Ohne Auferstehung hätten wir keinen Teil am ewigen Leben. Der Kreuzestod Jesu hat unsere Sünden getilgt, aber erst nach Seiner Auferstehung hauchte Er Seine Jünger an und gab ihnen den Heiligen Geist mit der Vollmacht, Sünden zu vergeben, zu taufen, alle Völker zu lehren und Sein lebenspendendes Opfer zu erneuern.

Wäre Christus nicht von den Toten auferstanden, so wäre es sinnlos zu behaupten, daß Er in Seiner Kirche und in der

Seele jedes Christen lebt. Denn wenn wir sagen, daß Christus in uns lebt, so meinen wir damit nicht, daß Er in uns geistig gegenwärtig ist als Vorbild der Vollkommenheit, als kostbare Erinnerung oder als leuchtendes Beispiel. Wir meinen vielmehr, daß Er durch Seinen Geist selbst das Prinzip neuen Lebens und neuen Handelns wird, das wirklich und buchstäblich Sein Leben und Handeln ist wie auch das unsere. Es ist für den Christen keine Metapher, mit Paulus zu sagen: «Ich lebe, aber nicht ich, sondern Christus lebt in mir» (Gal. 2,20).

Aber in der Gedankenwelt des Paulus bedingt die Auferstehung Christi auch unsere Auferstehung, und die beiden sind so untrennbar, daß «wenn es keine Auferstehung von den Toten gibt, so ist auch Christus nicht auferstanden» (1. Kor. 15,13). Die allgemeine Auferstehung ist eine so grundlegende Lehre des christlichen Glaubens, daß niemand, der sie nicht annimmt, sich wirklich einen Christen nennen kann. Denn Paulus fährt fort: «Ist Christus nicht auferstanden, so ist unsere Predigt eitel, und auch euer Glaube ist eitel» (1. Kor. 15,14).

Wenn unser ganzer Glaube auf der Auferstehung Jesu beruht, wenn der Heilige Geist uns nur von dem auferstandenen Christus zuteil wird und wenn Gottes gesamte Schöpfung der allgemeinen Auferstehung harrt, in der sie an der Herrlichkeit der Kinder Gottes teilhaben wird, dann konzentriert sich für den Christen das «Gemeinwohl» tatsächlich in Christi Auferstehung von den Toten. Wer in den Kern des Christentums eindringen und aus den Strömen lebendigen Wassers schöpfen möchte, die die Gottesstadt laben (Ps. 45,5), der muß in dieses Mysterium eintreten. Und das Mysterium der Auferstehung ist einfach die Vollendung des Kreuzesmysteriums. Ohne Beistand des Heiligen Geistes können wir in dieses Mysterium nicht eindringen. Wenn wir es aber tun, dann «wird der Geist dessen, der Jesus von den

Toten auferweckt hat, auch eure sterblichen Leiber wieder zum Leben erwecken, durch Seinen Geist, der in euch wohnt» (Röm. 8,11). «Denn dieser verwesliche Leib muß sich mit Unverweslichkeit, dieses Sterbliche sich mit Unsterblichkeit bekleiden. Wenn aber dieses Sterbliche mit Unsterblichkeit bekleidet ist, dann wird das Wort der Schrift in Erfüllung gehen: ‚Der Tod ist verschlungen in den Sieg'» (1. Kor. 15,53–54).

17. Um also noch einmal zusammenzufassen: das Maß unserer Liebe ist grundsätzlich unendlich, denn es hängt von Gottes Liebe zu uns ab, und diese ist unendlich. In der konkreten Wirklichkeit hat Gott uns Seine Liebe in der Person Jesu Christi erzeigt. Wir leben in Christus durch Seinen Geist, und wir vollenden uns endlich in der Liebe, wenn wir vollkommen in das Geheimnis der Auferstehung eintreten, in der Christus uns an Seiner göttlichen Sohnschaft teilhaben läßt.

Wir werden vollkommene Christen sein, wenn wir von den Toten auferstanden sein werden.

X

AUFRICHTIGKEIT

1. Wir verwirklichen uns selbst, wenn wir die Wahrheit sagen. Der Mensch vergißt wohl kaum, daß er um die Wahrheit wissen muß, denn der Trieb, sie zu erkennen, ist zu stark in uns, um sich auslöschen zu lassen. Aber er kann leicht vergessen, daß es ihm ebenso dringend nottut, die Wahrheit zu sagen. Wir können die Wahrheit nicht erkennen, wenn wir nicht selbst nach ihr leben.

Wir müssen innerlich wahr sein, wahr gegen uns selbst, bevor wir eine Wahrheit erkennen können, die außer uns ist. Aber wir machen uns innerlich wahr, wenn wir die Wahrheit kundtun, so wie wir sie sehen.

2. Wenn man heute noch Aufrichtigkeit bewundert, so vielleicht nicht um der Wahrheit willen, für die sie eintritt, sondern weil es ein liebenswerter Wesenszug an einem Menschen ist. Man ist gern aufrichtig, nicht aus Liebe zur Wahrheit, sondern weil die Leute uns gern haben, wenn wir für aufrichtig gelten. Und vielleicht treibt man diese Aufrichtigkeit bis zur Ungerechtigkeit – indem man über sich und andere gar zu offen spricht und so die Wahrheit benutzt, um die Wahrheit zu entstellen. Man macht sie zum Werkzeug des Spottes, um anderen Liebe zu entziehen. Die «Wahrheit», die einen anderen Menschen verächtlich macht, verbirgt eine andere Wahrheit, die wir nie vergessen sollten und die ihn in unseren Augen immer ehrenwert erscheinen lassen würde. Wahrheit mit Wahrheit aufzuheben, unter dem Vorwand der Aufrichtigkeit, ist eine sehr unaufrichtige Art zu lügen.

3. Wir gleichen Pilatus. Wir fragen stets: «Was ist Wahr-

heit?» und kreuzigen dann die Wahrheit, die vor unseren Augen steht.

Doch da wir die Frage gestellt haben, wollen wir sie beantworten.

Wenn ich frage: «Was ist Wahrheit?» erwarte ich entweder eine Antwort, oder ich erwarte keine. Pilatus erwartete keine. Aber seine Meinung, diese Frage erfordere keine Antwort, war seine Antwort. Er meinte, die Frage lasse sich nicht beantworten. Mit anderen Worten, er meinte, es sei wahr zu sagen, auf die Frage «Was ist Wahrheit?» gäbe es keine befriedigende Antwort. Wenn er aber durch diese Überlegung behaupten wollte, es gäbe keine Wahrheit, so widerlegte er seine eigene Behauptung eben dadurch, daß er sie dachte. So bekannte Pilatus sein Bedürfnis nach Wahrheit sogar noch durch seine Leugnung. Niemand kann vermeiden, so oder so dasselbe zu tun, denn unser Bedürfnis nach Wahrheit ist unentrinnbar.

Was also ist Wahrheit?

Die Wahrheit der Dinge ist ihre Wirklichkeit. In unserem Denken ist Wahrheit die Übereinstimmung unserer Erkenntnis mit dem Erkannten. In unserem Reden die Übereinstimmung der Worte mit dem, was wir denken. In unserem Verhalten die Übereinstimmung unseres Handelns mit dem, was wir sein sollen.

4. Es ist merkwürdig, daß unsere heutige Welt sich im Verlangen nach Erkenntnis der Dinge verzehrt und tatsächlich ungeheuer viel von ihrer physikalischen Beschaffenheit entdeckt und die Entdeckungen sich bestätigen – und man dabei immer noch nicht weiß, ob es so etwas wie Wahrheit gibt!

Objektive Wahrheit ist eine Wirklichkeit, die in uns wie außer uns zu finden ist und mit der wir geistig übereinstimmen können. Diese Wahrheit müssen wir erkennen und sie durch Wort und Tat kundtun.

Wir brauchen nicht alles zu verkünden, was wir wissen, denn es gibt Dinge, zu deren Geheimhaltung vor den Menschen wir verpflichtet sind. Aber es gibt anderes, was wir aussprechen müssen, auch wenn andere es vielleicht schon wissen.

Wir schulden der uns umgebenden Wirklichkeit unbestreitbare Anerkennung und sind zu gewissen Zeiten verpflichtet, die Dinge beim richtigen Namen zu nennen und unsere Ansichten über sie den Menschen unserer Umgebung offen darzulegen.

Die Tatsache, daß die Menschen ständig sprechen, beweist, daß sie der Wahrheit bedürfen und daß sie auf ihr gegenseitiges Zeugnis angewiesen sind, um die Wahrheit in sich zu formen und bestätigt zu finden.

Die Tatsache jedoch, daß die Menschen so viel Zeit damit verbringen, über nichts zu reden oder sich gegenseitig die Lügen zu erzählen, die sie voneinander gehört haben, oder daß sie ihre Zeit mit Klatsch, Verleumdung, übler Nachrede oder Spott vergeuden, beweist, daß unser Denken an einer Art Mißachtung gegen die Wirklichkeit leidet. Anstatt uns an das anzupassen, was ist, verdrehen wir alles in Worten und Gedanken, damit es zu unserer eigenen Mißgestalt paßt.

Der Grund dieser geistigen Verunstaltung liegt im Willen. Wir mögen vielleicht noch die Wahrheit reden, aber wir verlieren immer mehr das Bedürfnis, nach der Wahrheit zu leben. Unser Wille ist nicht mehr wahr, weil er sich weigert, unser Wesensgesetz anzunehmen. Er arbeitet nicht mehr in Übereinstimmung mit unserer eigenen Realität. Unser Wille verliert sich in falschen Werten und zerrt das Denken mit sich, und unsere rastlose Zunge bezeugt ständig die innere Zerrüttung: «Die Zunge vermag kein Mensch zu zähmen, dieses ruhelose Übel voll tödlichen Giftes. Mit ihr preisen wir den Herrn und Vater, und mit ihr verfluchen wir die Menschen, die nach Gottes Ebenbild erschaffen sind... Spendet eine

Quelle denn aus der gleichen Öffnung süßes und bitteres Wasser?» (Jak. 3,8–11).

5. Wahrhaftigkeit, Aufrichtigkeit und Treue sind nahe verwandt. Aufrichtigkeit ist Treue zur Wahrheit. Treue ist tatsächliche Wahrhaftigkeit in unseren Versprechungen und Entschlüssen. Unverbrüchliche Wahrhaftigkeit macht uns treu gegen uns selbst und Gott und gegen die Wirklichkeit rings um uns. Und dadurch macht sie uns ganz aufrichtig.

Aufrichtigkeit im vollen Sinne muß mehr sein als eine natürliche Anlage zur Offenheit. Sie ist eine Einfalt des Geistes, die man sich durch den Willen zur Wahrheit bewahrt. Sie schließt die Verpflichtung in sich, die Wahrheit kundzutun und zu verteidigen. Und darin liegt wiederum das Eingeständnis, daß es uns freisteht, die Wahrheit zu achten oder sie nicht zu achten und daß bis zu einem gewissen Grade die Wahrheit uns ausgeliefert ist. Das ist eine furchtbare Verantwortung, denn wenn wir die Wahrheit schänden, schänden wir unsere eigene Seele.

Die Wahrheit ist das Leben unserer Vernunft. Der Geist lebt nicht völlig, wenn er nicht redlich denkt. Und wenn der Geist nicht einsieht, was er tut, wie soll der Wille rechten Gebrauch von seiner Freiheit machen? Da unsere Freiheit aber in eine übernatürliche Ordnung eingesenkt ist und einem übernatürlichen Ziel zustrebt, das sich mit natürlichen Mitteln nicht einmal erkennen läßt, so bedarf die Seele zu ihrem vollen Leben eines Lichtes und einer Kraft, die ihr übernatürlich von Gott eingegossen sind. Das ist die heiligmachende Gnade und die von oben eingegebenen Tugenden von Glaube, Hoffnung und Liebe.

Aufrichtigkeit im vollen Sinne ist eine Gottesgabe, eine geistige Klarheit, die nur die Gnade uns verleiht. Wenn wir nicht «neue Menschen» werden, «nach Gott in Gerechtigkeit und Heiligkeit der Wahrheit erschaffen», können wir nicht ganz die Lüge und Doppelzüngigkeit vermeiden, die unserer verderbten Natur zum Instinkt geworden sind, wie Paulus sagt, «entsprechend dem trügerischen Verlangen» (Eph. 4, 22).

Eine der Wirkungen der Erbsünde ist eine unwillkürliche Voreingenommenheit zu Gunsten unserer eigenen selbstsüchtigen Wünsche. Wir sehen die Dinge so, wie sie nicht sind, weil wir sie auf uns bezogen sehen. Furcht, Besorgnis, Gier, Ehrgeiz und unsere hoffnungslose Genußsucht, das alles verzerrt das Bild der Wirklichkeit, das sich in uns spiegelt. Die Gnade berichtigt diese Verzerrung nicht gleich völlig. Aber sie gibt uns Mittel, um sie zu erkennen und zu bekämpfen. Sie sagt uns, was wir zur Besserung tun müssen. Aufrichtigkeit muß um einen Preis erkauft werden: die Demütigung, unsere unzähligen Irrtümer einzusehen, und Treue in ihrer unermüdlichen Richtigstellung.

Der aufrichtige Mensch ist darum einer, der durch Gnade weiß, daß er vielleicht instinktiv unaufrichtig ist und daß sogar seine natürliche Aufrichtigkeit zur Verschleierung von Verantwortungslosigkeit und moralischer Feigheit dienen kann: als genüge es, die Wahrheit zu erkennen und nichts für sie zu tun!

6. Wie kommt es, daß unsere gute Gesellschaft ihren Sinn für den Wert der Wahrhaftigkeit verloren hat? Das Leben ist so leicht geworden, daß wir meinen, wir kämen aus, ohne die Wahrheit zu sagen. Ein Lügner braucht nicht länger das Gefühl zu haben, seine Lügen könnten ihn in Gefahr des Verhungerns bringen. Wenn das Leben ein bißchen unsicherer wäre und wenn ein nicht vertrauenswürdiger Mensch es in seiner Beziehung zu den Mitmenschen schwerer hätte, würden wir uns und andere nicht so sorglos täuschen.

Aber alle Welt hat gelernt, Wahrheitsliebe lächerlich zu finden oder sie zu ignorieren. Die halbe zivilisierte Welt lebt vom Lügen. Reklame, Propaganda und alle die anderen Formen öffentlicher Werbung, welche die Wahrheit verdrängt haben, machen es den Menschen zur Selbstverständlichkeit, anderen Leuten alles erzählen zu können, was man will, vorausgesetzt, daß es annehmbar klingt und irgendeine oberflächliche Gefühlsreaktion auslöst.

Die Amerikaner haben sich gegen das Reklamegeschäft immer durch ihren eigenen Intellektualismus gesichert gefühlt. Wüßten wir nur, wie naiv unser Intellektualismus in Wirklichkeit ist! Er sichert uns gegen gar nichts. Wir lieben das, was wir angeblich verlachen. Wir kaufen eher eine schlechte, aber geschickt annoncierte Zahnpaste als eine gute, die überhaupt nicht angezeigt ist. Die meisten Amerikaner möchten sich nicht tot in einem Wagen blicken lassen, von dem ihre Nachbarn noch nie gehört haben.

Aufrichtigkeit wird unmöglich in einer Welt, die von einer Falschheit beherrscht wird, der gegenüber man sich für gescheit genug hält, um sie zu entlarven. Die Propaganda wird ständig der Verachtung preisgegeben, aber bei aller Verächtlichkeit lieben wir sie schließlich doch. Zu guter Letzt würden wir nicht ohne sie auskommen.

Diese Doppelzüngigkeit ist ein charakteristisches Merkmal eines Sündenzustands, in dem der Mensch durch Vorliebe für das gefesselt ist, von dem er weiß, daß er es hassen sollte.

7. Deine Vorstellung von mir setzt sich aus Stoff zusammen, den du von anderen und von dir selbst entliehen hast. Was du von mir denkst, hängt von dem ab, was du von dir selber denkst. Vielleicht bildest du dir deine Vorstellung von mir aus Stoff, den du gern aus deiner Vorstellung von dir selbst ausscheiden möchtest. Vielleicht ist deine Vorstellung von mir ein Reflex von dem, was andere von dir denken. Oder vielleicht denkst du von mir einfach dasselbe, was du glaubst, ich dächte es von dir.

8. Wie schwer ist es für uns, aufrichtig gegeneinander zu sein, wenn wir weder uns selbst noch einander kennen! Aufrichtigkeit ist unmöglich ohne Demut und übernatürliche Liebe. Ich kann nicht offen gegen andere sein, wenn ich mich selbst nicht verstehe und nicht bereit bin, alles Menschenmögliche zu tun, um andere zu verstehen.

Aber mein Verständnis für sie ist immer getrübt durch den Reflex meiner selbst, den ich unwillkürlich in ihnen sehe.

Vollkommen schlicht gegen andere zu sein, erfordert mehr Mut, als wir uns vorstellen. Unsere Offenheit wird oft durch heimliche Grausamkeit beeinträchtigt, die aus Furcht stammt.

Falsche Aufrichtigkeit braucht viele Worte, weil sie Angst hat. Echte Offenheit kann es sich erlauben zu schweigen. Sie braucht keines Angriffs gewärtig zu sein. Alles, was sie vielleicht zu verteidigen hat, kann mit vollkommener Einfalt verteidigt werden.

Religiöse Menschen argumentieren oft unaufrichtig, und ihre Unaufrichtigkeit entspricht ihrem Ärger. Warum werden wir ärgerlich über Fragen des Glaubens? Weil wir keinen wirklichen Glauben haben. Oder vielleicht ist auch das, was wir angeblich als «Wahrheit» verteidigen, in Wirklichkeit nur unsere eigene Selbstbewunderung. Einem aufrichtigen Menschen liegt weniger daran, die Wahrheit zu verteidigen, als sie ganz klarzustellen, denn er meint, wenn die Wahrheit klar erkannt wird, verteidigt sie sich selbst.

9. Furcht ist vielleicht der größte Feind der Offenheit. Wie viele Menschen scheuen sich, ihrem Gewissen zu folgen, weil sie sich lieber der Meinung anderer Menschen anpassen als der Wahrheit ihres eigenen Herzens! Wie kann ich aufrichtig sein, wenn ich fortwährend meinen Sinn ändere, um dem Schatten dessen zu entsprechen, was meiner Meinung nach andere von mir erwarten? Niemand hat ein Recht zu verlan-

gen, ich möge anders sein, als ich vor Gott sein sollte. Größeres kann vom Menschen unmöglich gefordert werden! Aber diese gerechte Forderung, die ich erfüllen muß, ist gerade die eine, deren Erfüllung man im allgemeinen nicht von mir erwartet. Für die Menschen soll ich das sein, wofür sie mich halten, nämlich eine Erweiterung ihrer selbst. Sie verstehen nicht, daß mein Leben gerade Ergänzung und Erfüllung des ihren werden kann, wenn ich ganz ich selbst bin; wenn ich aber nur als ihr Schatten lebe, werde ich nur dazu taugen, sie an ihre eigene Nicht-Erfüllung zu gemahnen.

Wenn ich zu dem Wesen ausarte, das andere sich unter mir vorstellen, wird Gott zu mir sagen müssen: «Ich kenne dich nicht!»

10. Die zarte Aufrichtigkeit der Gnade ist immer gefährdet in einer Seele, die von menschlicher Gewalt beherrscht ist. Leidenschaft trübt die Tiefe der Aufrichtigkeit, es sei denn, sie wäre völlig angebracht. Aber Leidenschaft ist fast nie völlig angebracht, nicht einmal bei den Heiligen.

Doch das klare Wasser eines Sees wird nicht von dem Wind beschmutzt, der seinen Spiegel kräuselt. Aufrichtigkeit kann einiges an ungestümer Leidenschaft ertragen, ohne Schaden zu leiden, solange das Ungestüm nur geduldet und nicht bejaht wird.

Wenn wir die Gewaltsamkeit gewähren lassen, wird sie der Aufrichtigkeit zum Verderben, und sie ist vollends verderblich, wenn wir unseren Frieden eher in Leidenschaft finden als in Ruhe und Stille.

Geistige Gewaltsamkeit ist am gefährlichsten, wenn sie am geistigsten ist, das heißt, wenn sie gefühlsmäßig am wenigsten spürbar ist. Sie bemächtigt sich der Willenstiefe ohne irgendeine Erregung an der Oberfläche und schlägt die ganze Seele kampflos in Fesseln. Das Gefühlsleben kann ganz ruhig bleiben, sogar einen gewissen Genuß an diesem Taumel empfinden. Aber der tiefe Seelenfrieden ist zerstört, weil das Bild der Wahrheit durch Auflehnung zerschlagen wird. So wirkt zum Beispiel die Gewaltsamkeit hemmungslosen Stolzes.

Es gibt nur eine Art von Gewaltsamkeit, die den Himmel im Sturm nimmt. Das ist die scheinbare Gewaltsamkeit der Gnade, die in Wirklichkeit Ordnung und Frieden ist. Sie bewirkt Frieden auf dem Grunde der Seele, sogar inmitten der Leidenschaft. Man nennt sie «gewaltsam» wegen der Energie, mit der sie der Leidenschaft widerstrebt und im Haus der Seele Ordnung schafft. Diese Gewaltsamkeit ist die Stimme und die Kraft Gottes selber, die sich in unserer Seele erhebt. Der Gott des Friedens spricht mit Macht in unserem inneren Heiligtum.

Der Gott des Friedens wird niemals durch menschliche Gewaltsamkeit verherrlicht.

11. Die Wahrheit heiligt uns, denn Jesus hat für uns gebetet, daß wir «in der Wahrheit geheiligt würden». Andererseits lesen wir, daß «Wissen aufbläht».

Wie kommt es, daß Wissen uns stolz macht?

In der Wahrheit ist kein Stolz. Wenn unser Wissen wahr ist, sollte es uns demütig machen. Wenn demütig, dann heilig.

Sobald Wahrheit in der Vernunft herrscht, wird das Denken dadurch «geheiligt». Soll aber die ganze Seele geheiligt werden, so muß das Wollen von der gleichen Wahrheit geheiligt sein, die in der Vernunft wohnt. Auch wenn wir geistig vielleicht die Wahrheit sehen, steht es unserem Wollen frei, «die Wahrheit Gottes mit einer Lüge zu vertauschen» (Röm. 1,25).

Es gibt eine Art der Wahrheitserkenntnis, die uns gegen uns selbst und gegen Gott wahrhaftig macht und darum wirklicher und heiliger. Aber es gibt auch eine andere Art, die Wahrheit aufzunehmen, und die macht uns unwahr und unheilig. Der Unterschied zwischen den beiden liegt in der Willensrichtung.

Wenn mein Wille der Wahrheit als Knecht dient und meine ganze Seele dem weiht, was meine Vernunft erkannt hat, wird die Wahrheit mich heiligen. Ich werde aufrichtig sein. «Mein ganzer Leib wird licht sein» (Matth. 6, 22).

Wenn aber mein Wille sich der Wahrheit als Herr bemächtigt, als wäre die Wahrheit mein Knecht und gehöre mir durch Siegerrecht, dann nehme ich als selbstverständlich an, daß ich alles mit ihr machen kann, was mir beliebt. Das ist die Wurzel allen Truges.

Der Heilige muß die Wahrheit als etwas sehen, dem man dient, nicht als etwas, das man besitzt und mit dem man nach eigenem Belieben verfahren kann.

12. Zuletzt ist die Frage der Aufrichtigkeit eine Frage der Liebe. Ein aufrichtiger Mensch ist nicht so sehr einer, der die Wahrheit sieht und sie so verkündet, wie er sie sieht, vielmehr einer, der die Wahrheit mit lauterer Liebe liebt. Doch die Wahrheit ist mehr als eine Abstraktion. Sie lebt und verkörpert sich in wirklichen Menschen und Dingen. Darum darf man das Geheimnis der Aufrichtigkeit nicht in einer philosophischen Liebe für abstrakte Wahrheit suchen, sondern in der Liebe zu wirklichen Menschen und wirklichen Dingen – in der Liebe zu Gott, die in der Wirklichkeit rings um uns erfaßt wird.

Es läßt sich kaum in Worten ausdrücken, wie wichtig diese Vorstellung ist. Das ganze Problem unserer Zeit ist nicht Mangel an Wissen, sondern Mangel an Liebe. Wenn die Menschen sich nur liebten, würde es ihnen nicht schwerfallen, einander zu trauen und gegeneinander wahr zu sein. Wenn wir alle die Liebe hätten, würden wir Gott leicht finden. «Denn die Liebe stammt von Gott. Wer Liebe hat, ist aus Gott geboren und kennt Gott» (1. Joh. 4, 7).

Wenn die Menschen nicht lieben, so darum, weil sie in frühester Kindheit erfahren haben, daß sie selbst nicht geliebt werden. Die Doppelzüngigkeit und der Zynismus unserer Zeit gehören einer Generation an, die von der Wiege an gefühlt hat, ihren Eltern nicht willkommen gewesen zu sein.

Die Kirche versteht menschliche Liebe weit besser und tiefer als der moderne Mensch, der meint, alles darüber zu wissen. Die Kirche weiß sehr wohl, daß es ein Eingeständnis unaufrichtiger Liebe ist, den Schöpferwillen menschlicher Zeugung zu verneinen. Es ist unaufrichtig, weil es unter dem Menschlichen, selbst unter dem Animalischen liegt. Liebe, die nur genießen und nicht zeugen will, ist nicht einmal der Schatten einer Liebe. Sie ist ohnmächtig. Die geistige Impotenz unserer Generation läßt sich aus dem erdrückenden Vorwurf der Unaufrichtigkeit ableiten, dem jeder Mann und jede Frau sich im Innersten gegenübersieht, wenn sie versuchen, nur um des eigenen Genusses willen zu lieben. Eine Liebe, die – aus welchem Grunde auch immer – fürchtet, Kinder zu bekommen, ist Liebe, die die Liebe fürchtet. Sie ist in sich selbst gespalten, ist Lüge und Widerspruch. Schon die Natur der Liebe fordert, ihre schöpferische Erfüllung zu suchen, trotz aller Hindernisse. Liebe, sogar Menschenliebe, ist stärker als der Tod. Um so mehr muß wahre Liebe stärker sein als Armut, Hunger oder Sorge. Und doch liebt der Mensch unserer Zeit nicht einmal mit so viel Mut, um auch nur Ungelegenheiten und Unbequemlichkeiten zu wagen.

Ist es ein Wunder, daß die Kirche die Argumente der Leute mißachtet, die Geld und Wohlleben für wichtiger halten als Liebe? Das Leben der Kirche ist selbst die höchste Form der Liebe, und in dieser höchsten Liebe sind alle geringeren Formen der Liebe durch göttliche Sanktion einbeschlossen und beschirmt. Unvermeidlicherweise muß die Kirche in einer Zeit, wo die Menschen der Liebe Kraft und Inhalt nehmen, ihr letztes Bollwerk sein. Aber es liegt wirklich Ironie darin, daß selbst der physische Genuß menschlicher Liebe durch die weise Lehre der Kirche wirksamer geschützt wird als durch die Sophismen derjenigen, deren einziges Ziel der Genuß ist. Auch hier weiß die Kirche, was sie sagt, wenn sie uns daran erinnert, daß der Mensch aus Leib und Seele besteht und daß der Leib seine Funktion nur richtig erfüllt, wenn er sich völlig der Seele unterordnet und die Seele ihrerseits sich der Gnade, das heißt der göttlichen Liebe, unterordnet. In der Lehre der Kirche will die Tugend der Enthaltsamkeit das instinktive menschliche Verlangen nach Genuß nicht unterdrücken oder ablenken, vielmehr rechtmäßigen Genuß seinem eigenen Ziel dienstbar machen – dem Menschen in der Vereinigung mit Gott Erfüllung und Glück zu schenken. Und so muß die Kirche durch ihre eigene unerschütterliche Logik dem Menschen die ganze Fülle von Genuß lassen, die für das Wohlbefinden des Einzelnen und der Gemeinschaft notwendig sind. Niemals betrachtet sie den Genuß bloß als «notwendiges Übel», das man dulden muß. Es ist vielmehr ein Gut, das zur Heiligung des Menschen beitragen kann, ein Gut freilich, das der gefallene Mensch nur mit größter Schwierigkeit richtig zu gebrauchen versteht. Daher die Strenge der kirchlichen Gebote. Doch wollen wir den Sinn dieser Gebote nicht vergessen, nämlich nicht nur den Anspruch Gottes zu gewährleisten, sondern auch den Anspruch des Menschen selbst und sogar den berechtigten Anspruch seines Leibes.

Noch einmal, man beschuldige mich nicht der Übertreibung, wenn ich dem Problem der Aufrichtigkeit bis zu seinen Wurzeln in der menschlichen Liebe nachspüre. Die Selbstsucht einer Zeit, die sich dem bloßen Kult des Genusses weiht, hat das ganze Menschengeschlecht mit einem trügerischen Irrtum vergiftet, der all unser Tun mehr oder weniger zur Lüge gegen Gott macht. Ein Zeitalter wie das unsrige kann nicht aufrichtig sein.

13. Unsere Fähigkeit zur Aufrichtigkeit gegen uns selbst, gegen Gott und gegen unsere Mitmenschen entspricht tatsächlich unserer Fähigkeit zu aufrichtiger Liebe. Und die Aufrichtigkeit unserer Liebe hängt weitgehend davon ab, wie sehr wir uns selbst geliebt glauben können. Die meisten sittlichen, geistigen und sogar religiösen Verwicklungen unserer Zeit gehen auf die verzweifelte Angst zurück, daß wir von niemand jemals wirklich geliebt werden.

Wenn wir bedenken, daß die meisten Menschen geliebt sein wollen, als wären sie Götter, so ist es kaum zu verwundern, daß sie daran verzweifeln, die Liebe zu empfangen, die ihnen nach ihrer Meinung zukommt. Selbst der größte Narr muß dunkel spüren, daß er keine Anbetung verdient. Und wie er auch über seinen Anspruch auf Anbetung denken mag, nach nicht zu langer Zeit wird ihm die Unmöglichkeit klar werden, eine Frau so betören zu können, daß sie ihn anbetet. Dennoch ist unsere Vorstellung von uns selbst so phantastisch unwirklich, daß wir uns gegen diesen Mangel an «Liebe» auflehnen, als wären wir Opfer einer Ungerechtigkeit. Unser ganzes Leben baut sich dann auf falscher Grundlage auf. Wir nehmen an, anderen würde die Art von Würdigung zuteil, die wir für uns selbst verlangen, und wir gehen noch weiter in der Annahme, wir seien nicht liebenswert, so wie wir sind. Darum glauben wir, uns unter falschen Vorspiegelungen liebenswerter machen zu müssen, als wären wir besser, als wir wirklich sind.

Der wahre Grund des weitverbreiteten Glaubensmangels liegt darin, daß die Menschen selbst von Gott nicht mehr glauben, Er könne sie lieben. Vielleicht aber ist ihre Verzweiflung achtbarer als die Unaufrichtigkeit derer, die meinen, sie könnten Gott dazu verführen, sie wegen etwas zu lieben, was sie gar nicht sind. Schließlich ist diese Art von Täuschung ziemlich häufig bei den sogenannten «Gläubigen», die sich bewußt an die Hoffnung klammern, Gott selbst würde, durch Gebet besänftigt, ihre Selbstgefälligkeit und Unaufrichtigkeit dulden und ihnen helfen, ihre selbstsüchtigen Ziele zu erreichen. Ihr Gottesdienst hat wenig Wert für sie selbst und ehrt Gott nicht. Sie halten Ihn nicht nur für einen heimlichen Rivalen (und stellen sich darum auf gleiche Stufe mit Ihm), sondern sie meinen auch, Er sei niedrig genug, um sich auf einen Handel mit ihnen einzulassen. Das ist eine große Blasphemie.

14. Wenn wir aufrichtig und in Einfalt lieben wollen, müssen wir zu allererst unsere Angst überwinden, nicht geliebt zu werden. Das kann nicht dadurch geschehen, daß wir uns zwingen, an irgendeine Illusion zu glauben, und behaupten, wir würden geliebt, wenn es nicht so ist. Wir müssen uns von unserer größten Illusion über uns selbst freimachen und offen anerkennen, wie wenig liebenswert wir in vieler Beziehung sind. Wir müssen in die Tiefe unseres eigenen Wesens hinabsteigen, bis wir zu der letzten Wirklichkeit in uns kommen und begreifen, daß wir schließlich doch liebenswert sind, trotz allem!

Das ist eine schwere Aufgabe. Sie läßt sich nur durch lebenslange echte Demut bewältigen. Aber früher oder später müssen wir zwischen dem unterscheiden, was wir nicht sind und was wir sind. Wir müssen uns mit der Tatsache abfinden, daß wir nicht das sind, was wir gern wären. Wir müssen unser falsches äußeres Ich abstreifen, wie das billige und protzige Gewand, das es ist. Wir müssen unser wahres Ich finden, in seiner ganzen elementaren Armut wie auch in seiner großen und schlichten Würde: als Kind Gottes erschaffen zu sein, befähigt, mit etwas von Gottes eigener Aufrichtigkeit und Selbstlosigkeit zu lieben.

Armut wie Adel unseres innersten Wesens bestehen in der Tatsache, daß es zur Liebe geschaffen ist. Es kann von Gott geliebt werden, und wenn es von Ihm geliebt wird, kann es auf Seine Liebe durch Nachahmung reagieren – es kann sich in Dankbarkeit, Anbetung und Sorge Ihm zuwenden; es kann sich dem Nächsten in Mitgefühl, Erbarmen und Großmut zuwenden.

Der erste Schritt zu dieser Aufrichtigkeit ist die Erkenntnis, daß wir an sich wenig oder nichts wert sind, daß wir aber einen verborgenen hohen Wert haben, weil wir hoffen dürfen, von Gott geliebt zu werden. Er liebt uns nicht, weil wir gut sind, vielmehr werden wir gut, wenn und weil Er uns liebt. Wenn wir diese Liebe in aller Einfalt empfangen, so wird die Aufrichtigkeit unserer Liebe für die Mitmenschen sich von selbst verstehen. Angesichts der ungeheuren Freigebigkeit, die wir in Gottes Liebe zu uns erfahren, brauchen wir nie zu fürchten, Seine Liebe könne uns im Stich lassen. Und im Vertrauen, von Ihm geliebt zu sein, werden wir uns wegen der Unsicherheit der Menschenliebe keine allzu großen Sorgen machen. Damit meine ich nicht, daß wir gleichgültig gegen ihre Liebe sind – wir möchten ja, daß sie in uns Gott lieben, der sie in uns liebt. Aber wir brauchen uns um ihre Liebe nie zu beunruhigen, denn in jedem Fall erwarten wir in diesem Leben nicht allzuviel davon deutlich zu sehen.

15. Die ganze Frage der Aufrichtigkeit ist also im Grunde eine Frage von Liebe und Angst. Der selbstsüchtige, enge Mensch, der wenig liebt und große Angst hat, nicht geliebt zu werden, kann niemals zutiefst aufrichtig sein, selbst wenn er zuweilen an der Oberfläche ein offenes Wesen zu haben scheint. Im Innersten wird er stets in eine gewisse Doppelzüngigkeit verstrickt bleiben. Er wird sich selber in seinem besten und ernsthaftesten Wollen betrügen. Nichts, was er über Liebe, sei es göttliche oder menschliche, sagt oder fühlt, ist wahrhaft glaubwürdig, bevor seine Liebe sich nicht endlich von ihren niedrigsten und unsinnigsten Ängsten geläutert hat.

Der Mensch dagegen, der sich nicht scheut, alles einzugestehen, was er Falsches an sich sieht, und sich dennoch bewußt ist, Gegenstand von Gottes Liebe sein zu können, und zwar gerade wegen seiner Mängel, der steht am Anfang der Aufrichtigkeit. Seine Aufrichtigkeit gründet sich auf Vertrauen, nicht zu seinen eigenen Illusionen, sondern zur unendlichen, unwandelbaren Barmherzigkeit Gottes.

16. Aufrichtigkeit ist vielleicht das Lebenswichtigste am echten Gebet. Es ist der allein gültige Prüfstein für unseren Glauben, unsere Hoffnung, unsere Gottesliebe. Wie tief auch unsere Betrachtungen sein mögen, wie streng unsere Bußübungen, wie großartig unsere Liturgie, wie rein unser Gesang, wie erhaben unsere Gedanken über Gott – das alles ist zwecklos, wenn wir nicht wirklich meinen, was wir sagen. Wozu auf uns den Fluch herabziehen, den die alten Propheten ausriefen und den Christus selbst aufgegriffen hat: «Ihr Heuchler, recht hat Isaias von euch geweissagt: ‚Dies Volk ehrt mich mit den Lippen, sein Herz aber ist fern von mir'» (Matth. 15,7–8) (Is. 29,13).

Da der Mönch ein Mann des Gebetes und ein Mann Gottes ist, so ist Aufrichtigkeit seine wichtigste Verpflichtung. In der Regel des hl. Benedikt werden wir ständig daran gemahnt. Wer kein echter Mönch ist, «belügt Gott mit seiner Tonsur», sagt er (Regel, Kap. I). Das erste, wonach man bei einem Kandidaten für das klösterliche Leben fragen muß, ist Aufrichtigkeit in seiner Gottsuche. Eines der Mittel zu guten Werken, durch die der Mönch zum Heiligen wird, ist, «die Wahrheit zu reden mit seinem Herzen und mit seinen Lippen» ein anderes, kein Heiliger genannt werden zu wollen, ohne es zu sein, sondern in Wahrheit ein Heiliger zu werden. Um die Wahrheit seiner Tugend gewisser zu machen, muß er sie lieber in Taten ausdrücken wollen als in Worten. Vor allem aber im Gebet müssen seine Gedanken mit den Worten übereinstimmen, die er spricht. Wie Jesus selbst möchte Benedikt das Gebet lieber kurz und lauter, statt daß der Mönch leere Worte und bedeutungslose Betrachtungen aneinander reiht.

Das Wichtigste im Gebet ist, daß wir, so wie wir sind, vor Gott treten, so wie Er ist. Das kann nicht geschehen ohne reichliches Bemühen um Sammlung und Selbsterforschung. Wenn wir aber aufrichtig sind, wird unser Gebet niemals umsonst sein. Unsere Aufrichtigkeit selbst bringt uns in unmittelbaren Kontakt mit dem Gott aller Wahrheit.

XI

BARMHERZIGKEIT

1. Wie nah ist uns Gott, wenn wir erst einmal unser Elend erkennen und eingestehen und unsere ganze Hoffnung auf Ihn setzen! Gegen alle menschliche Erwartung stützt Er uns, wenn wir Stütze brauchen, und hilft uns, das scheinbar Unmögliche zu vollbringen. Jetzt lernen wir Ihn erkennen, nicht in der «Gegenwart», die abstrakte Betrachtung vermittelt – eine Gegenwart, in der wir Ihn mit unserem eigenen Putz schmücken – sondern in der Leere einer Hoffnung, die der Verzweiflung benachbart ist. Denn vollkommene Hoffnung erwächst am Rande der Verzweiflung, wenn wir, anstatt in den Abgrund hinunterzustürzen, entdecken, daß wir auf der Luft schreiten. Hoffnung ist stets dicht daran, sich in Verzweiflung zu verkehren, tut es aber nie, denn im Augenblick der äußersten Krise wird Gottes Kraft plötzlich in unserer Schwachheit mächtig. So lernen wir in der höchsten Bedrohung still auf Seine Barmherzigkeit zu harren und im Angesicht der Gefahr Ihn ruhig zu suchen, gewiß, daß Er uns niemals im Stich lassen wird, mögen wir auch von den Gerechten gescholten und von denen verurteilt werden, die sich der Beweise Seiner Liebe rühmen.

2. «Wenn ich schwach bin, dann bin ich stark» (2. Kor. 12, 10).

Unsere Schwachheit hat uns den Himmel geöffnet, denn sie hat Gottes Barmherzigkeit auf uns herabgezogen und uns Seine Liebe erobert. Unser Leid ist die Saat all unserer Freude. Sogar die Sünde hat unfreiwillig dazu beigetragen, die Sünder zu retten, denn Gottes unendliche Barmherzigkeit läßt sich nicht abhalten, aus dem Schlimmsten das Beste hervorgehen zu lassen. Die Sünde wurde vernichtet inmitten derer, die glaubten, Christus vernichten zu können. Sünde kann niemals Gutes bewirken. Sie kann nicht einmal sich selbst vertilgen, was freilich etwas sehr Gutes wäre. Aber die Liebe Christi für uns und die Barmherzigkeit Gottes haben die Sünde vertilgt, denn Christus nahm die Last all unserer Sünden auf sich und zahlte den fälligen Preis für sie. So singt die Kirche, daß Christus am Baum des Kreuzes starb, damit das Leben von dem gleichen Stamm erstehe, von dem zuerst der Tod ausgegangen ist.

Der christliche Begriff der Barmherzigkeit ist darum der Schlüssel zur Umgestaltung einer ganzen Welt, in der noch die Sünde zu herrschen scheint. Denn der Christ entgeht dem Bösen nicht, auch ist er nicht vom Leiden befreit oder dem Einfluß und der Wirkung der Sünde entzogen, noch ist er selbst unfehlbar. Auch er vermag leider zu sündigen. Er ist nicht ganz vom Bösen frei geworden. Dennoch ist es seine Bestimmung, die ganze Welt vom Bösen zu befreien und sie in Gott umzugestalten: durch Gebet, durch Buße, durch Liebe und vor allem durch Barmherzigkeit. Gott, der Allheilige, hat nicht nur Erbarmen mit uns, sondern Er hat Sein Erbarmen auch in die Hände von potentiellen Sündern gegeben, damit sie fähig sein sollten, zwischen Gut und Böse zu wählen, und damit sie das Böse mit Gutem überwinden und Barmherzigkeit für ihre Seele erlangen, indem sie gegen andere barmherzig sind.

Gott hat die Sünde in der Welt belassen, damit es Verzeihung geben möge. Nicht nur die heimliche Verzeihung, durch die Er selbst unsere Seele rein macht, sondern die offenbare Verzeihung, durch die wir gegeneinander Barmherzigkeit üben und so bezeugen, daß Er durch Seine Gnade in unserem eigenen Herzen lebt.

3. «Selig sind die Trauernden.» Kann das wahr sein? Gibt

es ein größeres Elend, als die Neige unserer eigenen Unzulänglichkeit, Not und Hoffnungslosigkeit zu kosten und zu wissen, daß wir ganz bestimmt überhaupt nichts wert sind? Dennoch ist es Seligkeit, bis zu dieser Tiefe herabzusinken, wenn wir dort Gott zu finden vermögen. Solange wir noch nicht den Boden des Abgrunds erreicht haben, gibt es zwischen Allem und Nichts noch manche Zwischenstufen, die wir wählen können. Wir können der Entscheidung noch ausweichen. Wenn wir aber bis zum letzten erniedrigt sind, gibt es kein Ausweichen mehr. Es ist eine furchtbare Wahl. Sie wird in der tiefsten Finsternis getroffen, aber mit einer inneren Erleuchtung, die fast unerträglich ist in ihrer engelhaften Klarheit: wenn wir, die vernichtet und in der Hölle zu sein scheinen, uns wunderbarerweise für Gott entscheiden.

4. Nur die Verlorenen werden gerettet. Nur der Sünder wird gerechtfertigt. Nur die Toten können von den Toten auferstehen, und Jesus hat gesagt: «Ich bin gekommen, um zu suchen und selig zu machen, was verloren war» (Luk. 9, 10).

5. Gewisse Menschen sind nur gerade tugendhaft genug, um zu vergessen, daß sie Sünder sind, fühlen sich aber nicht armselig genug, um sich zu erinnern, wie sehr sie Gottes Barmherzigkeit bedürfen.

Möglicherweise können manche, die auf Erden ein schlechtes Leben geführt haben, im Himmel höher stehen, als jene, deren Leben so gut schien. Was ist ein Tugendleben wert, wenn es ein Leben ohne Liebe und ohne Barmherzigkeit ist? Liebe ist Gottes Gnadengeschenk für Menschenkummer, nicht der Lohn für menschliches Selbst-genügen. Tiefer Kummer über viel Böses ist ein ungeheures Geschenk der Liebe und führt uns, hingerissen von Gottes Barmherzigkeit, über uns selbst hinaus: «Weil sie viel geliebt hat, ist ihr viel vergeben.»

Aber das Beste von allem ist die Liebe der jungfräulichen Gottesmutter, die Ihn niemals kränkte, die aber von Ihm die größte aller Gnaden empfangen hat: mitten in der höchsten Vollendung ihre eigene Nichtigkeit zu erkennen und die ärmste aller Heiligen zu sein, weil sie die reichste war.

Ihre Liebe entsprach vollkommen ihrer Demut. Sie, die in ihren eigenen Augen die geringste war, sah ohne Zittern, daß sie in Gottes Augen die höchste war. Darüber freute sie sich, weil es sie freute, aus keinem anderen Grunde.

So wurde sie, die Schwächste, zur Mächtigsten und überwand den Stolz der stärksten Engel, die gefallen waren, weil sie ihre Macht als eigene begehrten, als hätten sie sie aus sich und von niemand sonst zu eigen. Sie dagegen besaß gar keine eigene Macht, hatte aber die größte Gnade empfangen, wurde am innigsten geliebt und war darum am meisten der Liebe würdig und am tiefsten befähigt, Gott wieder zu lieben. Durch die Macht von allem, was sie nicht besaß, hat sie Macht über uns alle erhalten, uns, die wir ihr gehören kraft Gottes Gnade – in deren Austeilung sie unumschränkte Herrscherin ist, durch ihre Gebete.

6. In Gottes Heiligkeit laufen alle Extreme zusammen: unendliche Gnade und Gerechtigkeit, unendliche Liebe und Haß gegen die Sünde, unendliche Macht und grenzenlose Herablassung zu der Schwachheit Seiner Geschöpfe. Seine Heiligkeit ist die Zusammenfassung all Seiner anderen Attribute: Sein Dasein in unendlicher Transzendenz, Sein Anderssein und Seine völlige Verschiedenheit von allen anderen Wesen.

Die höchste Offenbarung von Gottes Heiligkeit aber ist Christi Kreuzestod. Auch hier treffen alle Extreme zusammen. Und der Mensch, der vor Gott davongelaufen ist und sich in Verderbtheit und Tod begraben hat, um die Heiligkeit Seines Angesichtes nicht zu sehen, findet sich hier, im Tode, dem Erlöser gegenüber, der sein Leben ist.

Wir müssen Gottes Heiligkeit anerkennen und anbeten, indem wir nach Seinem Erbarmen mit uns verlangen, und das ist der Anfang aller Gerechtigkeit. Wer nach Seinem Erbarmen mit uns verlangt, erkennt Ihn als Gott an. Wer Sein Mitleid sucht, wo wir kein Mitleid verdienen, erbittet von Ihm eine Gerechtigkeit, die so heilig ist, daß sie nichts Böses kennt, und jedem Erbarmen bezeigt, der nicht in Verzweiflung vor Ihm flieht.

Vollkommene Hoffnung auf Gottes Barmherzigkeit ist das Vorrecht derer, die Seiner Heiligkeit am nächsten sind. Und weil sie ihr am nächsten sind, kommen sie sich am fernsten von ihr vor. Denn den Gegensatz und Widerspruch zwischen Heiligkeit und sich selbst empfinden sie als unerträglich. Unter diesen Umständen erscheint es wie Anmaßung, überhaupt zu hoffen, aber Hoffnung ist eine gebieterische Notwendigkeit in ihnen, weil sie von Gottes unendlicher Heiligkeit erfaßt und besessen sind. Während sie also sehen, daß die Verzeihung ihrer Sünden scheinbar unmöglich ist, sind sie zugleich überwältigt von der unverdienten Wirklichkeit ihrer Vergebung. Solche Vergebung kann einzig und allein von Gott kommen.

7. Die Macht, die sich in unserer Schwachheit offenbart, ist auch die Macht, die die Kraft von Christi Schwachheit war – die Liebe des Vaters, die Ihn von den Toten auferweckte. Jesus ist in den Staub des Todes hinabgestiegen, damit die Kraft Seiner Auferstehung in unserem Leben offenbar werde. Diese Kraft zeigt sich nicht in natürlichen Gaben, nicht in Talenten oder Menschenweisheit und Menschenkraft. Sie erweist sich nur in dem Wettstreit zwischen dem, was in uns sichtbar ist – unserem Menschlichen und Eigenem – und dem nicht Sichtbaren: der geheimen Kraft der Gnade.

8. «Selig sind die Barmherzigen, denn sie werden Barmherzigkeit erlangen» (Matth. 5,7).

Wir können Gottes Barmherzigkeit empfangen, sooft wir nur wollen, dadurch daß wir gegen andere barmherzig sind. Denn es ist Gottes Barmherzigkeit, die durch uns an ihnen wirkt, wenn Er uns dazu antreibt, sie so zu behandeln, wie Er uns behandelt. Seine Barmherzigkeit heiligt unsere eigene Armut durch das Mitleid, das wir mit ihrer Armut haben, als wäre es unsere eigene. Und das ist ein Widerschein Seines göttlichen Mitleids, das in unserer Seele erweckt wird. Darum tilgt es unsere Sünden durch den bloßen Akt, in dem wir die Sünden unserer Mitmenschen übersehen und verzeihen.

Solch Mitleid lernt sich nicht ohne Leiden. Es findet sich nicht in einem selbstgefälligen Leben, in dem wir anderen platonisch ihre Sünden vergeben, ohne Gefühl dafür, daß wir selbst in einer Welt von Sünde stecken. Wenn wir Gott erkennen wollen, müssen wir die Schwächen, Sünden und Unvollkommenheiten anderer verstehen lernen, als wären sie unsere eigenen. Wir müssen ihre Armut empfinden, wie Christus die unsere erfuhr.

9. Wir können nur in den Himmel eingehen, wenn wir für andere am Kreuz sterben. Und ohne Hilfe, bloß durch eigenes Bemühen, stirbt man nicht am Kreuz. Man braucht die Hilfe eines Henkers. Wir müssen wie Christus für jene sterben, deren Sünden für uns bitterer sind als der Tod, besonders bitter, weil sie genau den unseren gleichen. Wir müssen für die sterben, die uns töten und die, trotz unserer besten Absichten, durch viele unserer Sünden getötet werden.

Wenn mein Mitleid echt ist, ein tiefes Herzensmitleid und nicht eine gesetzmäßige Angelegenheit oder eine aus Büchern erlernte und auf andere angewandte fromme Übung, dann ist mein Mitleid mit den anderen Gottes Mitleid mit mir. Meine Geduld mit ihnen ist Gottes Geduld mit mir, meine Liebe für sie Gottes Liebe für mich.

10. Wenn der Herr mein Gebet um Barmherzigkeit erhört (ein Gebet, das an sich schon durch einen Akt Seiner Gnade eingegeben ist), dann läßt Er Seine Barmherzigkeit in mir gegenwärtig und sichtbar werden, indem Er mich dazu treibt, mit anderen Erbarmen zu haben, wie Er es mit mir gehabt hat. Auf diese Weise erfüllt Gottes Gnade die göttliche Gerechtigkeit: Gnade und Gerechtigkeit scheinen uns voneinander verschieden, aber im Wirken Gottes sind beide Ausdruck Seiner Liebe.

Seine Gerechtigkeit ist die Liebe, die jedem Seiner Geschöpfe die Gabe verleiht, die Seine Gnade ihm vorherbestimmt hat. Und Seine Gnade ist die Liebe, die ihrer eigenen Forderung gerecht wird und die Gabe erneuert, die anzunehmen wir versäumt hatten.

11. Gottes Barmherzigkeit hebt das Gesetz von Ursache und Wirkung nicht auf. Wenn Gott mir eine Sünde vergibt, tilgt Er die Schuld der Sünde, aber ihre Wirkung und die Strafe bleiben. Aber gerade in Bestrafung der Sünde wird Gottes Gnade am deutlichsten eins mit Seiner Gerechtigkeit. Jede Sünde ist Verletzung von Gottes Liebe, und Gottes Gerechtigkeit läßt nicht zu, daß diese Verletzung durch irgend etwas anderes gutgemacht wird als durch Liebe. Nun ist die Liebe selbst Gottes größtes Geschenk an die Menschen. Gottesliebe ist unsere höchste Vollendung und die Quelle all unserer Freude. Diese Liebe ist das freie Geschenk Seiner Gnade. Indem Er uns mit göttlicher Liebe erfüllt und uns heißt, Ihn zu lieben, wie Er uns zuerst geliebt hat, und unsere Mitmenschen zu lieben, wie Er uns alle liebt, macht Gottes Gnade es uns möglich, Seiner Gerechtigkeit zu genügen. Gottes Gerechtigkeit kann darum am besten durch die Wirkung Seiner eigenen Gnade befriedigt werden.

Menschen, die Seine Gnade zurückweisen, befriedigen Seine Gerechtigkeit auf andere Weise. Ohne Seine Gnade können sie Ihn nicht lieben. Ohne Ihn zu lieben, können sie nicht «gerechtfertigt» oder «recht gemacht» werden. Das heißt, sie können sich Ihm nicht angleichen, der die Liebe ist. Jene, die Seine Gnade nicht empfangen haben, sind in Bezug auf Ihn Un-Gerechte. Ihr Ungerechtsein ist es, das durch Seine Gerechtigkeit verurteilt wird. Und worin besteht ihr Unrechtes? In der Zurückweisung Seiner Gnade. Wir kommen also zuletzt zu diesem grundlegenden Paradox: daß wir es Gott verdanken, wenn wir von Ihm die Gnade empfangen, die uns in Christus angeboten ist und daß die Zurückweisung dieser Gnade der Inbegriff unseres «Unrechtes» ist. Es ist also klar, daß allein Gottes Gnade uns in diesem übernatürlichen Sinn «gerecht» machen kann, da die Grundforderung von Gottes Gerechtigkeit eben darin besteht, daß wir Seine Gnade empfangen.

12. Willst du Gott kennen? Dann lerne die Schwächen und Unvollkommenheiten deiner Mitmenschen verstehen. Wie aber kannst du die Schwächen anderer verstehen, wenn du deine eigenen nicht verstehst? Und wie kannst du die Bedeutung deiner eigenen Grenzen sehen, ehe du nicht von Gott die Gnade empfangen hast, durch welche du dich selbst und Ihn erkennst? Es genügt nicht, anderen zu vergeben – wir müssen ihnen in Demut und Mitgefühl vergeben. Wenn wir es ohne Demut tun, ist unsere Vergebung Hohn. Sie unterstellt, daß wir besser sind als sie. Jesus ist in den Abgrund unserer Erniedrigung hinabgestiegen, um uns zu vergeben, nachdem Er in gewissem Sinne geringer geworden war als wir alle. Es steht uns nicht an, anderen vom hohen Thron herab zu vergeben, als wären wir Götter, die vom Himmel auf sie herunterblicken. Wir müssen ihnen in den Flammen ihrer eigenen Hölle vergeben, denn durch unsere Vergebung steigt Christus noch einmal herab, um die rächenden Flammen zu löschen. Das vermag Er nicht, wenn wir nicht mit Seinem Er-

barmen vergeben. Christus kann nicht ohne Mitleid und Herz lieben. Seine Liebe ist sowohl menschlich wie göttlich, und unsere Nächstenliebe wäre eine Karikatur Seiner Liebe, wenn sie so tun wollte, als wäre sie rein göttlich und das Menschliche übersähe.

Wenn wir unsere Mitmenschen mit Seiner Liebe lieben, wissen wir nichts mehr von Gut und Böse (was die Verheißung der Schlange war), sondern kennen nur noch Gutes. Wir überwinden das Böse in der Welt durch die Liebe und das Erbarmen Gottes und vertreiben damit das Böse aus unserem eigenen Herzen. Das Böse in uns ist nicht nur sittlicher Art. Es gibt ein geistig Böses, die Entstellung, die durch Selbstsucht und Sünde entstanden ist. Die gute sittliche Absicht genügt, um das ausgesprochen Schlechte in unseren moralischen Handlungen abzustellen. Wenn aber unsere Liebe die Wunden heilen soll, die die Sünde unserer ganzen Seele geschlagen hat, muß sie in die letzten Tiefen unseres Menschentums hinabreichen; sie muß dort den ganzen Giftstoff von Unruhe und falscher Schuld austreiben, der aus Stolz und Furcht stammt, und das Gute freimachen, das von Mißtrauen, Vorurteil und Eigendünkel gehemmt ist. Alles in unserer Natur muß seinen richtigen Platz innerhalb der lebendigen Liebe finden, so daß der ganze Mensch sich zu Gott erheben kann und die Gesamt-Person geheiligt werde, nicht nur die Intentionen des Willens.

13. Gott, der unendlich Reiche, ist Mensch geworden, um die Armut und das Elend des gefallenen Menschen zu erfahren, nicht weil Er dieser Erfahrung bedurfte, sondern weil wir Seines Beispiels bedürfen. Da wir nun Seine Liebe gesehen haben, wollen wir einander lieben, wie Er uns geliebt hat. So wird Seine Liebe in uns wirken und uns in Ihn umgestalten.

XII

INNERE SAMMLUNG

1. In der inneren Sammlung stellen wir uns auf einen anderen geistigen Brennpunkt ein und stimmen unsere ganze Seele auf das ab, was jenseits von uns und über uns ist. Es ist eine «Umkehr» oder eine «Hinwendung» unseres Wesens zu Geistigem und zu Gott. Und weil das Geistige klar und schlicht ist, bringt innere Sammlung uns zugleich eine Klärung unseres Gemütszustandes und unserer Geistestätigkeit. Diese Klärung schenkt uns jenen Frieden und jene Betrachtungsart, die Jesus meint, wenn Er sagt: «Ist dein Auge klar, wird dein ganzer Leib licht sein» (Matth. 6, 22). Dieses Wort bezieht sich hauptsächlich auf die Lauterkeit der Gesinnung und gemahnt uns daran, daß innere Sammlung auch das bewirkt: sie läutert unsere Gesinnung. Sie faßt alle Liebe unseres Herzens zusammen, erhebt sie über geschaffene und irdische Dinge und lenkt sie ganz auf Gott und Seinen Willen.

2. Echte Sammlung ist an ihrer Wirkung zu erkennen: Frieden, innere Stille, Herzensheiterkeit. Der gesammelte Geist ist gelassen und gleichmütig, zum mindesten in seiner Tiefe. Er läßt sich nicht erschüttern, weil die Leidenschaften vorübergehend zur Ruhe gekommen sind. Höchstens dürfen sie die Oberfläche der gesammelten Seele aufrühren. Da aber die Früchte der Sammlung durch Demut und Liebe und die meisten anderen grundlegenden christlichen Tugenden gezeitigt werden, so kann es natürlich keine echte Sammlung geben, wenn diese Tugenden nicht zusammenwirken, um ihr Inhalt und Wirklichkeit zu verleihen.

3. Konzentration ist nicht innere Sammlung. Die beiden können zusammen bestehen, in der Regel aber bedeutet

Sammlung weit mehr als die Einstellung des Denkens auf einen einzigen klaren Punkt; sie neigt viel eher dazu, das Denken zu durchlichten und zerfließen zu lassen und es dadurch über die Stufe der Spannung und eigenwilligen Lenkung emporzuheben.

4. Innere Sammlung ist mehr als bloße Einkehr bei uns selbst, und sie verlangt nicht unbedingt die Ablehnung oder Ausschließung von allem Äußeren. Manchmal sind wir gesammelter und ruhiger, schlicht und rein, wenn wir durch äußere Dinge hindurchblicken und Gott in ihnen sehen, als wenn wir uns von ihnen abwenden und sie aus unserem Denken ausschließen. Sammlung lehnt die Sinnendinge nicht ab, es ordnet sie. Entweder sind sie für die Sammlung bedeutsam und werden in ihrer Bedeutsamkeit erkannt, oder sie besagen nichts Bestimmtes und bleiben dadurch harmlos und neutral. Denn innere Sammlung bringt die Seele in Berührung mit Gott, und Seine unsichtbare Gegenwart ist ein Licht, das dem schauenden Auge Frieden schenkt und es zugleich alles andere in Frieden sehen läßt.

5. Innere Sammlung macht uns nicht abwesend, sondern anwesend. Vor allem werden wir durch sie bei uns selbst anwesend, uns selbst gegenwärtig. Wir werden eben jener Wirklichkeit gegenwärtig, auf die es in diesem Augenblick unseres Lebens am meisten ankommt. Und wir werden Gottes gegenwärtig, unser selbst und alles anderem in Ihm. Vor allem bringt Sammlung uns Gottes Gegenwart nahe, und das gibt aller anderen «Gegenwart», von der wir eben gesprochen haben, ihren Sinn.

6. Zunächst müssen wir uns selbst gegenwärtig sein.

Die Sorgen und Beschäftigungen des Lebens lenken uns von uns selbst ab. Solange wir uns an diese Dinge hingeben, ruht das Gemüt nicht in sich selber. Es wird seiner eigenen Wirklichkeit entzogen und auf Illusionen hingelenkt. Es läßt das fahren, was es tatsächlich hat und ist, um einem Schwarm von Möglichkeiten zu folgen. Möglichkeiten aber haben Flügel, und die Seele muß sich selbst entfliehen, um ihnen in die Wolken zu folgen. Wenn wir mit Möglichkeiten leben, sind wir aus der Gegenwart verbannt, die Gott uns als unser Eigen zugewiesen hat, heimatlos und vertrieben in einer Zukunft oder einer Vergangenheit, die uns nicht gehören, weil sie immer außerhalb unserer Reichweite sind. Die Gegenwart ist unser angemessener Platz, wir können ergreifen, was sie uns immer zu bieten hat. Innere Sammlung ist das einzige, was uns dazu befähigt. Aber bevor wir das näher erklären, wollen wir noch einmal zu dem Gedanken zurückkehren, daß wir durch Sammlung uns selbst gegenwärtig werden.

Solange wir auf dieser Erde leben, sind wir und sind zugleich nicht. Wir wandeln uns fortwährend, und doch ist der sich wandelnde Mensch immer der gleiche Mensch. Sogar in seinen Wandlungen drückt seine Persönlichkeit sich aus, entwickelt sich und bestätigt, was er ist.

Der Mensch ist ein freies Wesen, das sich ständig in sich selbst verwandelt. Diese Wandlung ist niemals schlechthin neutral. Wir werden stets entweder besser oder schlechter. Unsere Entwicklung wird an den Handlungen unserer freien Wahl gemessen, und wir gestalten uns nach dem Muster unserer Wünsche.

Wenn unsere Wünsche sich auf Dinge richten, die wir nach unserer Bestimmung haben und machen und werden sollen, dann werden wir uns zu dem entwickeln, wozu wir eigentlich erschaffen sind.

Wenn dagegen unsere Wünsche nach Dingen greifen, die für unser geistiges Wachstum sinnlos sind, wenn sie sich in Träumen, Leidenschaften oder Illusionen verlieren, dann betrügen wir uns selbst, und am Ende wird unser Leben erwiesen, daß wir uns selber, unsere Mitmenschen und Gott belogen haben. Wir werden uns als Fremdlinge und Verbannte von uns selbst und von Gott erkennen.

In der Hölle gibt es keine Sammlung. Die Verdammten sind nicht nur von Gott und ihren Mitmenschen verbannt, sondern auch von sich selbst.

7. Innere Sammlung macht mich mir selbst dadurch gegenwärtig, daß sie zwei Aspekte oder Wirklichkeiten meines Wesens zusammenbringt, als wären es zwei Linsen in einem Teleskop. Die eine Linse ist die Grundsubstanz meines geistigen Seins, die innere Seele, der tiefe Wille, die geistige Vernunft. Die andere ist meine äußere Seele, die praktische Vernunft, der Wille, der sich mit den Lebenswirklichkeiten beschäftigt[1].

Wenn mein praktisches äußeres Ich unterwürfig ist und den Bedürfnissen gehorcht, die mir von Natur und Gnade eingepflanzt sind, dann ist meine ganze Seele in Harmonie mit sich selbst, mit der umgebenden Wirklichkeit und mit Gott. Sie vermag die Dinge zu sehen, wie sie sind, und ermöglicht es mir, Gottes inne zu werden. Dadurch werde ich mir selbst «gegenwärtig». Das heißt, mein äußeres Ich ist sich seiner wahren Aufgabe als Knecht des Geistes und der Gnade bewußt. Es weiß um den Vorrang der Gnade, weiß um das innere Ich, weiß um seine Unterordnung unter Geist und Gnade, weiß um seine Fähigkeit, in der Außenwelt zu wirken und dadurch die gnadenvolle Umgestaltung des Geistes zu unterstützen.

Wenn dagegen das äußere Ich nur sich selbst kennt, dann ist es von meinem wahren Ich geschieden. Es handelt niemals nach Maß und Bedürfnis meiner wahren Persönlichkeit, die dort lebt, wo mein Geist sich der schweigenden Gegenwart

[1]Damit will ich nicht sagen, der Mensch hätte zwei Seelen mit verschiedenen Begabungsreihen. Die Seele des Menschen betätigt sich auf zweifache Weise, je nachdem sie es mit äußeren Leistungen oder innerer Betrachtung zu tun hat. Vgl. Augustin, *De Trinitate, Lib. XII.*

des Heiligen Geistes vermählt und mein tiefstes Wollen sein Hinstreben nach dem verborgenen Dasein der Gottheit bejaht.

Wenn ich mir selbst nicht gegenwärtig bin, dann weiß ich nur um jene Hälfte von mir, jenen Teil meines Wesens, der sich nach außen, zu den geschaffenen Dingen wendet. Und dann kann ich mich leicht zwischen ihnen verlieren. Dann fühle ich nicht mehr den tiefen, heimlichen Antrieb der Liebesschwerkraft, die mein innerstes Ich zu Gott zieht. Wille und Vernunft verlieren ihre Herrschaft über die anderen Fähigkeiten. Sinne, Phantasie, Gefühle zerstreuen sich, um ihre verschiedene Beute über das ganze Angesicht der Erde zu verfolgen. Innere Sammlung vereinigt sie wieder. Sie bringt das äußere Ich in Einklang mit dem Inneren und läßt mein ganzes Wesen auf den tiefen Antrieb der Liebe antworten, der bis in das Mysterium Gottes hinabreicht.

8. Innere Sammlung macht mir also das gegenwärtig, was in jedem Augenblick meines Daseins von bedeutsamer Wirklichkeit ist. Meine innerste Seele sollte stets in Gott gesammelt sein. Dadurch braucht sie mich nicht unbedingt von äußerer praktischer Beschäftigung abzuhalten. Gewiß, es gibt bestimmte Formen der Vereinigung mit Gott, die äußeres Tun beeinträchtigen. Aber Sammlung als solche ist vereinbar mit körperlicher und geistiger Tätigkeit und mit jeder üblichen Art von Arbeit.

Um im Handeln gesammelt zu sein, darf ich mich nicht in der Handlung verlieren. Und um stetig handeln zu können, darf ich mich nicht in der Sammlung verlieren. Gesammelte Tätigkeit, Ausübung meiner Standespflichten, in denen ich den Willen Gottes befolge, bedeutet darum Ausgeglichenheit zwischen innerer Reinheit und äußerer Aufmerksamkeit. Beides ist notwendig. Es ist gräßlich, einen Mönch nachlässig arbeiten zu sehen, weil er versucht, gleichzeitig zu arbeiten und zu beten, so, daß er keines von beiden ordentlich tut. Es mißlingt uns, innere Reinheit und äußere Aufmerksamkeit auszugleichen, wenn wir irgendwie uns selbst suchen anstatt Gott. Wenn wir bei der Arbeit nur unser eigenes Interesse suchen, werden wir uns nicht rein und gesammelt in einer Atmosphäre von Gebet bewahren können. Wenn wir im Gebet uns selber suchen, werden wir unserer Arbeit nicht die rechte Aufmerksamkeit schenken.

Das Geheimnis gesammelten Handelns ist vor allen Dingen Loslösung von uns selbst und von den Ergebnissen sowohl unseres Tuns wie unseres Betens. Von den Ergebnissen unserer Arbeit müssen wir uns lösen, um uns von der übereifrigen Sorge frei zu machen, die uns rückhaltlos in Handlung stürzt. Wir müssen uns aber auch von dem Wunsch lösen, uns ständig in Gott gesammelt zu sehen und Seine Gegenwart im Herzen zu fühlen. Das heißt, wir müssen für Gott an die Arbeit gehen, im Vertrauen darauf, daß Er, wenn wir nur Seinen Willen tun wollen, für uns und unsere Sammlung sorgen und die Zerstreutheiten und Mängel gutmachen wird, die sich vielleicht in unser Tun einschleichen.

Wenn wir in Frieden und Sammlung an die Arbeit gehen und uns dabei durch Gebet und lautere Gesinnung auf Gott einstellen, werden wir viel quälende Unruhe und unnützen Übereifer beim Fortgang der Arbeit vermeiden. Zerstreute Kräfte ermüden leicht. Geistige Ermüdung kommt von vergeudeter und falsch angewandter Mühe. Der daraus entstehende Widerwille lähmt unsere Seelenkräfte, so daß wir immer noch mehr Mühe aufwenden müssen und in um so tieferer Erschöpfung enden.

9. Ein Denken, das nicht aus innerer Sammlung hervorgeht, neigt schon von Natur dazu, unsere Gedanken- und Willenskräfte zu zerstreuen. Vielleicht scheint es so, als suche es innere Sammlung, aber was es niemals finden kann,

das kann ihm auch nicht helfen. Und wenn solch Denken nicht durch Sammlung gestärkt wird, muß es seine Stärke anderswo suchen — in den unnützen Antrieben von Erregung und innerer Spannung. Diese Spannung ist eine Art unbewußter Götzendienst, denn sie kreist um eine bestimmte illusorische Idee, der wir uns anvertrauen. Wir nehmen diese Idee gewaltsam an, konzentrieren unsere Gedanken auf sie und drücken sie an unser Herz. Die Idee kann an sich wahr sein, aber die Gewaltsamkeit unseres Wollens gibt ihr eine unangemessene Stellung in unserem Innenleben. So wird sie zum Götzen und zieht die Verehrung und Aufmerksamkeit und das Vertrauen auf sich, die wir Gott allein schulden.

10. Ängstliche Sorge ist der Sammlung verderblich, weil Sammlung letzten Endes auf Glauben beruht, und Sorge nagt am Kern des Glaubens. Sorge kommt gewöhnlich von Anspannung, und diese entsteht durch übergroßes Vertrauen zu uns selbst, zu unseren eigenen Einfällen, unseren eigenen Plänen, unserer eigenen Idee von dem, was wir leisten können. Wenn wir uns ausschließlich auf unser eigenes Bemühen verlassen, um bei der Arbeit gesammelt zu bleiben, wird es eine erzwungene und künstliche Sammlung sein, die unvermeidlich mit der Arbeit selbst in Konflikt gerät. Wenn der Herr uns etwas für Ihn zu tun aufgibt, verlangt Er nicht, daß wir wie Engel arbeiten, gleichzeitig völlig in Ihm versinken und mit ganzem Herzen bei der Arbeit sind. Es geht viel leichter, wenn wir ein wenig gesunden Menschenverstand anwenden, um der Liebe Gottes willen ans Werk gehen, uns von den Ängsten und Sorgen frei halten, die aus dem Werk selbst entstehen, und während der Arbeit nicht zu viel über unsere geistige Verfassung nachsinnen. Es genügt, nur eine Sache auf einmal zu bedenken. Dem geistlichen Leben ist durch fortgesetztes und übertriebenes Grübeln über uns selbst niemals gedient.

Dabei ist es gar nicht schwer, gesammelt zu arbeiten, wenn unsere Gesinnung ständig geläutert wird durch Glauben an den Gott, für den wir werken, und durch Vertrauen in Seine Liebe, die uns mit Ihm eint, auch wenn wir uns dieser Einung nicht immer bewußt sind. Bedenken wir, daß das Erlebnis der Vereinigung mit Gott, das Gefühl Seiner Gegenwart durchaus zufällig und unwesentlich ist. Es ist nur eine Nebenwirkung Seiner tatsächlichen Gegenwart in uns und auf keinen Fall ein sicheres Zeichen dieser Gegenwart. Denn Gott selbst ist hoch über aller Wahrnehmung, aller Vorstellung und über allen noch so durchgeistigten Gefühlen, die der Mensch im Leben erfahren kann.

11. Innere Sammlung macht uns auch Gottes gegenwärtig und unser selbst in Ihm. Das Verlangen, unsere tiefsten Seelenregungen Gott allein vorzubehalten, sie von uns und Seinen Geschöpfen abzulenken und ganz auf die Erfüllung Seines Willens zu konzentrieren, bringt uns auf besondere Art in die Gegenwart Gottes. Gewiß, wir sind Ihm immer gegenwärtig, der alles sieht und alle Dinge im Dasein erhält durch das bloße Wissen um ihr Dasein. Aber wir sind Ihm noch anders gegenwärtig, wenn wir Seiner Nähe innewerden, als wenn wir sie unbeachtet lassen. Dann nämlich ist die Gegenwart bewußt und gegenseitig. Es ist eine Gegenwart von Person zu Person. Und nur in dieser Gegenwart entdecken wir uns selbst, wie wir wirklich sind. Denn wenn wir in der Gegenwart Gottes sind und Ihn in Seinem Licht sehen, das uns in der Dunkelheit des Glaubens zuteil wird, dann erkennen wir in dem gleichen Licht auch, daß wir sehr anders sind, als wir uns im Licht unseres Ehrgeizes und unserer Selbstgefälligkeit erscheinen.

Hier trifft sich Sammlung mit Reue und mit dem, was die Väter «heilige Furcht» nannten. Furcht ist Selbsterkenntnis im Angesicht von Gottes Heiligkeit. Wir erkennen uns selbst in Seiner Liebe und sehen, wie weit wir von dem entfernt sind, als was Seine Liebe uns haben möchte. Furcht weiß, wer Er ist und wer wir sind!

Aber heilige Furcht kann nicht die Liebe fürchten. Sie fürchtet die Diskrepanz zwischen sich selbst und der Liebe und flieht, um sich in dem lichten Abgrund von Gottes Liebe und Vollkommenheit zu bergen.

Diese Furcht ist zuweilen unbedingt notwendig, um unsere Sammlung vor der Verführung durch schmeichelnde Süße zu bewahren, vor der vermessenen Selbstsicherheit, die Gottes Gnade als selbstverständlich nimmt, die keine Verblendung mehr fürchtet und sich im Gedanken an die eigene Tugend und die eigene hohe Gebetsstufe gefällt. Solche Selbstgefälligkeit schiebt sich unmerklich, wie ein undurchdringlicher Vorhang, zwischen uns und Gott. Gott scheidet von uns und läßt uns in einer furchtbaren Illusion zurück.

Je intensiver, angespannter und anhaltender unsere Sammlung ist, um so größer die Gefahr, daß wir in diese Illusion verfallen. Nach einiger Zeit wird es ganz leicht, sich zu sammeln, ohne überhaupt in echte Beziehung zu Gott zu treten. Solche Sammlung ist nichts weiter als ein psychologischer Trick. Es ist ein Akt von Introversion, der sich mit ein wenig Mühe erlernen läßt. Es öffnet das Tor zu einem dunklen, stillen, behaglichen Innenraum, in dem niemals etwas geschieht und wo es keine Beunruhigung mehr gibt, weil es uns gelungen ist, den Hebel zu finden, der unsere ganze Geistestätigkeit an der Quelle abdrosselt. Das ist nicht Gebet; es kann ausruhend und für kurze Zeit sogar wohltuend für uns sein, wenn wir uns aber an den Zustand gewöhnen und ihn zu lange ausdehnen, können wir sehr ernstlich Schaden daran nehmen.

Sammlung ohne Glaube schließt den Geist in einen licht- und luftlosen Kerker ein. Innere Askese sollte uns nicht am Ende in einen solchen Kerker sperren. Dadurch würde sie nur Gottes ganze Gnadenabsicht zunichte machen. Der Glaube begründet uns in der Sammlung, nicht indem er unserer Seelentätigkeit Schranken setzt, sondern indem er alle Beschränkungen unserer natürlichen Intelligenz und unseres Willens aufhebt, das Gemüt von Zweifeln und den Willen von Schwankungen frei macht, so daß der Geist durch Gott seiner Fesseln ledig wird und in den Abgrund Seiner unsichtbaren Freiheit eintaucht.

12. Sammlung ist fast das gleiche wie innere Einsamkeit. In der Sammlung entdecken wir die unendliche Einsamkeit unseres eigenen Herzens und die unendliche Einsamkeit Gottes, der in uns wohnt. Ehe nicht diese weiten Horizonte sich im Innersten unseres Lebens aufgetan haben, können wir schwerlich die Dinge in der rechten Perspektive sehen. Unser Urteil ist ihrem wahren Sein nicht gemäß. Der geistliche Mensch aber, sagt Paulus, beurteilt alles. Er vermag das, weil er von allem abgesondert ist durch seine Losschälung, seine Armut, seine Demut, seine Bedeutungslosigkeit. Darum sieht er alles nur in Gott. Wer die Dinge so sieht, beurteilt sie, wie Gott selbst es tut.

Sammlung führt uns also in eine innere Einsamkeit, die mehr ist als der Mensch oder die Tatsache, allein zu sein. Wir werden zu Einsiedlern, nicht wenn uns klar wird, wie allein wir sind, sondern wenn wir etwas von der Einsamkeit Gottes spüren. Seine Einsamkeit sondert uns von allem ab, was um uns ist, und läßt uns doch nur um so mehr allem Bruder werden.

Ehe wir nicht in diese Einsamkeit eingedrungen sind, können wir nicht für die Mitmenschen leben. Wenn wir es versuchen, ohne zuerst vollkommen für Gott zu leben, laufen wir Gefahr, mit ihnen allen in den Abgrund zu stürzen.

13. Wie viele sind einsam und lieben es nicht, weil ihre Einsamkeit ohne Sammlung ist. Es ist nur Verlassenheit. Es

führt sie in keiner Weise zu sich selbst. Sie sind allein, weil sie in ihrer Einsamkeit Gott, den Mitmenschen und sich selbst fern sind. Sie sind wie Seelen, die aus der Hölle entweichen und aus Versehen in den Himmel gelangen, nur um zu entdecken, daß der Himmel für sie höllischer ist als die Hölle selbst. So geht es denen, die durch Zwang in den Himmel der Einsamkeit kommen und sein Glück nicht genießen können, weil sie keine Sammlung kennen.

Wer sich vor dem Alleinsein fürchtet, wird immer nur verlassen sein, wie sehr er sich auch mit Menschen umgibt. Wer aber in Einsamkeit und Sammlung lernt, allein und dabei in Frieden mit sich selbst zu sein und wem die Realität dieses Zustandes lieber ist als die Illusion nur natürlicher Gesellschaft, wird die unsichtbare Gesellschaft Gottes erfahren. Ein solcher Mensch ist überall allein mit Gott, und nur er kann die Gesellschaft anderer Menschen wahrhaft genießen, weil er sie in Gott liebt, in dem ihre Gegenwart nicht ermüdend ist und um dessentwillen seine Liebe für sie keinen Überdruß kennt.

14. Falsche Sammlung entsteht, wenn wir versuchen, durch eigenes Bemühen alles Materielle auszuschalten und uns durch bloße Gewalt von Menschen und Natur abzusondern, in der Hoffnung, daß in unserer Seele nichts übrig bleiben wird als nur Gott. Wenn wir das versuchen, spalten wir meistens nur unser Wesen in sich selbst, nennen die eine Hälfte (jene, die wir gern haben) Gott und die andere unsere « Natur » oder unser « Ich ». Welcher Irrsinn, welche Vergeudung von Mühe, in der einen Hälfte des eigenen Wesens ruhen zu wollen, sie « Gott » zu nennen und die andere Hälfte auszusperren! Unser Wesen wehrt sich gegen diese Spaltung, und der Widerstand erscheint uns als ein Kampf zwischen Licht und Finsternis. Es ist aber nur ein Ringen von Illusion gegen Illusion. Solche Kämpfe werden nur zu oft im Kloster aus-

gefochten, wohin Gott die Menschen doch nicht beruft, um Illusionen zu verfallen, vielmehr um sie aufzugeben, damit sie das wahrhaft Seiende finden.

Ohne Demut ist falsche Sammlung unvermeidlich. Denn Demut lehrt uns, uns so zu bejahen, wie wir sind, und hält unseren Stolz davon ab, gewaltsam etwas sein zu wollen, was wir nicht sind. Es ist besser, sich im geistlichen Leben mit dem Geringen und Anspruchslosen zu begnügen, denn in diesem Leben ist alle freiwillige Armut geistiger Reichtum. Sich mit einer niederen Gebetsstufe zu bescheiden, ist Bereicherung im Gebet. Solche Selbstbescheidung ist besser als der Stolz, der beharrlich um die geistige Reinheit der Engel ringt, ehe er nur gelernt hat, ein reifer Mensch zu sein.

«MEINE SEELE ERINNERT SICH GOTTES»

1. Das «Erinnern» Gottes, wovon wir im Psalm singen, ist einfach die tief reuevolle Neuentdeckung der Tatsache, daß Gott sich unser erinnert. In gewissem Sinne kann man sich Gottes nicht erinnern. Man kann ihn nur entdecken[1].

Wir kennen Ihn, weil Er uns kennt. Wir wissen um Ihn, wenn wir entdecken, daß Er um uns weiß. Unser Wissen um Ihn ist die Wirkung Seines Wissens um uns. Es ist immer wieder eine Erfahrung tiefen Erstaunens, daß Er unser gedenkt. «Was ist der Mensch, daß Du seiner gedenkst, der Menschensohn, daß Du ihm nahst?» (Ps. 8, 5.)

«Am Tage meiner Trübsal suche ich Gott, strecke nachts nach Ihm die Hände aus und werde nicht enttäuscht... Ich erinnere mich Gottes und bin hingerissen und bewegt, und mir versagt der Geist... Und ich sprach: Nun beginne ich. Dieser Wandel kommt durch die Rechte des Allerhöchsten (Ps. 76, 3, 4, 11).

Wir könnten Gott nicht suchen, wenn Er uns nicht suchte. Vielleicht fangen wir in Verzweiflung an, Ihn zu suchen, nur

[1] «Gottes kann man sich nicht erinnern.» Ganz wörtlich, ohne Einschränkung genommen, wäre die Behauptung falsch. Wir können ein echtes, begriffliches Wissen von Gott haben, und dieses kann im Gedächtnis aufgespeichert sein und in die Erinnerung zurückgerufen werden. Das Gewicht des Ausspruches liegt aber darin, daß es eine andere Gotteserkenntnis gibt, die jenseits aller Begriffe ist, die durch das Begriffliche hindurchgeht, um Ihn in der geheimnisvollen Wirklichkeit Seiner Gegenwart zu finden. Diese Gottesgegenwart kann man nur in einer «Erfahrung» gewissermaßen zu fassen bekommen. Auch solche Gotteserfahrung gräbt sich tief ins Gedächtnis ein. Wenn wir uns aber an sie erinnern, ist ihre Wirklichkeit nicht mehr gegenwärtig, sondern vergangen. Sie kann durch Gedächtnisanstrengung nicht zurückgeholt werden, genau so wenig, wie sie durch die Phantasie herbeigelockt werden kann. Es bleibt eine «Entdeckung», und jedesmal ist sie neu.

aus dem Gefühl Seines Fernseins. Aber die bloße Tatsache, daß wir Ihn suchen, beweist, daß wir Ihn bereits gefunden haben. Denn wenn wir im Gebet beharren, «erinnern» wir uns Seiner, das heißt, es wird uns von neuem bewußt, wer Er wirklich ist. Und wir verstehen, daß Er uns gefunden hat. Dieses von der Gnade bewirkte Wissen ist immer wieder frisch und neu. Es ist mehr als die Erinnerung an eine frühere Erfahrung. Es ist eine neue Erfahrung und macht uns zu neuen Menschen.

Diese Erneuerung ist das «Hingerissensein» und die «Bewegung», als lebendiger Beweis für die Berührung des Geistes mit Gott. Sie läßt unseren Geist «verzagen» in einem Übergang vom Tod zum Leben. So werden uns die Augen aufgetan. Wir sehen alles in einem neuen Licht. Und wir verstehen, daß dies ein neuer Anfang ist, ein Wandel, der nur durch das Eingreifen Seines Geistes in unser Leben bewirkt werden konnte – der «Wandel durch die Rechte des Allerhöchsten».

2. Herr, du hast den Schrei meines Herzens gehört, denn Du warst es ja, der in mir schrie.

Vergib mir, daß ich versuchte, Deine Gegenwart in meinem eigenen Schweigen zu beschwören. Nur Du allein kannst mich in Deinem Schweigen neu erschaffen. Und nur diese Erneuerung kann mich vor Götzendienst bewahren!

Durch das bloße Austreiben der Wechsler bist Du noch nicht im Tempel zu finden. Du bist auch nicht jedesmal auf dem Berge zu finden, sobald er sich in Wolken hüllt. Die Erde hat jene verschlungen, die Weihrauch opferten, ohne von Dir gefunden, gerufen und erkannt zu sein.

3. Wenn ich Ihn mit großer Leichtigkeit finde, ist Er vielleicht nicht mein Gott.

Wenn ich nicht hoffen darf, Ihn überhaupt zu finden, ist Er dann mein Gott?

Wenn ich Ihn überall finden kann, wo ich es wünsche, habe ich Ihn dann gefunden?

Wenn Er mich überall findet, wo Er es wünscht, und mir sagt, wer Er ist und wer ich bin, und wenn ich dann erkenne, daß Er, den ich nicht finden konnte, mich gefunden hat – dann weiß ich, es ist der Herr, mein Gott. Er hat mich mit dem Finger berührt, der mich aus Nichts erschaffen hat.

4. Ein Strom unnützer Aktivität umgibt und bewahrt ständig eine Illusion.

Ich kann Gott nicht finden, wenn ich nicht auf diese unnütze Aktivität verzichte, und ich kann nicht auf sie verzichten, wenn ich nicht die Illusion fahren lasse, die von ihr bewahrt wird. Von einer Illusion aber kann ich nur loskommen, wenn ich sie als Illusion erkenne.

Innere Stille ist darum weniger eine Negation, ein Fehlen von Geräusch und Bewegung als vielmehr das positive Ruhen des Geistes in der Wahrheit.

Die menschliche Intelligenz ist, wie sehr wir sie auch mißbrauchen mögen, viel zu scharf und zu sicher, um es lange im Irrtum auszuhalten. Sie kann eine Lüge annehmen, sich hartnäckig an sie klammern und sie für wahr halten. Wirkliche Ruhe aber kann sie in der Täuschung nicht finden. Der Geist, der in einen Irrtum verliebt ist, verzehrt sich in der Sorge, der Irrtum könne als solcher offenbar werden. Wer aber die Wahrheit liebt, findet schon im Eingeständnis seiner Fehler Ruhe, denn das ist der Anfang der Wahrheit.

Wenn ich Gott finden will, der die Wahrheit ist, muß ich als erstes die Wahrheit über mich selbst ausfindig machen. Und wenn ich geirrt habe, ist der erste Schritt zu dieser Wahrheit die Aufdeckung meines Irrtums. Eine falsche, illusorische «Erfahrung» von einem scheinbaren Wirken Gottes in der Seele kann vorübergehend eine Art innerer Stille auslösen – die Stille einer Seele, die sich in einer Illusion wiegt. Aber diese Stille wird bald durch eine tiefe Unterströmung von Unrast und Getöse gestört. Eine Seele, die versucht, sich still zu verhalten, ohne daß die Wahrheit sie mit Stille von oben beschwichtigt, ist so gespannt, daß sie lauter lärmt als das Geräusch großer Städte und mehr Verwirrung stiftet als eine vorrückende Armee.

5. Der Gott der Philosophen lebt in dem Geist, der ihn erkennt, empfängt Leben durch die Tatsache, daß er erkannt wird, lebt solange man ihn erkennt, und stirbt, wenn er verleugnet wird. Der Wahre Gott aber (den die Philosophen durch ihre Abstraktion hindurch sehr wohl finden können, wenn sie sich ihrer Sendung erinnern, über die Abstraktion hinauszugelangen) verleiht dem Geist Leben, der von Ihm erkannt wird. Der Lebendige Gott, der mit Seiner Gnade die von Ihm erkannte Seele im Innersten berührt, erweckt dadurch das Bewußtsein Seiner Gegenwart in dieser Seele, so daß sie Ihn nicht nur erkennt, sondern zugleich auch liebt, denn sie weiß, daß Er in ihr lebt. Darum sagt Jesus: «Der Gott Abrahams, Isaaks und Jakobs ist kein Gott der Toten, sondern der Lebenden» (Matth. 22,32). Wahrhaftig, so sehr ist der Herr der «Lebendige Gott», daß alle, deren Gott Er ist, ewig leben werden, weil Er ihr Gott ist. Diesen Beweisgrund führte Jesus gegen die Sadduzäer an, die nicht an die Auferstehung von den Toten glaubten. Wenn Gott der «Gott Abrahams» sei, so müsse Abraham von den Toten auferstehen. Niemand, dessen Herr der Lebendige Gott ist, kann im Tode verbleiben. Er ist unser Gott nur, wenn wir Ihm völlig angehören. Wer aber völlig dem Leben angehört, der geht vom Tode zum Leben über.

«Denn wie durch einen Menschen der Tod gekommen ist, so kommt auch durch einen Menschen die Auferstehung von den Toten. Und wie in Adam alle sterben, so werden in Christus alle das Leben haben... Die Toten werden unverweslich auferstehen, und wir werden verwandelt werden... Wenn aber dies Sterbliche mit Unsterblichkeit bekleidet ist, dann wird das Wort der Schrift erfüllt werden: ‚Der Tod ist verschlungen in den Sieg'» (1. Kor. 15,21–22, 52, 54).

Wir können Ihn, den Allmächtigen, nicht anders finden, als wenn wir völlig unserer Schwachheit entrissen werden. Erst aber müssen wir unsere eigene Nichtigkeit erkennen, ehe wir über sie hinausgelangen können. Und das ist unmöglich, solange wir an die Illusion unserer eigenen Kraft glauben.

6. Das Kloster ist Gottes Haus, und alle, die darin wohnen, sind Ihm nah. Dennoch ist es möglich, ihm nahe und in Seinem Hause zu wohnen, ohne Ihn je zu finden. Und warum? Weil wir weiterhin mehr uns selbst suchen als Gott, mehr für uns leben als für Ihn. Dann wird das Kloster mehr unser Haus als das Seine, und Er verbirgt sich vor uns. Wir stehen Seinem Licht im Weg und starren verwirrt auf unseren eigenen Schatten. «Wahrlich», sagen wir, «hier ist nichts Göttliches, denn es ist ein Schatten.» Gewiß! Und dennoch wird dieser Schatten von Seinem Licht geworfen und bezeugt indirekt Seine Gegenwart. Er ist da, um uns daran zu gemahnen, daß wir uns jederzeit Ihm zuwenden können, sobald wir aufhören, die Finsternis lieber zu haben als das Licht.

Doch wir versäumen es, uns zu Ihm zu wenden, weil wir vergessen, daß Er als Erlöser zu uns kommen muß, ohne den wir hilflos sind. Wir suchen Ihn, als bedürfe Er unserer Opfer, als müsse unsere Liebe Ihn erhalten und unser Lobpreis Ihm schmeicheln.

Wir können Ihn nur finden, wenn wir wissen, daß wir Seiner bedürfen. Wir vergessen dieses Bedürfnis, wenn wir selbstgefällig unsere eigenen guten Werke genießen. Die Armen und Hilflosen sind die ersten, die Ihn finden, der gekommen ist, zu suchen und selig zu machen, was verloren war.

7. Der Herr ist mein Fels und meine Burg, und Er wohnt inmitten Seines Volkes.

Kommt, laßt uns in das Haus des Allmächtigen eintreten und uns versammeln, um Ihn zu preisen!

Laßt uns wie Adler in den Felsen schlummern, in der Kraft des Herrn, unseres Gottes ruhen!

Laßt uns Schutz suchen auf dem hohen Berge der Macht dessen, der heimlich inmitten eines verlassenen Volkes wohnt.

Noch sein Donner ist die Zuflucht der Armen!

XIV

DER WIND WEHT, WO ER WILL

1. Gott, der überall ist, verläßt uns niemals. Dennoch scheint Er uns manchmal gegenwärtig und manchmal fern zu sein. Solange wir Ihn nicht gut kennen, verstehen wir nicht, daß er uns in Seinem Fernsein näher sein kann als in Seinem Gegenwärtigsein.

Es gibt zwei Arten der Gottesferne. Das eine ist die Ferne, die uns verdammt, das andere die Ferne, die uns heiligt.

In dem Fernsein, das Verdammung bedeutet, «kennt Gott uns nicht», weil wir einen anderen Gott an Seiner Statt eingesetzt haben und von Ihm nicht gekannt sein wollen. In dem heiligenden Fernsein entleert Gott die Seele von jedem Bild, das zum Götzenbild werden, und von jeder Sorge, die sich zwischen Ihn und uns stellen könnte.

Im ersten Fernsein ist Er gegenwärtig, Seine Gegenwart aber wird durch die Gegenwart des Götzen geleugnet. Gott ist dem Feinde gegenwärtig, den wir in Todsünde zwischen Ihn und uns geschoben haben.

Im zweiten Fernsein ist Er gegenwärtig, und Seine Gegenwart wird durch das Fernsein von allem anderen bestätigt. Er ist uns näher, als wir uns selber sind, auch wenn wir Ihn nicht sehen.

Wer immer es unternimmt, Seiner habhaft zu werden und Ihn festzuhalten, verliert Ihn. Er ist wie der Wind, der weht, wo er will. Wenn du Ihn liebst, mußt du Ihn lieben wie Einen, der kommt, du weißt nicht von wo, und der geht, du weißt nicht wohin. Versuche, den Geist so rein und frei zu machen, wie Sein Geist ist, um Ihm überallhin folgen zu können. Aber wer sind wir, um uns rein oder frei nennen zu dürfen, es sei denn, Er mache uns dazu?

Sollte Er uns lehren, Ihm in die Wildnis Seiner Freiheit zu folgen, werden wir nicht mehr wissen, wo wir sind, weil wir bei Ihm sind, der überall und nirgends zugleich ist.

Wer nur Seine spürbare Gegenwart liebt, kann dem Herrn nicht folgen, wohin immer Er geht. Solche Menschen lieben Ihn nicht völlig, wenn sie Sein Fernsein nicht ertragen. Sie achten nicht Seine Freiheit, zu tun, was Ihm beliebt. Sie meinen, ihre Gebete hätten sie instand gesetzt, über Ihn zu verfügen, Seinen Willen dem ihren zu unterwerfen. Sie leben mehr auf magischer Ebene als auf religiöser.

Nur jene Menschen sind niemals vom Herrn getrennt, die nie Sein Recht in Frage stellen, sich von ihnen zu trennen. Sie können Ihn nie verlieren, weil sie immer wissen, daß sie niemals verdienen, Ihn zu finden, und daß sie trotz ihrer Unwürdigkeit Ihn schon gefunden haben.

Denn Er hat sie zuerst gefunden und wird sie nie verlassen.

2. Gott naht sich uns, indem Er uns entschwindet.

Wir lernen Ihn nie ganz kennen, wenn wir Ihn uns als Beute vorstellen, die wir in das Gehege unserer eigenen Vorstellungen einzäunen können.

Wir wissen mehr von Ihm, wenn wir Ihn losgelassen haben.

Der Herr fährt in allen Richtungen zugleich dahin.

Der Herr kommt aus allen Richtungen zugleich auf uns zu.

Wo wir auch sein mögen, es wird uns klar, daß Gott gerade von dort geschieden ist.

Wohin immer wir gehen, wir entdecken, daß Er gerade vor uns angekommen ist.

Weder am Anfang dieser Verfolgung kann es für uns Ruhe geben, noch in der Verfolgung selbst, noch an ihrem scheinbaren Ende. Denn das wirkliche Ende, nämlich der Himmel, ist ein Ende ohne Ende. Es ist eine völlig neue Dimension, in der wir endlich Ruhe finden in dem Geheimnis, daß Er kommt im Augenblick Seines Scheidens. Seine Ankunft ereignet sich jeden Augenblick, und Sein Scheiden ist nicht an Zeit gebunden.

3. Jeder Mensch wird zum Ebenbild des Gottes, den er anbetet.

Wessen Kult einem toten Ding gilt, wird zum toten Ding.

Wer Fäulnis liebt, fault.

Wer einen Schatten liebt, wird selbst zum Schatten.

Wer Vergängliches liebt, lebt in Angst vor Seinem Vergehen.

Auch der kontemplative Mensch, der Gott in seinem Herzen gefangenhalten möchte, wird zum Gefangenen in den engen Grenzen seines Herzens, so daß der Herr sich ihm entzieht und ihn in seinem Kerker, seiner Haft, seiner erstorbenen Sammlung zurückläßt.

Wer aber dem Herrn die Freiheit des Herrn läßt, betet Ihn in Seiner Freiheit an und empfängt die Freiheit der Kinder Gottes.

Ein solcher Mensch liebt wie Gott und wird davongetragen, ein Gefangener der unsichtbaren Freiheit des Herrn.

Ein Gott, der unbeweglich im Brennpunkt meines Schauens verharrt, ist nicht einmal die Fußspur vom Vorübergang des Wahren Gottes.

4. Was bedeutet es, Dich zu kennen, o mein Gott?

Es leben Seelen, die erzittern bei dem Gedanken, Dich mit einem unzulänglichen Namen zu nennen!

Ich wache nachts auf, schweißgebadet vor Entsetzen, weil ich es gewagt habe, von Dir als «Reinem Sein» zu sprechen.

Als Moses den Dornbusch in Flammen sah, der in der Wüste brannte, aber vom Feuer nicht verzehrt wurde, hast Du auf seine Frage mit keiner Erklärung geantwortet. Du sagtest nur: «Ich bin.» Was konnte eine solche Antwort bewirken? Sie heiligte augenblicks den Staub selbst der Erde, so daß Moses die Schuhe abstreifte (Symbol seiner Sinne und seines Leibes) aus Angst, irgendein Bild könne zwischen Deiner Heiligkeit und seiner Anbetung zurückbleiben.

Du bist der starke Gott, der Heilige, der Gerechte, stark und behutsam in Deiner unendlichen Barmherzigkeit, verborgen vor uns in Deiner Freiheit. Du schenkst uns rückhaltlos Deine Liebe, auf daß wir, die alles von Dir empfangen, wissen, daß Du allein bist.

Wie sollen wir anfangen, Dich, der Du bist, zu erkennen, wenn wir nicht selbst anfangen, etwas von dem zu sein, was Du bist?

Wie können wir anfangen, Dich zu erkennen, der Du gut bist, ehe wir uns nicht Gutes von Dir erweisen lassen?

Wie können wir der Erkenntnis Deiner Güte entgehen, da niemand Dich daran hindern kann, uns Gutes zu tun?

«Sein» und «Gut-Sein» sind uns vertraute Begriffe. Denn wir sind zu Deinem Ebenbild erschaffen, mit einem Wesen, das gut ist, weil es von Dir kommt. Aber das Sein und das Gut-Sein, das wir kennen, bleiben so weit hinter Dir zurück, daß sie uns irreführen, wenn wir sie so, wie wir sie von uns kennen, auf Dich anwenden.

Darum sagen sie uns nicht wirklich, wie sie es sollten, daß Du heilig bist.

5. Der Weise ringt darum, Dich in seiner Weisheit zu finden, und scheitert. Der Gerechte strebt, Dich in seiner Gerechtigkeit zu begreifen, und geht in die Irre.

Der Sünder aber, plötzlich vom Blitz der Gnade getroffen, die Gerechtigkeit sein sollte, fällt anbetend vor Deiner Heiligkeit nieder. Denn er hat gesehen, was Könige zu sehen begehrten, und nie sahen, was Propheten voraussagten, und nie erblickten, in dessen Erwartung die Menschen der Vorzeit bei ihrem Tode müde geworden waren. Er hat gesehen, daß

Deine Liebe so unendlich gütig ist, daß sie niemals Gegenstand eines menschlichen Vertrages sein kann. Gewiß, es gibt zwei Testamente, zwei Verträge. Aber beide sind nur Verheißungen, daß Du uns frei schenken willst, was wir nie verdienen können – daß Du uns Deine Heiligkeit offenbaren willst, indem Du uns Deine Barmherzigkeit und Deine Freigebigkeit und Deine unendliche Freiheit schauen läßt.

«Habe Ich nicht das Recht», fragt der Herr, «zu tun, was Ich will?» (Matth. 20, 15.) Das höchste Kennzeichen Seiner Liebe ist ihre unendliche Freiheit. Sie läßt sich nicht zwingen, den Gesetzen irgendeines Verlangens, das heißt irgendeiner Notwendigkeit zu gehorchen. Sie ist ohne Grenzen, weil sie ohne Bedürfnis ist. Selber ohne Bedürfnis, sucht Seine Liebe aber die Bedürftigen, nicht um ihnen ein wenig zu schenken, sondern um ihnen alles zu schenken.

Seine Liebe kann sich nicht in einer Seele zufriedengeben, die sich mit wenigem begnügt. Denn wer sich mit wenigem begnügt, will in der Bedürftigkeit verharren.

Es ist nicht Gottes Wille, daß wir Bedürftige bleiben. Er möchte alle unsere Bedürfnisse erfüllen, indem Er uns von allem Besitz befreit und uns statt dessen sich Selbst gibt.

Wenn wir Seiner Liebe gehören möchten, müssen wir auf alles andere verzichten, nicht um Bedürftige zu sein, vielmehr gerade weil Besitz uns bedürftig macht.

6. Jedes echte Gotteskind ist sanft, rein, fügsam und allein. Es kommt zum Bewußtsein seiner selbst im Geist des Herrn, genau dort, wo es fühlt, daß es durch reines Geschenk, durch einen Liebesakt, durch göttliches Gebot im Dasein erhalten wird. Die Freiheit, mit der Gott uns das Leben schenkt, verlangt nach dem Widerhall unserer eigenen Freiheit – einem Akt des Gehorsams, verborgen in der Verschwiegenheit unseres innersten Seins. Wir finden den Herrn, wenn wir das von Ihm geschenkte Leben in uns selbst finden. Wir kommen

zum vollen Leben in Ihm, wenn unsere tiefsten Wurzeln wissen, daß sie in Ihm leben. Diese Bereitschaft, allein aus Seiner Schenkung und Seiner Freiheit heraus zu existieren, ist der Ursprung des inneren Lebens.

7. Möge das Gebot Seiner Liebe an den Wurzeln meines Daseins fühlbar sein.

Und möge ich dann verstehen, daß ich es nicht bejahe, um zu leben, sondern daß ich lebe, um es zu bejahen.

Das ist der lebendige Quell der Tugend. Denn all unsere guten Akte sind Akte der Zustimmung auf die Zeichen Seiner Barmherzigkeit und auf die Regungen Seiner Gnade.

Von hier führt der Weg zur Vollkommenheit – zu der Liebe, die zu allem bereit ist, die nichts will, als mit Güte auf Güte und mit Liebe auf Liebe erwidern. Solche Liebe duldet alles und ist gleichermaßen zufrieden in Tätigkeit und in Untätigkeit, im Dasein und im Tod.

Mögen wir nicht nur sein, sondern mit unserem Sein *gehorchen*.

Aus diesem grundlegenden Gehorsam, der von Grund aus ein Geschenk und die angemessene Gegengabe auf Sein Geschenk ist, entstammen alle anderen Gehorsamsakte, die zum ewigen Leben führen.

Denn die volle Fruchtbarkeit des geistlichen Lebens beginnt mit dem Dank für das Leben, mit der Bejahung des Lebens und mit der größeren Dankbarkeit, die danach verlangt, sich aufzulösen und bei Christus zu sein.

XV

INNERE EINSAMKEIT

1. Barmherzige Liebe (caritas) ist Liebe zu Gott, die Rücksicht nimmt auf das Verlangen, das unsere Mitmenschen nach Ihm haben. Darum ist nur diese Art von Liebe stark und zart genug, um andere zu lieben, ohne ihre Einsamkeit zu entweihen, die ihnen Bedürfnis und Heil bedeutet.

2. Betone nicht gar zu nachdrücklich, daß Liebe an den innersten Geheimnissen des geliebten Menschen teilnehmen möchte. Wer dieser Vorstellung zu viel Wert beimißt, ist weit entfernt von echter Liebe, denn er verletzt die Einsamkeit derer, die er liebt, anstatt sie zu achten.

Echte Liebe nimmt an den Geheimnissen und der Einsamkeit des geliebten Menschen dadurch teil, daß er ihn seine Geheimnisse bewahren und in seiner Einsamkeit verharren läßt.

3. Geheimnis und Einsamkeit gehören zum eigentlichen Wesen der Persönlichkeit.

Der Mensch ist so weit Person, wie er ein verborgenes und einsames Eigenleben hat, das er mit niemand teilen kann. Wenn ich jemand liebe, werde ich das an ihm lieben, was ihn am meisten zur Person macht: die verschwiegene Tiefe, die Verborgenheit, die Einsamkeit seines persönlichen Seins, die Gott allein durchdringen und verstehen kann.

Eine Liebe, die in die geistige private Sphäre des anderen einbricht, um alle seine Geheimnisse aufzudecken und seine Einsamkeit mit Zudringlichkeit zu bedrohen, liebt ihn nicht wirklich. Sie möchte gerade sein Bestes und Innerstes zerstören.

4. Mitfühlende Ehrfurcht läßt uns die Einsamkeit des anderen verstehen, denn wir finden ihn in der Intimität unserer eigenen inneren Einsamkeit. Wir entdecken sein Geheimes im eigenen Geheimnis. Statt daß wir ihn mit Taktlosigkeit quälen und so unseren eigenen Wunsch, ihm Liebes zu erweisen, lähmen, können wir, wenn wir seine innere Einsamkeit achten, mit ihm in einer Freundschaft verbunden sein, die uns beide einander und Gott immer ähnlicher macht. Wenn ich Ehrfurcht vor der Einsamkeit meines Bruders habe, werde ich sie an dem Widerschein erkennen, den sie liebevoll auf meine eigene Einsamkeit fallen läßt.

Diese Ehrfurcht vor dem tiefsten, in der anderen Persönlichkeit verborgen liegenden Wert ist mehr als eine Liebespflicht. Es ist ein Zoll, den wir gerechterweise jedem Wesen schulden, ganz besonders aber denen, die gleich uns zum Ebenbild Gottes erschaffen sind.

In unserem Mangel an Ehrfurcht vor der intimen geistigen Privatsphäre des Mitmenschen spiegelt sich eine heimliche Mißachtung Gottes selbst. Sie entspringt dem Hochmut des gefallenen Menschen, der sich als Gott erweisen möchte, indem er sich in alles mischt, was ihn nichts angeht. Der Baum der Erkenntnis des Guten und Bösen hat in unseren Voreltern die Neigung geweckt, die Dinge außerhalb von Gott zu sehen, wo sie nicht wahrhaft zu verstehen sind, anstatt sie in Ihm zu erkennen, in dem allein wir sie so sehen und erkennen und lieben können, wie sie wirklich sind. Die Ur-Gerechtigkeit hat uns die Kraft geschenkt, recht zu lieben, unser eigenes Erbe an Leben dadurch zu erhöhen, daß wir andere um ihres Eigenwertes willen lieben. Die Ursünde hat uns gelehrt, zerstörerisch zu lieben, den Gegenstand unserer Liebe dadurch zugrunde zu richten, daß wir ihn verbrauchen – wovon wir selber keinen anderen Gewinn haben als eine Steigerung unseres inneren Hungers.

Wir zerstören andere und zugleich uns selbst, nicht indem

wir in das Heiligtum ihres innersten Wesens eintreten – denn dort hat niemand Zutritt als ihr Schöpfer –, sondern indem wir sie diesem Heiligtum entfremden und sie lehren, so zu leben, wie wir selber leben: auf sich selbst konzentriert.

5. Wie kann jemand die Einsamkeit des anderen achten, wenn er den Wert der eigenen nicht kennt?

Es ist unsere Einsamkeit und zugleich unsere Würde, daß wir eine nicht mitteilbare Persönlichkeit haben, die uns, uns allein und niemand sonst gehört und immer gehören wird.

Wenn die menschliche Gesellschaft ihre wirkliche Aufgabe erfüllt, werden ihre Glieder immer mehr in ihrer persönlichen Freiheit und Unverletzlichkeit wachsen. Und je mehr jeder Einzelne die geheimen Quellen seiner eigenen, nicht mitteilbaren Persönlichkeit entdeckt und entwickelt, um so mehr kann er zum Leben und Wohl des Ganzen beitragen. Einsamkeit ist für die Gesellschaft so notwendig wie Schweigen für die Sprache, Luft für die Lungen und Nahrung für den Leib.

Eine Gemeinschaft, die die innere Einsamkeit ihrer Glieder zu überfallen und zu zerstören sucht, verurteilt sich selbst zum geistigen Erstickungstod.

6. Wenn ich mich von der Masse meiner Mitmenschen nicht zu unterscheiden vermag, werde ich sie niemals lieben und achten können, wie ich es sollte. Wenn ich mich von ihnen nicht genügend abhebe, um zu wissen, was mir und was ihnen gehört, wird mir nie klar sein, was ich ihnen zu geben habe, und ich werde ihnen keine Gelegenheit bieten, mir zu geben, was sie mir schulden. Nur die *Person* kann eine Schuld zahlen und eine Verpflichtung erfüllen, und wenn ich Geringeres bin als Person, werde ich den anderen nicht geben, was sie mit Recht von mir erwarten dürfen. Und wenn sie nicht wirklich Person sind, werden sie nicht wissen, was sie von

mir erwarten sollen. Ebensowenig wird ihnen klar sein, daß sie etwas zu geben haben. Normalerweise sollen wir uns gegenseitig erziehen, indem einer des anderen berechtigte Bedürfnisse erfüllt. In einer Gesellschaft aber, in der die Persönlichkeit verschwimmt und sich auflöst, findet der Mensch niemals zu sich selber und lernt darum auch nicht, den Nächsten zu lieben.

7. Einsamkeit ist der Gesellschaft und dem Einzelnen so nötig, daß die Menschen, wenn die Gesellschaft ihnen die Einsamkeit zur Entwicklung ihres Innenlebens versagt, sich auflehnen und eine falsche Einsamkeit suchen.

Falsche Einsamkeit ist eine Angriffsstellung, von der aus der Einzelne, dem man das Recht auf Persönlichkeit verweigert hat, sich an der Gesellschaft rächt, indem er seine Individualität zur zerstörerischen Waffe macht. Echte Einsamkeit findet man in der Demut, die unendlich reich ist. Falsche Einsamkeit ist die Zuflucht des Stolzes und unendlich arm. Die Armut falscher Einsamkeit entstammt einer Illusion, die sich mit unerreichbaren Dingen schmückt und auf diese Weise vorgibt, sich mit ihrem individuellen Ich aus der Masse der anderen hervorzuheben. Echte Einsamkeit ist selbstlos und darum reich an Stille, Liebe und Frieden. Sie findet in sich selbst geradezu unerschöpfliche Schätze, um sie an andere zu verschenken. Falsche Einsamkeit ist ichbezogen. Und weil sie im eigenen Zentrum nichts findet, sucht sie alles an sich zu reißen. Alles aber, was sie berührt, wird von ihrer eigenen Nichtigkeit angesteckt und zerbröckelt. Echte Einsamkeit fegt die Seele rein und öffnet sie dem Wind der Großmut nach allen vier Himmelsrichtungen. Falsche Einsamkeit sperrt sich gegen alle Menschen ab und brütet über ihrem eigenen Schutthaufen.

Beide Arten von Einsamkeit wollen den Einzelnen aus der Menge hervorheben. Der echten Einsamkeit glückt es, der falschen mißlingt es. Echte Einsamkeit sondert den Einzelnen von den übrigen ab, damit er das Gute in sich frei entwickeln und dann seine wahre Bestimmung erfüllen möge, der Diener aller anderen zu sein. Falsche Einsamkeit sondert den Menschen von seinen Brüdern in einer Weise ab, daß er ihnen nichts mehr wirklich geben und von sich aus auch nichts mehr von ihnen empfangen kann. Sie versetzt ihn in einen Zustand von Not, Elend, blinder Qual und Verzweiflung. Von seiner eigenen Unzulänglichkeit zur Raserei getrieben, greift der Stolze nach Befriedigungen und Gütern, die ihm nicht zustehen, die sein Verlangen niemals stillen können und deren er auch nicht wirklich bedarf. Da er nicht gelernt hat, zu erkennen, was ihm tatsächlich gehört, sucht er verzweifelt, das für ihn Unerreichbare zu erraffen.

In Wirklichkeit hat der Stolze keine Selbstachtung, weil er nie Gelegenheit gehabt hat festzustellen, daß an ihm etwas der Achtung wert ist. Überzeugt von seiner Verächtlichkeit und in der verzweifelten Hoffnung, das vor anderen zu verbergen, stürzt er sich auf alles, was ihnen gehört, und versteckt sich dahinter. Die bloße Tatsache, daß etwas einem anderen gehört, macht es begehrenswert. Da er aber alles Eigene heimlich haßt, verliert alles Neue, sobald es sein eigen wird, seinen Reiz und wird für ihn hassenswert. Er muß seine Einsamkeit mit immer mehr Beute, immer mehr Raub füllen und rafft Dinge zusammen, nicht weil er sie braucht, sondern weil er den Anblick des schon Erworbenen nicht erträgt.

Das also sind die Menschen, die sich von der Masse der anderen isolieren, weil sie nie gelernt haben, sich selbst oder andere zu lieben. Sie hassen die anderen, weil sie sich selbst hassen, und ihre Liebe für andere ist lediglich Ausdruck ihres einsiedlerischen Hasses.

Der stolze Einsiedler ist nie gefährlicher, als wenn er sich menschlich umgänglich gibt. Da er keine echte Einsamkeit und darum keine eigene geistige Spannkraft besitzt, bedarf er verzweifelt anderer Menschen. Aber er bedarf ihrer, um sie zu verbrauchen, als könnte er damit die eigene Leere füllen und zu dem Menschen werden, der er, wie er selber wohl fühlt, sein sollte.

Wenn der Herr in Seiner Gerechtigkeit beschließt, die Sünden einer Gesellschaft, die das natürliche Recht vergessen hat, offenbar zu machen und zu strafen, läßt er sie in die Hände solcher Männer fallen. Der stolze Einsiedler ist der ideale Diktator, wie er die ganze Welt vom Frieden in den Krieg treibt, das Zerstörungswerk vollbringt und das Verderben auf eine Stadt nach der anderen losläßt, bis diese die Leere und Entwürdigung des Menschen ohne Gott verkünden.

Der vollkommene Ausdruck einer Gesellschaft, die alles Gefühl für den Wert persönlicher Einsamkeit verloren hat, ist ein Staat, der als Flüchtling in seinen eigenen Trümmern leben muß, ein Mob ohne Dach über dem Kopf, eine Herde ohne Hürde.

8. Echte Einsamkeit ist die Einsamkeit der Liebe, die «nicht das Ihre sucht» (1 Kor. 13, 5). Sie schämt sich, irgend etwas zu besitzen, was ihr nicht zukommt. Sie trachtet nach Armut und möchte alles hergeben, was sie nicht unbedingt braucht. Sie scheint eine Abneigung gegen geschaffene Dinge zu haben. Aber diese Abneigung gilt nicht ihnen. Sie kann die Dinge nicht hassen, denn sie kann ja nicht einmal sich selber hassen. Weil sie die Dinge liebt, weiß sie, daß sie sie nicht besitzen kann, denn sie gehören ja Gott. Die Liebe möchte, daß Er allein sie besitzt und von ihnen die Verherrlichung empfängt, die Ihm gebührt.

Unsere Einsamkeit kann völlig echt und doch noch unvollkommen sein. In dem Fall ist sie mit Stolz vermischt. Das ist eine quälende Mischung von Haß und Liebe. Eines der Geheimnisse geistiger Vervollkommnung besteht in der Erkenntnis, daß wir diese Mischung in uns selber tragen, und in der Fähigkeit, eines vom anderen zu unterscheiden. Denn es ist die Versuchung derer, die nach Vollkommenheit streben, Haß mit Liebe zu verwechseln und Vollkommenheit in der Art von Einsamkeit zu suchen, die sich von anderen Menschen in Haß gegen sie absondert und dabei doch die guten Dinge, die den anderen gehören, zugleich liebt und haßt.

Das Asketentum des falschen Einsiedlers ist stets doppelzüngig. Es gibt vor, die Mitmenschen zu lieben, haßt sie aber. Es gibt vor, die geschaffenen Dinge zu hassen, liebt sie jedoch. Und die Folge der verkehrten Liebe ist immer Haß.

Darum ist unsere Einsamkeit, solange sie unvollkommen ist, stets mit Bitterkeit und Widerwillen durchtränkt, weil sie uns durch ständigen Zwiespalt aushöhlt. Der Widerwille ist unvermeidlich. Die Bitterkeit, die nicht sein sollte, stellt sich dennoch ein. Beides müssen wir zu unserer Läuterung nutzen. Wir müssen lernen, das wahrhaft Bittere vom wahrhaft Süßen zu unterscheiden, und dürfen uns nicht erlauben, vergiftete Süße in Selbsthaß und vergiftete Bitterkeit in der Liebe zu anderen zu finden.

Der echte Einsiedler muß seine Verpflichtung erkennen, die Menschen und sogar alle von Gott erschaffenen Dinge zu lieben. Und diese Verpflichtung darf ihm nicht eine schmerzliche und unerfreuliche Aufgabe sein, denn sie war ihm niemals als Bitteres zugedacht. Er muß ohne Murren die Süße der Liebe bejahen und nicht sich selbst hassen, weil seine Liebe anfangs vielleicht ein wenig ohne Maß ist. Er muß ohne Bitterkeit leiden, um die rechte Liebe zu lernen. Er braucht nicht zu fürchten, daß Liebe seiner Einsamkeit schaden könnte. Die Liebe ist seine Einsamkeit.

9. Unsere Einsamkeit wird so lange unvollkommen sein, wie sie von Rastlosigkeit und *accedia* belastet ist. Denn das

Laster der *accedia* läßt uns das Gute hassen und die Tugenden scheuen, die uns allein retten können. Reine innere Einsamkeit scheut die guten Dinge des Lebens und die Gesellschaft der Menschen nicht, denn sie will sie nicht mehr um ihrer selbst willen besitzen. Da sie sie nicht mehr begehrt, hat sie auch keine Angst mehr davor, sie zu lieben. Ohne Angst ist sie auch ohne Bitterkeit. Und von Bitterkeit gereinigt kann die Seele getrost allein bleiben.

Ja, die Seele, die nicht danach trachtet, sich mit Besitz zu schmücken und in erkauften oder gestohlenen Genüssen zu schwelgen, wird oft von den Mitmenschen völlig allein gelassen. Der echte Einsiedler braucht die Menschen nicht zu fliehen – sie hören auf, von ihm Notiz zu nehmen, weil er ihre Liebe zur Illusion nicht teilt. Die wahre Einsiedlerseele wird völlig farblos und hört eben auf Grund ihrer Einsamkeit auf, in anderen Liebe oder Haß zu erregen. Der echte Einsiedler kann zweifellos zum gehaßten und gejagten Menschen werden – aber nicht aus Gründen, die in ihm selbst liegen. Man wird ihn nur dann hassen, wenn er ein Gotteswerk in der Welt zu vollbringen hat. Sein Werk wird ihn in Konflikt mit der Welt bringen. Seine Einsamkeit als solche schafft keinen Konflikt. Einsamkeit bringt Verfolgung nur, wenn sie die Form einer «Sendung» annimmt, und dann ist es mehr als Einsamkeit. Denn wenn der Einsiedler erkennt, daß seine Einsamkeit den Charakter einer Sendung gewonnen hat, dann muß er entdecken, daß er zu einer Kraft geworden ist, die auf das Innerste der ihn umgebenden Gesellschaft einwirkt, eine Macht, die die Mächte der Selbstsucht und des Stolzes stört und hindert und anklagt und die Menschen an ihr Verlangen nach Einsamkeit, Liebe und Frieden mit Gott erinnert.

10. Reine innere Einsamkeit findet man in der Tugend der Hoffnung. Hoffnung löst uns völlig aus dieser Welt, während

wir körperlich mitten in ihr bleiben. Das Gemüt bewahrt seine klare Erkenntnis des Guten im Menschen. Der Wille bleibt inmitten aller erschaffenen Schönheit keusch und einsam, nicht gekränkt in einer prüden und schamvollen Isolierung, sondern zum Himmel emporgehoben in einer Demut, die durch die Hoffnung aller Angst und Bitterkeit entkleidet ist.

So leben wir zugleich in und außer der Zeit. Wir sind arm und besitzen doch alles. Da uns nichts Eigenes geblieben ist, worauf wir bauen könnten, haben wir nichts zu verlieren und nichts zu fürchten. Als sicherer Besitz ist uns alles verschlossen, unserer Reichweite entzogen, im Himmel. Wir leben da, wo unsere Seele sein möchte, und auf unseren Leib kommt es nicht weiter an. Wir sind in Christus begraben, unser Leben ist mit Christus in Gott verborgen, und wir kennen den Sinn Seiner Freiheit.

Das ist echte Einsamkeit, über die es keinen Streit und keinen Zweifel gibt. Die Seele, die so zu sich selbst gefunden hat, strebt der Wüste zu, widersetzt sich aber nicht, wenn sie in der großen Stadt bleiben muß, denn sie ist überall allein.

XVI

SCHWEIGEN

1. Es hört auf zu regnen, und plötzlich kündet ein klares Vogellied den Unterschied zwischen Himmel und Hölle.

2. Gott, unser Schöpfer und Erlöser, hat uns eine Sprache verliehen, in der wir von Ihm reden können, denn der Glaube kommt durch Hören, und unsere Zunge ist der Schlüssel, der anderen den Himmel aufschließt.

Wenn aber der Herr als Bräutigam kommt, bleibt nichts mehr zu sagen, als daß er kommt und daß wir Ihm entgegengehen müssen. «Sehet, der Bräutigam kommt! Geht Ihm entgegen!» (Matth. 25,6.)

Und dann gehen wir hinaus, um Ihn in der Einsamkeit zu finden. Dort haben wir mit Ihm allein Umgang, ohne Worte, ohne folgerichtige Gedanken, im Schweigen unseres ganzen Wesens.

Wenn das, was wir reden, für Ihn allein bestimmt ist, läßt es sich kaum in Worten sagen. Das nicht zu Berichtende wird auf einer Ebene erfahren, die sich nicht einmal gedanklich klar zergliedern läßt. Wir wissen, daß wir nicht davon reden sollen, weil wir es nicht können.

Aber bevor wir zu dem Unaussprechlichen und Unausdenkbaren gelangen, zögert der Geist an der Grenze der Sprache und fragt sich, ob er nicht lieber diesseits bleiben soll, damit er etwas habe, was er anderen mit zurückbringen könne. Das ist die Probe für jene, die die Grenze überschreiten möchten. Wenn sie nicht bereit sind, ihre eigenen Vorstellungen und ihre eigenen Worte hinter sich zu lassen, können sie nicht weiter vordringen.

3. Laß es nicht dein Hauptwunsch sein, von Gott gehegt und getröstet zu werden. Wünsche vor allem, Ihn zu lieben.

Bemühe dich nicht ängstlich darum, andere in Gott Trost finden zu lassen. Hilf ihnen lieber, Gott zu lieben.

Wenn du Ihn wirklich liebst, kann dich nichts trösten als Seine Verherrlichung. Und wenn du zu allererst Seine Verherrlichung suchst, dann wirst du auch demütig genug sein, um aus Seiner Hand Tröstung zu empfangen. Du nimmst sie ja vor allem entgegen, weil Er, im Erweis Seiner Barmherzigkeit an uns, in unserer Seele verherrlicht wird.

Wenn du zuerst Seine Verherrlichung suchst, dann weißt du, daß du deinen Nächsten am besten dadurch trösten kannst, daß du ihn Gott lieben lehrst. In nichts anderem ist wahrer Friede.

Wenn dein Reden von Ihm Gewicht haben soll, dann muß es geladen sein mit Eifer für Seine Verherrlichung. Denn wenn deine Zuhörer merken, daß du bloß zu deiner eigenen Befriedigung sprichst, werden sie deinen Gott beschuldigen, nur ein Schatten zu sein. Wenn du Seine Verherrlichung liebst, dann suchst du Seine Weltjenseitigkeit, und diese sucht man in Schweigen.

Mögen wir also nicht Trost in der Zuversicht finden, daß wir gut sind, sondern einzig in der Gewißheit, daß Er allein heilig, Er allein gut ist.

Nicht selten tun unser Schweigen und unser Gebet mehr dazu, Menschen zur Erkenntnis Gottes zu bringen, als alle unsere Worte über Ihn. Die bloße Tatsache, daß du Gott durch dein Reden verherrlichen möchtest, ist kein Beweis dafür, daß du Ihn damit wirklich verherrlichst. Wie, wenn Er dich lieber schweigend haben will? Hast du nie gehört, daß Schweigen Ihn verherrlicht?

4. Wenn du mit schweigender Zunge in die Einsamkeit gehst, wird das Schweigen der stummen Wesen dir etwas von ihrer Ruhe mitteilen.

Wenn du aber mit schweigendem Herzen in die Einsamkeit gehst, wird das Schweigen der Schöpfung lauter reden als Menschen- oder Engelzungen.

5. Das Schweigen der Zunge und der Vorstellungskraft schmilzt die Schranke zwischen uns und dem Frieden der Dinge, die nur für Gott da sind, nicht für sich selbst. Das Schweigen alles zügellosen Verlangens aber schmilzt die Schranke zwischen uns und Gott. Dann fangen wir an, in Ihm allein zu leben.

Dann sprechen die stummen Wesen nicht mehr bloß mit ihrem eigenen Schweigen zu uns. Der Herr selber spricht zu uns mit einem viel tieferen Schweigen, verborgen in uns selbst.

6. Wer seinen eigenen Lärm liebt, ist unduldsam gegen alles andere. Ständig entweiht er das Schweigen der Wälder und Berge und des Meeres. Nach allen Richtungen durchbohrt er die schweigende Natur mit seinen Maschinen, aus Angst, die stille Welt könnte ihn seiner inneren Leere anklagen. Mit der drängenden Eile seines Tempos scheint er die Ruhe der Natur zu mißachten, indem er so tut, als habe er Wichtiges vor. Das laute Flugzeug scheint einen Augenblick lang durch seine Richtung, seinen Lärm, seine angebliche Kraft die Wirklichkeit der Wolken und des Himmels zu leugnen. Aber das Schweigen des Himmels bleibt, wenn das Flugzeug vorüber ist. Die Ruhe der Wolken wird noch sein, wenn das Flugzeug zerbrochen ist. Das Schweigen der Welt ist das Wirkliche. Unser Lärm, unsere Geschäftigkeit, unsere Vorhaben und all unser albernes Gerede über unsere Vorhaben, unsere Geschäfte, unseren Lärm – das ist der Wahn.

Gott ist gegenwärtig, und Sein Gedanke wacht lebendig in der Fülle und Tiefe und Breite alles Schweigens der Welt. Der Herr wacht in dem Mandelbaum über der Erfüllung Seines Wortes (Jer. 1,11–12).

Ob das Flugzeug heute oder morgen vorüberzieht, ob die gewundene Straße voller Wagen ist oder nicht, ob Menschen auf dem Felde sprechen, ob ein Radio im Hause ist oder nicht, der Baum bringt schweigend seine Blüten hervor.

Ob das Haus leer ist oder voller Kinder, ob die Männer zur Stadt zur Arbeit gehen oder mit Traktoren auf dem Felde arbeiten, ob der Ozeandampfer Touristen oder Soldaten in den Hafen bringt, der Mandelbaum bringt schweigend seine Blüten hervor.

7. Es gibt Menschen, für die ein Baum erst Wirklichkeit gewinnt, wenn sie daran denken, ihn zu fällen, für die ein Tier nicht eher Wert hat, als bis es das Schlachthaus betritt, Menschen, die nie etwas anschauen, bevor sie nicht entschlossen sind, es zu mißbrauchen, die überhaupt nichts bemerken, was sie nicht zerstören wollen. Solche Menschen können schwerlich das Schweigen der Liebe kennen. Denn ihre Liebe saugt ja gerade mit dem eigenen Lärm das Schweigen des anderen auf. Und weil sie das Schweigen der Liebe nicht kennen, wissen sie auch nichts von dem Schweigen Gottes, der die Liebe ist, der nicht zerstören kann, was Er liebt, der durch Sein eigenes Liebesgesetz gebunden ist, allen Leben zu spenden, die Er in Sein Schweigen zieht.

8. Das Schweigen ist in unserem Leben nicht Selbstzweck. Es hat eine andere Bestimmung. Schweigen ist die Mutter der Rede. Lebenslangem Schweigen ist eine letzte Aussage aufgetragen, die sich in Worte fassen läßt, eine Aussage über alles, wofür wir gelebt haben.

Leben und Tod, Reden und Schweigen sind uns um Christi willen gegeben. In Christus sterben wir dem Fleisch und leben dem Geist. In Ihm sterben wir dem Wahn und leben der Wahrheit. Wir sprechen, um Ihn zu bekennen, und wir schweigen, um Ihn zu betrachten und tiefer in Sein Schweigen einzudringen, das zugleich das Schweigen des Todes und das Schweigen des ewigen Lebens ist – das Schweigen des Karfreitags und der Friede des Ostermorgens.

9. Wir nehmen Christi Schweigen in uns auf, wenn wir zuerst von Herzen das Wort des Glaubens sprechen. Wir wirken unser Heil in Schweigen und Hoffnung. Schweigen ist die Kraft unseres inneren Lebens. Schweigen dringt in den innersten Kern unseres sittlichen Wesens, so daß es ohne Schweigen für uns keine Sittlichkeit gibt. Schweigen mischt sich geheimnisvoll in den Aufbau aller Tugenden, und Schweigen bewahrt sie vor Verderbnis.

Mit dem «Schweigen» der Tugend meine ich die Liebe, die jeder Tugend übernatürliches Leben verleiht und die «schweigt», weil sie in Gott wurzelt. Ohne dieses Schweigen ist unsere Tugend nur leerer Schall, nur äußeres Geräusch, eine Kundgebung des Nichts. Was Tugend offenbar macht, ist ja gerade die ihr innewohnende Liebe, die auf eigene Art «schweigt». Und in diesem Schweigen verbirgt sich eine Person: Christus, wie Er, selbst verborgen, im Schweigen des Vaters gesprochen wird.

10. Wenn wir unser Leben mit Schweigen erfüllen, dann leben wir in Hoffnung, und Christus lebt in uns und gibt unserer Tugend Gehalt. Und wenn dann die Zeit kommt, bekennen wir Ihn offen vor den Menschen, und unser Bekenntnis hat Gewicht, weil es in tiefem Schweigen wurzelt. Es weckt das Schweigen Christi in denen, die uns hören, so daß sie selbst verstummen und anfangen zu staunen und aufzuhorchen. Sie haben angefangen, ihr wahres Selbst zu entsocken.

Wenn aber unser Leben sich in unnützen Worten verströmt, werden wir auf dem Grunde unseres Herzens, wo Christus lebt und schweigend spricht, niemals etwas vernehmen. Wir werden nie etwas sein, und zuletzt, wenn es für uns Zeit ist auszusagen, wer und was wir sind, werden wir im entscheidenden Augenblick stumm dastehen; denn wir haben schon alles gesagt und uns mit Reden erschöpft, ehe wir etwas zu sagen hatten.

11. Es muß eine Stunde am Tag geben, wo der planende Mensch alle seine Pläne vergißt und handelt, als hätte er überhaupt keine.

Es muß eine Stunde am Tag geben, wo der Mensch, der zu reden hat, verstummt. Dann formt er im Geist keine Anträge mehr, und er fragt sich: hatten sie einen Sinn?

Es muß eine Stunde geben, wo der Mann des Gebets anfängt zu beten, als geschähe es zum erstenmal in seinem Leben, wo der Mann der Entschlüsse seine Entschlüsse beiseite schiebt, als wären sie alle zerronnen, und wo er eine neue Weisheit lernt: die Sonne vom Mond zu unterscheiden, Sterne vom Dunkel, das Meer vom festen Land und den Nachthimmel von der Wölbung eines Hügels.

12. Im Schweigen lernen wir zu unterscheiden. Wer das Schweigen flieht, der flieht auch die Unterscheidungen. Er will nicht allzu klar sehen. Verwirrung ist ihm lieber.

Wer Gott liebt, liebt notwendigerweise auch das Schweigen, denn er fürchtet, seine Urteilskraft zu verlieren. Er fürchtet den Lärm, der jeder Erfahrung der Wirklichkeit ihre scharfe Schneide nimmt. Er meidet das endlose Getriebe, das alle Wesen zu einer ununterscheidbaren Masse vermischt.

Der Heilige ist gleichgültig gegenüber seinen Wünschen, aber keineswegs gleichgültig gegenüber den verschiedenen Aspekten der Wirklichkeit.

13. Hier liegt ein Toter, der die Gleichgültigkeit zum Götzen machte.

Sein Gebet entfachte seine Flamme nicht, es löschte sie.

Sein Schweigen lauschte auf nichts, vernahm darum nichts und hatte nichts zu sagen.

Mögen die Schwalben kommen und in seiner Vergangenheit ihre Nester bauen und in der Einöde, die er aus seiner Seele machte, ihre Jungen fliegen lehren; so wird er doch nicht für immer unnütz bleiben.

14. Man darf das Leben nicht als einen ununterbrochenen Strom von Worten ansehen, der endlich durch den Tod zum Verstummen gebracht wird. Sein Rhythmus entwickelt sich in Schweigen, steigt in Augenblicken notwendiger Aussage an die Oberfläche empor, kehrt zu tieferem Schweigen zurück, gipfelt in einer letzten Aussage und erhebt sich dann still in das Schweigen des Himmels, das von unaufhörlichem Lobpreis tönt.

Wer nicht weiß, daß es nach diesem Leben ein anderes gibt oder es nicht vermag, sein zeitliches Dasein auf die ewige Ruhe in Gott einzustellen, der widersetzt sich dem fruchtbaren Schweigen seines eigenen Wesens durch ständiges Geräusch. Selbst wenn seine Zunge schweigt, schwatzt sein Geist endlos und sinnlos oder stürzt sich in das schützende Geräusch von Maschinen, Verkehr oder Radio. Wenn sein eigenes Geräusch sich vorübergehend erschöpft hat, erholt er sich im Geräusch anderer.

Wie tragisch ist es, daß gerade jene, die nichts zu äußern haben, sich fortwährend äußern, wie nervöse Schützen, die Salve um Salve von Munition ins Dunkel abfeuern, wo gar kein Feind ist. Es gibt einen Grund für ihr ständiges Geschwätz – den Tod. Der Tod ist der Feind, der sie jeden Augenblick im tiefen Dunkel und Schweigen ihres eigenen Wesens zu bedrohen scheint. Darum schreien sie ständig gegen den Tod an. Sie verwirren ihr Leben mit Lärm. Sie betäuben ihre Ohren mit bedeutungslosen Worten und begreifen nie, daß ihr Leben in einem Schweigen wurzelt, das nicht Tod ist, sondern Leben. So schwatzen sie sich zu Tode und fürchten das Leben, als sei es der Tod.

15. Unser ganzes Leben sollte ein Meditieren über unsere letzte und wichtigste Entscheidung sein: die Entscheidung zwischen Leben und Tod.

Wir alle müssen sterben. Aber die Verfassung, in der wir dem Tod gegenübertreten, macht ihn für uns zu einer Entscheidung zum Tode oder zum Leben.

Wenn wir während unseres Lebens das Leben gewählt haben, dann werden wir im Sterben vom Tode zum Leben hinübergehen. Leben ist etwas Geistiges, und Geistiges ist schweigsam. Wenn der Geist, der die Flamme physischen Lebens im Leibe wachgehalten hat, sich sorgsam von dem Öl nährte, das nur im Schweigen göttlicher Liebe zu finden ist, dann wird beim Sterben des Leibes der Geist in seiner eigenen Flamme mit dem gleichen Öl weiterbrennen. Wenn dagegen der Geist die ganze Zeit mit dem unreinen Öl der Leidenschaft oder des Egoismus oder des Stolzes gebrannt hat, dann wird in der Todesstunde der Geist zugleich mit dem Licht des Leibes erlöschen, weil kein Öl mehr in der Lampe ist.

Wir müssen unser Leben lang lernen, unsere Lampen zu richten und schweigend mit Liebe zu füllen. Und zuweilen müssen wir auch reden und die Herrlichkeit Gottes bekennen, um unsere Liebe zu mehren, indem wir die Liebe anderer stärken und auch sie die Wege des Friedens und des Schweigens lehren.

16. Wenn in unserer Sterbestunde der Tod als unwillkommener Fremdling zu uns tritt, so darum, weil auch Christus uns stets ein unwillkommener Fremdling gewesen ist. Denn wenn der Tod sich naht, naht sich auch Christus und bringt uns das ewige Leben, das Er mit Seinem Tod für uns erkauft hat. Wer darum das wahre Leben liebt, sinnt oft über seinen

Tod nach. Sein Leben ist erfüllt von einem Schweigen, das der vorweggenommene Sieg über den Tod ist. Ja, Schweigen macht den Tod zu unserem Knecht, sogar zum Freund. Gedanken und Gebete, die dem schweigenden Gedanken an den Tod entwachsen, sind wie Bäume, die in wasserreicher Erde wurzeln. Es sind starke Gedanken, die die Furcht vor Unglück überwinden, weil sie Leidenschaft und Begier überwunden haben. Sie wenden das Antlitz unserer Seele in ständigem Verlangen dem Antlitz Christi zu.

17. Wenn ich sage, daß lebenslangem Schweigen eine letzte Aussage zugeordnet ist, so meine ich damit nicht, daß wir alle mit frommen Reden auf den Lippen sterben sollten. Unsere letzten Worte brauchen keine besondere oder dramatische Bedeutung zu haben, die es wert ist, aufgeschrieben zu werden. Jeder gute Tod, jeder Tod, der uns von der Unsicherheit dieser Welt zu dem nie versagenden Frieden, dem Schweigen und der Liebe Christi verhilft, ist an sich schon Aussage und Abschluß. Er besagt, mit Worten oder ohne Worte, daß es für das Leben gut ist, zu seinem ihm bestimmten Ende zu kommen, für den Leib zum Staube zurückzukehren und für die Seele zum Vater aufzusteigen durch die Gnade unseres Herrn Jesu Christi.

Ein stummer Tod ist vielleicht ein beredteres Zeugnis für den Frieden als ein von lebhaften Äußerungen unterbrochenes Sterben. Ein einsamer, ein tragischer Tod kann dennoch mehr über den Frieden und die Barmherzigkeit Christi aussagen als manch ein trostreicher Tod.

Denn die Beredtheit des Todes ist die Beredtheit menschlicher Armut, die von Angesicht zu Angesicht die göttliche Barmherzigkeit schaut. Je mehr wir der erhabenen Größe unserer Armut innewerden, um so sinnvoller wird unser Tod sein – um so größer seine Armut. Denn die Heiligen waren es, die im Leben die Ärmsten sein wollten und die vor allem über die herrliche Armut des Todes frohlockten.